孟子

中华经典藏书

万丽华 蓝旭 译注

中华书局

图书在版编目（CIP）数据

孟子/万丽华，蓝旭译注. —北京:中华书局,2016.1
(2024.8 重印)
(中华经典藏书)
ISBN 978-7-101-11365-5

Ⅰ.孟… Ⅱ.①万…②蓝… Ⅲ.①儒家②《孟子》-注释③
《孟子》-译文 Ⅳ.B222.5

中国版本图书馆 CIP 数据核字(2015)第 264333 号

书 名	孟 子	
译 注 者	万丽华 蓝 旭	
丛 书 名	中华经典藏书	
责任编辑	张彩梅	
装帧设计	毛 淳	
责任印制	陈丽娜	
出版发行	中华书局	
	(北京市丰台区太平桥西里 38 号　100073)	
	http://www.zhbc.com.cn	
	E-mail:zhbc@zhbc.com.cn	
印 刷	河北博文科技印务有限公司	
版 次	2016 年 1 月第 1 版	
	2024 年 8 月第 14 次印刷	
规 格	开本/880×1230 毫米　1/32	
	印张 11¼　插页 2　字数 150 千字	
印 数	228001-236000 册	
国际书号	ISBN 978-7-101-11365-5	
定 价	29.00 元	

前　言

一、孟子其人

孟子名轲，表字无传，战国时邹国人。具体生卒年月不详，古今有多种推断，通行的说法大致有两种，即前372年—前289年，或前385年—前304年。

孟轲是鲁国贵族孟孙氏之后，出生时，家道已衰落，是没落贵族的后裔。据说他的父亲名激，在孟轲很小的时候就去世了，孟轲主要由母亲抚养成人。孟母很重视对孟子的教育，历史上广泛流传着"孟母三迁"、"孟母断机杼"的故事，足见其良苦用心。在母亲的精心教诲下，孟轲度过了充实的少年时代。

长大成人后的孟子，曾"受业子思之门人"（《史记·孟子荀卿列传》）。子思是儒家创始人孔子的孙子，是战国初期大名鼎鼎的儒学大师（历史上，曾有学者出于对孟子的推崇，而将子思本人看作孟子的老师。但这种说法显然经不起考证）。因此，师从子思门人，奠定了孟子对儒家学说的终身信仰。孟子乐于以孔子继承者自命，曾说："乃所愿，则学孔子也。"（《孟子·公孙丑上》）

中年时期的孟子以儒学大师的身份，游历各国近20年。他游历时，后车数十乘，随从数百人，以推行王道政治为己任，曾到过齐、宋、滕、魏、鲁、薛等多个国家。在20年的奔波中，孟子学派的影响很大，到处都有诸侯以礼相待，但却无人肯真正实行他的政治主张。

孟子晚年对于游说诸侯，实现自己的政治理想已不抱希望，于是归隐乡里，不再出游，以著书立说为务；将"得天下英才而教育之"作为自己的人生乐趣。

总的说来，孟子的生平与孔子有很多相似之处，都经历了读书、游历、教书三部曲，他们的思想主张都未能被统治者所采纳（只是比孔子在生活待遇方面要幸运得多）。正因为如此，孟子被人们尊称为"孔子之后第一人"。

二、《孟子》其书

关于《孟子》的作者，历来有三种不同看法。一种看法认为《孟子》是孟子自己所撰。如著《孟子章句》的赵岐即持此说："此书孟子之所作也，故总谓之《孟子》。"一种看法认为《孟子》是孟子死后他的弟子万章、公孙丑等人根据他生前的言论编定的。持此说的有唐代的韩愈、清代的崔述等。韩愈曾说："孟轲之书，非轲自著。轲既殁，其徒万章、公孙丑与记轲所言焉耳。"第三种看法认为《孟子》是由孟子和他的弟子共同编定的，而主要作者是孟子。最早提出此说的是司马迁。他在《史记·孟轲荀卿列传》中说，孟子"退而与万章之徒序《诗》《书》，述仲尼之意，作《孟子》七篇"。

以上三种说法，现在为人们所普遍接受的是第三种，即《孟子》一书，是由孟子及其弟子共同编定，主要作者是孟子。

关于《孟子》的篇数，《史记》和《风俗通》、《汉书》的记述有所不同。司马迁的《史记》记载有七篇，而《风俗通》和《汉书·艺文志》则均记载为十一篇，即除现在通行的七篇外，还有《性善》、《文说》、《孝经》和《为政》四篇。可见，汉代流传的《孟子》有七篇和十一篇两种版本。东汉赵岐作《孟子章句》时把《孟子》十一篇分为《内书》七篇，《外书》四篇，认为《外书》四篇（即《性善》、《文说》、《孝经》和《为政》）属伪作，不予作注，因此，使得这四篇无人传授，渐渐亡佚。流传至今的只有《孟子》七篇。赵岐又将此七篇各分为上、下，现在通行的《孟子》即为七篇十四卷。

三、孟子的思想

孟子的思想涉及政治、哲学、教育和文艺思想等几个方面。

1. 政治思想：民本思想是孟子政治思想的核心，仁政学说是孟子的政治纲领，王道思想是他的政治理想。民本、仁政和王道，三位一体，是对孔子德政思想的继承、发展和完善。

民本思想是仁政学说的理论基础之一，也是仁政学说的基本内容之一。仁政学说的其他内容大抵源于民本思想。民本思想并非孟子的发明，孟子以前的思想家，如孔子、老子、墨子等都曾论及民本思想。孟子的贡献在于深刻、系统地阐述了这一思想，并将其发展成为仁政学说的理论基础，最终纳入到施政纲领中。战国时代的政治风云以及历史的经验教训使孟子深刻地意识到民心向背的作用，认识到统治者要巩固政权并进而统一天下，就必须依靠民众的力量。因此，他说："诸侯之宝三：土地、人民、政事。宝珠玉者，殃必及身。"（《尽心下》）在此基础上，孟子又提出"民为贵"的思想，大胆地宣称"民为贵，社稷次之，君为轻"（《尽心下》）。这里，人民位列第一，可见，在孟子眼中，人民在国家政治中的作用是至高无上的。为了得到人民的拥护，孟子强调君主要与民同乐。他说："乐民之乐者，民亦乐其乐；忧民之忧者，民亦忧其忧。"（《梁惠王下》）

孟子的仁政学说是对孔子德政思想的进一步发展。"保民"、"养民"和"教民"是孟子提出的施行仁政的具体纲领。孟子生活的战国时代，各诸侯国战乱频繁，兼并战争不断，苛税徭役繁重。他面对百姓处于水深火热之中的社会现实，痛心不已，呼吁统治者应该施行仁政，救人民于水火。

孟子所说的"保民"，主要分为两方面，一是要求减轻刑罚和赋税。孟子对人民的苦难充满同情，说："民之憔悴于虐政，未有甚于此时者也"（《公孙丑上》）；一是坚决反对兼并战争。对于连绵不断的战争，孟子评价说："春秋无义战。"（《尽心下》）

孟子所说的"养民"，主要指千方百计满足人民的生活需要，最大限度地提高人民的生活水平。在孟子看来，只有人民生活富足，从根本上解决了生计问题，才能实现国家的安定和富强。发展农业生产是孟子考虑的首要问题。为了实现"养民"的目的，孟子提出了"制民之产"的主张，这是从民本思想中直接引发出来的内容。孟子认为，统治者要得到人民的拥护，必须使他们有固定的产业，过上富足的生活。否则，就可能导致民心思乱，铤而走险，进而危及到封建王朝的统治。

"教民"，即对人民施行教化，也是仁政学说的重要组成部分。在孟子看来，人民生活富足后，"教民"是统治者必须去做的一件事，孟子所说的"教民"，指的是让人民普遍懂得封建伦理道德（礼义）。在孟子看来，这是实现社会稳定、国家安定的必要举措。"教民"比"养民"还要重要，只有将二者密切结合起来，才能实现仁政。

孟子主张施行仁政，重视教化的作用，为的是寻求实现孔子的政治理想，即天下为公、世界大同。王道思想是孟子设计的必由之路。在孟子看来，政治有两种，即王道政治和霸道政治。所谓"王道"，即是推行仁政，以德服人；而"霸道"则是凭借武力，四处征伐，以力服人。孟子是王道政治的积极倡导者，霸道政治的坚决反对者。在他看来，统一之本在于内行仁政，以民为本，推行保民、养民、教民的政治纲领，建设起人民丰衣足食、安居乐业、通晓礼仪、广施教化的王道乐土。

2. 哲学思想：孟子是儒家学派第一个提出系统的人性理论的人，性善论是孟子道德哲学的核心内容，由此构建起他的心性之学的思想体系；同时，他又以天命论为基础，构建起了他的历史观的思想体系。

孟子性善论的基本观点包括：第一，人类有着共同的本性，这个本性是以仁、义、礼、智等道德意识为内容的社会属性，而非与禽兽无别的自然属性。在这点上，孟子与其同时期的告子的观点截然相反。告子认为饮食男女等自然属性是人类的本性；孟子的性善论则立足于人的社会属性。他不否认人有共同的自然属性，但他认为自然属性为人、兽所共有，不足以反映人性所独有的本质特征。第二，人的善性是先天固有、与生俱来的，而非后天形成。孟子说："恻隐之心，仁之端也；羞恶之心，义之端也；辞让之心，礼之端也；是非之心，智之端也。人之有是四端也，犹其有四体也。"（《公孙丑上》）第三，"人皆有之"的善性，起初只是一种道德的萌芽，必须经过自我修养，才能发展成为完美的道德。通过学习、教育等修养过程，"人皆可以为尧舜"（《告子下》），这一命题激励、吸引无数人在理性、道德良知上不懈追求。

在性善论的基础上，孟子构建起了他的心性之学的思想体系。在孟子看来，"尽心知性"是成为尧舜这样的"圣人"的一个必要途径。所谓"尽心"，即指把人的本性中的恻隐之心、羞恶之心、辞让之心、是非之心扩充到极致；所谓"知性"，即指对本性中的仁、义、礼、智等伦理道德有准确深刻的认识并且付诸实践。"尽心"和"知性"二者关系密切，"尽心"是前提条件，只有做到"尽心"，才有可能实现"知性"。那么，如何才能实现"尽心知性"呢？在孟子看来，就是要在"寡欲"、"内省"、"养气"这三方面下工夫。"寡欲"要求淡泊物欲，"内省"要求反求诸己，"养气"要求养心。其中，"寡欲"、"内省"是道德修养的初级阶段，"养气"则是道德修养的高级阶段，"养气"的目标是"养吾浩然之气"（《公孙丑上》）。简而言之，孟子心性之学的根本目的即是塑造理想人格。这一思想体系，后来又被韩愈和宋儒所继承和发展，从而构建起宋明理学。

此外，孟子还对殷周以来的天命观进行了创造性的发挥，主要体现在以下几个方面：第一，民意代表天意。这与孟子提倡的民本思想有着直接的关系，是孟子对传统天命论的突破和发展。第二，对"正命"的追求。孟子认为人可以通过修养身性，顺应天道行事，去争取得其正命；如果胡作非为，触犯刑罚而死，则不能得正命。第三，天人合一。孟子认为要顺应天道而行，就要知天。因此，他提出"尽心"、"知性"、"知天"的观点。孟子说"万物皆备于我矣"（《尽心上》），即指万事万物的道理都已明了于心，无需外求；又说"存其心，养其性，所以事天也"（《尽心上》），即指把仁、义、礼、智化为精神主体，便能达到思想和行为与四德的高度统一，从而实现天人合一。人只需按此伦理道德准则行事，就是顺应天道。这种把伦理道德观念上升到天道的高度的做法，在中国思想史上有着深远的影响。

在天命论基础上，孟子构建起了他的唯心主义历史观，主要表现为天才论、历史循环论和劳心者治人等观念，其中，天才论是其历史观的核心，是其人治思想的理论基础。孟子把国家的兴衰、社会的发展，寄托在个别的非凡人物身上，属于典型的天才史观。在孟子看来，只有天才出现，天下才会大治，否则，天下必将混乱。基于这种思想，必然导致他的历史循环论的产生，即历史必然有治有乱，且乱久而治短。此外，孟子对于人类社会的分工也有其独特的思考。他论证了社会分工的必要性，论证了劳心者在社会生产、教育实践中的重要作用，这些都是有积极意义的。但他的失误在于把劳心看作是"大人"、"君子"之事，把劳力看作是"小人"、"野人"之事，从而借社会分工为封建统治制造了理论依据。他的历史观中的封建糟粕，几乎掩盖了他的民本学说和理想人格的光芒。

3. 教育思想：和孔子一样，孟子也是一位成绩斐然的教育家。"教育"一词最早即见于《孟子·尽心上》："得天下英才而教育之，三乐也。"在《孟子》一书中，涉及教育的内容主要包括以下几个方面：第一，教育的目的和作用。第二，如何实施道德教育。第三，教育与学习的原则和方法。孟子很少有直接论述教学方法的言论，大多是在阐释他的政治、哲学思想时涉及的。他主张对人进行道德教育要顺应自然，顺应天性；要循序渐进，不可操之过急。同时，还要注意因材施教，提出"教亦多术"（《告子下》）。此外，孟子还十分重视教育环境的作用以及以身作则的重要性。最后，孟子主张学习要专心致志，坚持不懈，不可三心二意，一曝十寒。

4. 文艺思想：孟子的文艺思想主要表现在他对音乐问题的评论、对《诗》的引用和阐释、对文学鉴赏和文学批评的见解、对作家的自身修养以及蕴含在此类论述中的关于文学的社会本质和社会作用问题的意见。例如，在谈到音乐欣赏时，孟子主张"与众乐乐"、"与民同乐"；在谈到文学鉴赏和批评时，提出"知人论世"、"以意逆志"的文学鉴赏方法和文学批评方法；在谈到作家修养问题时，提出"知言养气"说。所谓的"知言"，实际上指的即是辨别言辞是非善恶的能力；所谓的"养气"，则主要指心性道德的修养。这一学说在孟子那本来属于哲学范畴，并非直接与文学理论相关，但由于其精神气质、道德修养等内容与古代文学理论基本范畴有所关联，因此，古代文论家便以此说为理论依据，生发出"以气品人"、"以气论人"等重要的文学理论观点；在谈到文艺的社会作用时，主张文艺应服从于政治教化的需要。

以上内容的论述，对后世的文学理论批评和文学创作，都有着深远的影响。同时，《孟子》一书的写作方法和技巧，也是历代散文写作的楷模。气势磅礴、言辞雄辩、富有力度是孟子散文气势的最大特色；善于巧用比喻，用形象生动的语言说理叙事是孟子散文的又一特色。此外，语言的通俗易懂，感情充沛，多样化的风格，以及综合运用各种表达技巧等，都是孟子散文的鲜明特色。

四、孟子研究情况

《孟子》成书后，最初是作为诸子之书流传的，到西汉时，孟子和《孟子》一书的地位仍不高。司马迁为孟子作传，篇幅很短，且未单独立传。东汉的班固作《汉书·艺文志》时，只是把《孟子》放在《诸子略·儒家类》中。但总的来说，两汉的孟子研究，还是呈现了不断上升的趋势，表现在汉文帝时立了《孟子》传记博士；东汉时出现了《孟子》研究的专著——赵岐《孟子章句》。这是现存最早的《孟子》注，他为各章所作的章指对后人理解《孟子》有很大帮助。三国时代，没有出现《孟子》研究的新作。魏晋南北朝时期，孟子研究的著述也十分罕见。大约从唐代开始，由于儒家“道统说”的提出，孟子的地位日益提高，孔、孟并称的提法日益增多。研究《孟子》的专著也开始时有出现，虽然研究水平与宋代以后的《孟子》研究专著无法比拟，但较前时已有很大进展。唐代曾有过提高《孟子》一书地位的请求，但未能实现。孟子地位的变化和《孟子》研究的发展，是在两宋时代逐渐升级的。到了宋神宗时期，《孟子》被正式列为经书。宋代研究和阐释《孟子》的著作比汉唐时代有了较大规模的发展，出现了题名为孙奭所作的《孟子注疏》、朱熹所作的《孟子集注》等影响较大的研究著作。元明两代研究《孟子》的著述极多，但大多围绕朱熹《孟子集注》的观点，少有创新和发挥。清代的《孟子》研究，取得了较高成就，从宋代的以阐发义理为主，转变为以训诂考据为主的朴学研究。出现了焦循的《孟子正义》等经典新疏。《孟子正义》一书以东汉赵岐注为主，搜集了清代学者考订训释的成果，是清代《孟子》注解中最详备的一种，代表了乾嘉学派孟子研究的最高水平。此外，清代的孟子研究重要著作还包括戴震的《孟子字义疏证》以及康有为的《孟子微》等，这两部书形式上是解释孟子思想，其主要目的却是为批判旧的学术传统，阐发新的思想。这种研究不属于朴学范畴，也不很普遍，但却代表了清代孟子研究的一个重要方面。

万丽华　蓝旭

2015 年 10 月

目 录

卷一·梁惠王上

　　本篇共七章，除第六章对梁襄王，第七章对齐宣王外，其他各章都是孟子与梁惠王的对话。首章提出"义利之辨"，主张讲仁义可使上下有序，否则将人人各求其利而不知足，则国乱而君危。以下各章所记对话，大抵不离"仁政"的话题。仁政的主要内容包括反对攻伐，发展生产，减轻刑罚赋敛，使老百姓过上丰衣足食的生活，在此基础上以孝悌之义教导百姓。如此便可以抵御外侮，并使天下归服。孟子又指出君王施行仁政的基础，是天性中固有的"不忍之心"，把它推广开来，也就是仁政。从上述各章的阐发，可见孟子虽把"义"放在"利"之上，但他所谓"义"，主要的内容却是人民的"利"，凡政策由此出发，做法与此相合，便是"义"，否则反是。因此既热情赞扬"与民同乐"的古圣，又尖锐批评"率兽食人"的今王。

一

孟子见梁惠王^①。王曰："叟^②！不远千里而来，亦将有以利吾国乎？"

孟子对曰："王！何必曰利？亦有仁义而已矣^③。王曰：'何以利吾国？'大夫曰：'何以利吾家？'士庶人曰：'何以利吾身？'上下交征利而国危矣^④。万乘之国^⑤，弑其君者，必千乘之家^⑥；千乘之国，弑其君者，必百乘之家。万取千焉，千取百焉，不为不多矣。苟为后义而先利，不夺不餍^⑦。未有仁而遗其亲者也，未有义而后其君者也。王亦曰仁义而已矣，何必曰利？"

【注释】

①梁惠王：即魏惠王，名罃。

②叟（sǒu）：对老年人的尊称。

③亦：只。

④征：取。

⑤万乘（shèng）之国：拥有一万辆兵车的国家。乘，兵车一辆称一乘。古代以拥有兵车的多少来衡量国家大小，万乘之国在战国时是大国。

⑥家：卿大夫的采地。

⑦餍（yàn）：满足。

【译文】

孟子见梁惠王。王说："老先生！不远千里而来，将对我国有利吧？"

孟子回答说:"王!何必讲利?只要有仁义就可以了。王说:'怎样对我国有利?'大夫说:'怎样对我的封地有利?'士人和老百姓说:'怎样对我自己有利?'上下交相求利,那国家就危险了。拥有一万辆兵车的国家,杀掉它的君王的,一定是拥有一千辆兵车的大夫;拥有一千辆兵车的国家,杀掉它的君王的,一定是拥有一百辆兵车的大夫。在一万辆兵车的国家里,拥有一千辆兵车,在一千辆兵车的国家里,拥有一百辆兵车,不算不富有了。但如果把义放在后头而把利放在前头,那他不争夺是不会满足的。从没有讲仁却遗弃自己父母的,也没有讲义却轻慢自己君王的。王只要讲仁义就可以了,何必讲利?"

二

孟子见梁惠王。王立于沼上①,顾鸿雁麋鹿,曰:"贤者亦乐此乎?"

孟子对曰:"贤者而后乐此,不贤者,虽有此不乐也。《诗》云②:'经始灵台③,经之营之,庶民攻之,不日成之。经始勿亟④,庶民子来⑤。王在灵囿⑥,麀鹿攸伏⑦,麀鹿濯濯⑧,白鸟鹤鹤⑨。王在灵沼,於牣鱼跃⑩。'文王以民力为台为沼,而民欢乐之,谓其台曰灵台,谓其沼曰灵沼,乐其有麋鹿鱼鳖。古之人与民偕乐,故能乐也。《汤誓》曰⑪:'时日害丧⑫,予及汝偕亡。'民欲与之偕亡,虽有台池鸟兽,岂能独乐哉?"

【注释】

①沼（zhǎo）：水池。

②《诗》：即《诗经》。以下引诗出自《诗经·大雅·灵台》，写周文王兴建灵台、灵囿而庶民相助的盛况。

③经：测量。灵台：台名。

④亟（jí）：急。

⑤子来：像儿子为父母效劳那样来帮忙。

⑥囿（yòu）：圈养鸟兽的园林。

⑦麀（yōu）：母鹿。鹿：指公鹿。攸：助词，用法相当于"所"。

⑧濯濯（zhuó）：肥硕而有光泽的样子。

⑨鹤鹤：羽毛洁白的样子。

⑩於（wū）：语气词，表示叹美。牣（rèn）：满。

⑪《汤誓》：《尚书》的篇名，记载商汤伐夏桀的誓师之词。

⑫时日：这个太阳，指夏桀。时，这。害（hé）：通"曷"，即"何"，这里指"何时"。

【译文】

孟子见梁惠王。王站在池塘边，看鸿雁麋鹿，说："贤者也享受这种快乐吗？"

孟子回答说："只有贤者才能享受这种快乐，不贤者即使有这些，也无法快乐。《诗经》说：'开始建灵台，测量又施工，百姓齐动手，很快就落成。王说不着急，百姓更卖力。王到灵囿来，群鹿好自在，群鹿光又肥，白鸟白又亮。

王到灵沼来，满池鱼跳跃。'文王借助民力建台修池，老百姓却很高兴，把那台叫做灵台，把那池叫做灵沼，为里面有麋鹿鱼鳖而高兴。古人与老百姓同乐，所以能享受快乐。《汤誓》说：'这个太阳何时消灭，我和你一起去死。'老百姓要和他一起去死，纵然他有台池鸟兽，难道能独自快活吗？"

三

梁惠王曰："寡人之于国也，尽心焉耳矣。河内凶，则移其民于河东①，移其粟于河内。河东凶亦然。察邻国之政，无如寡人之用心者。邻国之民不加少，寡人之民不加多，何也？"

孟子对曰："王好战，请以战喻。填然鼓之②，兵刃既接，弃甲曳兵而走。或百步而后止，或五十步而后止。以五十步笑百步，则何如？"

曰："不可，直不百步耳，是亦走也。"

曰："王如知此，则无望民之多于邻国也。

"不违农时，谷不可胜食也；数罟不入洿池③，鱼鳖不可胜食也；斧斤以时入山林，材木不可胜用也。谷与鱼鳖不可胜食，材木不可胜用，是使民养生丧死无憾也。养生丧死无憾，王道之始也。

"五亩之宅，树之以桑，五十者可以衣帛矣。鸡豚狗彘之畜，无失其时，七十者可以食肉矣。百亩之田，勿夺其时，数口之家可以无饥矣。谨庠序之教④，申之以孝悌之义，颁白者不负戴于道路矣。

七十者衣帛食肉，黎民不饥不寒，然而不王者⑤，未之有也。

"狗彘食人食而不知检，涂有饿莩而不知发⑥；人死，则曰：'非我也，岁也。'是何异于刺人而杀之，曰：'非我也，兵也。'王无罪岁，斯天下之民至焉。"

【注释】

①"河内"二句：河内、河东，魏地。河内在今山西安邑一带，河东在今河南济源一带。

②填然：形容击鼓的声音。

③数罟（cùgǔ）：细密的渔网。数，细密。洿（wū）池：大池。

④庠（xiáng）序：学校。

⑤王（wàng）：以仁政统一天下。

⑥涂：同"途"，道路。莩（piǎo）：通"殍"，饿死的人。

【译文】

梁惠王说："我对于国家，费尽心力了呀。河内发生饥荒，我就把当地的百姓迁徙到河东，又把别处的粮食运到河内。河东发生饥荒，也是这样办。看邻国的政治，没有像我这样用心的。可是邻国的百姓没有减少，我的百姓没有增加，为什么？"

孟子回答说："王喜欢战争，请让我用战争来打比方。战鼓咚咚一响，双方兵刃相接，这时就丢了盔甲拖着兵器逃跑。有的跑了一百步停下来，有的跑了五十步停下来。跑了五十步的人笑那些跑了一百步的人，可以吗？"

王说："不可以；只不过还没跑到一百步，但也是逃跑啊。"

孟子说："王如果懂得这个道理，就别指望百姓多于邻国了。

"不违背农时，粮食就会多得吃不完；细密的渔网不到大的池沼去捕鱼，鱼鳖就会多得吃不完；在一定的时候才进山林去伐木，木材就会多得用不完。粮食和鱼鳖多得吃不完，木材多得用不完，这就让老百姓养生送死都没有什么遗憾了。养生送死没有遗憾，就是王道的开端。

"五亩大的宅园，在里面种植桑树，五十岁的人就能穿上丝绵袄了。鸡狗和猪等家畜，不扰乱它们养育的时节，七十岁的人就能吃上肉了。百亩大的农田，不去妨碍农夫适时耕种，几口人的家庭就可以免于饥饿了。认认真真地办学校，反复用孝悌的道理来教导子弟，须发斑白的老人就不必背着或顶着重物在路上行走了。七十岁的人都有丝绵袄穿，有肉吃，老百姓饿不着，冻不着，这样还不能使天下归服的，是从没有过的事。

"狗和猪吃着人的粮食，却不懂得去制止，路上有人饿死，却不懂得发放仓库里的粮食；人死了，便说：'不是我的缘故，是年成不好的缘故。'这与刺死了人，却说，'不是我杀的，是兵器杀的'，有什么区别？王不要怪罪年成不好，这样天下的老百姓就都来了。"

四

梁惠王曰:"寡人愿安承教。"

孟子对曰:"杀人以梃与刃①,有以异乎?"

曰:"无以异也。"

"以刃与政,有以异乎?"

曰:"无以异也。"

曰:"庖有肥肉,厩有肥马,民有饥色,野有饿莩,此率兽而食人也。兽相食,且人恶之;为民父母,行政,不免于率兽而食人,恶在其为民父母也②?仲尼曰:'始作俑者③,其无后乎!'为其象人而用之也。如之何其使斯民饥而死也?"

【注释】

①梃(tǐng):木棒。

②恶(wū):何。

③俑(yǒng):殉葬用的土偶木偶。

【译文】

梁惠王说:"我很乐意听到您的教导。"

孟子回答说:"用木棒打死人和用刀杀死人,有什么不同吗?"

王说:"没什么不同。"

"用刀杀死人和用政治害死人,有什么不同吗?"

王说:"没什么不同。"

孟子说:"厨房里有肥肉,马厩里有肥马,可是老百姓面有饥色,野外有人饿死,这叫率领禽兽吃人。禽兽自相残杀，人尚且厌恶它；做老百姓的父母官，搞政治，不能免于率领禽兽吃人，那又怎么能做老百姓的父母官？孔子说：'第一个做土偶木偶来殉葬的人，该会断子绝孙吧！'就因为土偶木偶像人的样子，却用它殉葬。对于使老百姓饿死的，又该怎么办呢？"

五

梁惠王曰："晋国^①，天下莫强焉，叟之所知也。及寡人之身，东败于齐，长子死焉^②；西丧地于秦七百里^③；南辱于楚^④。寡人耻之，愿比死者壹洒之^⑤，如之何则可？"

孟子对曰："地方百里而可以王^⑥。王如施仁政于民，省刑罚，薄税敛，深耕易耨^⑦，壮者以暇日修其孝弟忠信，入以事其父兄，出以事其长上，可使制梃以挞秦、楚之坚甲利兵矣。

"彼夺其民时，使不得耕耨以养其父母。父母冻饿，兄弟妻子离散。彼陷溺其民，王往而征之，夫谁与王敌？故曰：'仁者无敌。'王请勿疑！"

【注释】

①晋国：这里指魏国。战国时韩、赵、魏三国，系由晋国分出，称为"三晋"，故魏国自称为晋。

②"东败"二句：指马陵之役。魏军以庞涓和太子申为统帅，齐军以田忌为大将，孙膑为军师，两军战于马陵，魏大败，庞涓自杀，太子申被俘。

③西丧地于秦七百里：惠王时，魏国曾屡败于秦国，被迫多次割地。

④南辱于楚：惠王时，魏军被楚将昭阳所败，八邑沦亡。

⑤比：替，为。壹：全，都。洒：洗。

⑥地方百里：指长、宽各百里之地。

⑦易：疾速。耨（nòu）：锄草。

【译文】

梁惠王说："晋国，天下没有比它更强大的国家了，这是老先生所知道的。到了我这时候，东边败于齐国，大儿子牺牲了；西边割地七百里给秦国；南边又受辱于楚国。我感到耻辱，希望为死者尽洗此恨，要怎么办才行？"

孟子回答说："有纵横百里的土地就可以行仁政而使天下归服。王如果向老百姓实行仁政，减轻刑罚，减少赋税，深耕细作，及早除草；年轻人在闲暇时培养孝顺父母、敬爱兄长、忠诚守信的道德，在家便侍奉父兄，在外便侍奉上级，这样，就算让他们造木棒也可以抗击秦国和楚国的坚实盔甲和锋利兵器了。

"别的国家妨碍老百姓适时生产，使他们不能靠耕作来奉养父母。父母饥寒交迫，兄弟妻儿离散。它们使老百姓陷于深渊之中，王去讨伐它们，谁能抵抗您？所以说：'仁德的人是无敌的。'王请不要怀疑！"

六

孟子见梁襄王①，出，语人曰②："望之不似人君，

就之而不见所畏焉。卒然问曰③：'天下恶乎定？'

"吾对曰：'定于一。'

"'孰能一之？'

"'对曰：'不嗜杀人者能一之。'

"'孰能与之？'

"对曰：'天下莫不与也。王知夫苗乎？七八月之间旱④，则苗槁矣。天油然作云，沛然下雨，则苗浡然兴之矣⑤。其如是，孰能御之？今夫天下之人牧⑥，未有不嗜杀人者也。如有不嗜杀人者，则天下之民皆引领而望之矣。诚如是也，民归之，由水之就下⑦，沛然谁能御之？'"

【注释】

①梁襄王：梁惠王的儿子，名嗣。

②语（yù）：告诉。

③卒（cù）：同"猝"。

④七八月：指周历七八月，相当于夏历五六月。

⑤浡（bó）然：兴起的样子。

⑥人牧：指统治者。

⑦由：通"犹"。

【译文】

孟子见梁襄王，出来告诉别人说："远远望去，不像君王，接近他，看不出威严。他猛然问我：'天下要怎样才得安定？'

"我答道：'天下统一就会安定。'

"'谁能统一天下？'

"我答道：'不喜欢杀人的君王就能统一天下。'

"'谁能追随他？'

"我答道：'天下人没有不追随他的。王知道禾苗的情况吗？七八月之间天旱，禾苗就枯槁了。这时假如天上聚起乌云，爽快地下一阵雨，禾苗就又旺盛地生长起来了。像这样，谁能阻挡得住？当今天下的统治者，没有不喜欢杀人的。如果有不喜欢杀人的，天下的老百姓就都伸长了脖子盼望他了。果真如此，老百姓归服他，就像水往低处流，那盛大的水势谁能阻挡得住？'"

七

齐宣王问曰："齐桓、晋文之事^①，可得闻乎？"

孟子对曰："仲尼之徒无道桓文之事者，是以后世无传焉，臣未之闻也。无以，则王乎？"

曰："德何如则可以王矣？"

曰："保民而王，莫之能御也。"

曰："若寡人者，可以保民乎哉？"

曰："可。"

曰："何由知吾可也？"

曰："臣闻之胡龁曰^②，王坐于堂上，有牵牛而过堂下者，王见之，曰：'牛何之？'对曰：'将以衅钟^③。'王曰：'舍之！吾不忍其觳觫^④，若无罪而就死地。'对曰：'然则废衅钟与？'曰：'何可废也？以羊易之！'——不识有诸？"

曰："有之。"

曰："是心足以王矣。百姓皆以王为爱也⑤，臣固知王之不忍也。"

王曰："然。诚有百姓者。齐国虽褊小⑥，吾何爱一牛？即不忍其觳觫，若无罪而就死地，故以羊易之也。"

曰："王无异于百姓之以王为爱也⑦。以小易大，彼恶知之？王若隐其无罪而就死地，则牛羊何择焉？"

王笑曰："是诚何心哉？我非爱其财，而易之以羊也，宜乎百姓之谓我爱也。"

曰："无伤也，是乃仁术也，见牛未见羊也。君子之于禽兽也，见其生，不忍见其死；闻其声，不忍食其肉。是以君子远庖厨也。"

【注释】

①齐桓、晋文：指春秋五霸中的齐桓公、晋文公。齐桓公名小白，晋文公名重耳。

②胡龁（hé）：齐臣。

③衅钟：祭钟。衅，古代的一种祭礼，用牲血涂于器物上。

④觳觫（húsù）：因恐惧而发抖。

⑤爱：吝啬。

⑥褊（biǎn）：小。

⑦异：惊异，奇怪。

【译文】

齐宣王问道："齐桓公、晋文公的事，可以让我听听吗？"

孟子答道："孔子的弟子没有讲齐桓公和晋文公的事的，所以后代没有流传，我也没听过。要不然，我讲讲使天下归服的王道吧？"

王说："要有怎样的道德，才能使天下归服呢？"

孟子说："安抚老百姓就可以使天下归服，这是没有人能阻挡的。"

王说："像我这样的人，可以安抚老百姓吗？"

孟子说："可以。"

王说："怎么知道我可以呢？"

孟子说："我听胡龁说，有一次王坐在堂上，有人牵牛从堂下经过，王看到了，问：'牵牛去哪里？'那人答道：'要宰了它祭钟。'王说：'放了它！我不忍心看它哆嗦的样子，它没有罪过却要进屠场。'那人又答道：'那么，要废除祭钟的仪式吗？'王说：'怎么能废除呢？用只羊来替代它！'——不晓得有没有这回事呢？"

王说："有的。"

孟子说："这样的心肠就足以使天下归服了。老百姓都以为王是吝啬呢，我当然明白王是不忍心。"

王说："是啊。确实有这样的百姓。齐国虽然狭小，我何至于吝惜一头牛？只是不忍心看它哆嗦的样子，没有罪过却要进屠场，所以用羊来替代它。"

孟子说："老百姓以为王是吝啬，您也不必诧异。既然是用小的替代大的，他们哪里能够体会您的用心？王如果是怜悯它无罪而进屠场，那又为什么在牛和羊之间取舍呢？"

王笑着说："真的，这究竟是什么心理呢？我并不是吝惜财物，但用羊来替代牛，也难怪百姓以为我是吝啬了。"

孟子说："没关系，这就是仁爱了，因为王只看见牛而没有看见羊。君子对于禽兽，见过它活着，就不忍心看它死去；听过它的声音，就不忍心吃它的肉。所以君子离厨房远远的。"

王说，曰："《诗》云：'他人有心，予忖度之。'①夫子之谓也。夫我乃行之，反而求之，不得吾心。夫子言之，于我心有戚戚焉。此心之所以合于王者，何也？"

曰："有复于王者曰：'吾力足以举百钧②，而不足以举一羽；明足以察秋毫之末，而不见舆薪。'则王许之乎？"

曰："否。"

"今恩足以及禽兽，而功不至于百姓者，独何与？然则一羽之不举，为不用力焉；舆薪之不见，为不用明焉；百姓之不见保，为不用恩焉。故王之不王，不为也，非不能也。"

曰："不为者与不能者之形何以异？"

曰："挟太山以超北海③，语人曰：'我不能。'是诚不能也。为长者折枝，语人曰：'我不能。'是不为也，非不能也。故王之不王，非挟太山以超北海之类也；王之不王，是折枝之类也。

"老吾老，以及人之老；幼吾幼，以及人之幼。天下可运于掌。《诗》云：'刑于寡妻，至于兄弟，以御于家邦。'④言举斯心加诸彼而已。故推恩足以保四海，不推恩无以保妻子。古之人所以大过人者，无他焉，善推其所为而已矣。今恩足以及禽兽，而功不至于百姓者，独何与？

"权，然后知轻重；度，然后知长短。物皆然，心为甚。王请度之！

"抑王兴甲兵，危士臣，构怨于诸侯，然后快于心与？"

【注释】

①"《诗》云"几句：引诗见《诗经·小雅·巧言》。

②钧：三十斤为一钧。

③太山：即泰山。北海：指渤海。

④"《诗》云"几句：刑，通"型"，示范。御，治理。引诗出自《诗经·大雅·思齐》，是一首歌颂周文王齐家、治国的诗。

【译文】

王高兴地说："《诗经》讲：'别人有心事，我来揣摩它。'说的正是您老人家啊。我只是这样做了，反过来考虑为什么这样，却不明白自己的内心。您老人家这么一说，说到我心里去了。这种心思之所以和王道相合，又是什么道理？"

孟子说:"假如有个人向王报告:'我的力气足够举起三千斤,却拿不起一根羽毛;我的眼力足够看清楚鸟身上的细毛,却瞧不见一车木柴。'王能相信吗?"

王说:"不相信。"

"如今您的恩情足以使禽兽受惠,而您的功绩不能使百姓沾光,又是为什么呢?这么说来,拿不起一根羽毛,是因为不肯用力气;瞧不见一车木柴,是因为不肯用眼睛;老百姓得不到安抚,是因为王不肯施恩。所以王没有使天下归服,是不肯做,而不是不能做。"

王说:"不肯做和不能做的情形有什么不同?"

孟子说:"胳膊下夹着泰山而越过渤海,告诉人说:'我办不到。'这是真的不能。为老人折树枝,告诉人说:'我办不到。'这是不肯做,不是不能做。因此王没有使天下归服,不是胳膊下夹着泰山而越过渤海一类;王没有使天下归服,是折树枝一类。

"尊敬自己的长辈,从而推广到尊敬别人的长辈;爱护自己的小孩,从而推广到爱护别人的小孩。只要如此,治理天下就像在手掌里玩弄东西那么简单。《诗经》说:'先给妻子做表率,然后推及于兄弟,从而推广到封邑国家。'说的无非是把这种好心思推广到别的方面罢了。所以推广恩惠足以安抚四海,不推广恩惠就连妻子儿女也安抚不了。古代的圣贤之所以远远超过别人,没有别的奥妙,只是善于推广他的善行罢了。如今您的恩情足以使禽兽受惠,而您的功绩不能使百姓沾光,又是为什么呢?

"称一称,才知道轻重;量一量,才知道长短。凡事都是这样，人心更是如此。王请考虑一下！

"王是不是发动军队，危害将士，与诸侯结怨，才觉得心里痛快呢？"

王曰："否。吾何快于是？将以求吾所大欲也。"

曰："王之所大欲，可得闻与？"

王笑而不言。

曰："为肥甘不足于口与？轻暖不足于体与？抑为采色不足视于目与？声音不足听于耳与？便嬖不足使令于前与①？王之诸臣皆足以供之，而王岂为是哉？"

曰："否。吾不为是也。"

曰："然则王之所大欲可知已，欲辟土地，朝秦、楚，莅中国而抚四夷也。以若所为求若所欲，犹缘木而求鱼也。"

王曰："若是其甚与？"

曰："殆有甚焉。缘木求鱼，虽不得鱼，无后灾。以若所为求若所欲，尽心力而为之，后必有灾。"

曰："可得闻与？"

曰："邹人与楚人战，则王以为孰胜？"

曰："楚人胜。"

曰："然则小固不可以敌大，寡固不可以敌众，弱固不可以敌强。海内之地方千里者九，齐集有其一。以一服八，何以异于邹敌楚哉？盖亦反其本矣②。

"今王发政施仁，使天下仕者皆欲立于王之朝，耕者皆欲耕于王之野，商贾皆欲藏于王之市，行旅皆欲出于王之途，天下之欲疾其君者，皆欲赴愬于王③。其若是，孰能御之？"

【注释】

①便嬖（piánbì）：左右亲幸者。

②盖：同"盍"，何不。

③愬（sù）：告诉。

【译文】

王说："不是。我怎么会为此痛快？我是要满足我的大欲望。"

孟子说："王的大欲望可以讲出来听听吗？"

王笑着不说话。

孟子说："是为了肥美的食物不够吃呢？轻暖的衣服不够穿呢？还是为了鲜艳的色彩不够看呢？是为了音乐不够听呢？还是侍从不够使唤呢？这些东西王的手下都足以提供，王难道是为这些吗？"

王说："不。我不是为这些。"

孟子说："那么，王的大欲望可以晓得了，是想要开拓疆土，使秦国、楚国来上朝称臣，统治中国而安抚外族。可是按照您的做法来寻求欲望的满足，就像爬到树上去捕鱼一样。"

王说："有这么严重吗？"

孟子说："恐怕比这还严重呢。爬到树上去捕鱼，尽管得不到鱼，还没什么祸患。按照您的做法来寻求欲望的满足，尽心尽力去做，接着一定有祸患。"

王说："可以具体地讲给我听听吗？"

孟子说："假如邹国和楚国交战，王认为谁会取胜？"

王说："楚国取胜。"

孟子说："那么，可见小的自然敌不过大的，人少的自然敌不过人多的，弱的自然敌不过强的。现在海内的疆土是方圆千里的地九块，齐国全部的土地加起来只占其中一块。以其中之一同其中之八为敌，这和邹国与楚国为敌有什么区别呢？为什么不从根本处做起呢？

"现在王如果改革政治，施行仁德，使天下做官的人都想在王的朝廷里做官，耕田的人都想在王的田地上耕种，做生意的人都想在王的集市上贸易，出行的人都想从王的道路上经过，天下痛恨他们君主的人都想到王这里来控诉。如果这样，谁能阻挡？"

王曰："吾惛①，不能进于是矣。愿夫子辅吾志，明以教我。我虽不敏，请尝试之。"

曰："无恒产而有恒心者，惟士为能。若民，则无恒产，因无恒心。苟无恒心，放辟邪侈，无不为已。及陷于罪，然后从而刑之，是罔民也②。焉有仁人在位罔民而可为也？是故明君制民之产③，必使仰足以事父母，俯足以畜妻子，乐岁终身饱，凶年免于死亡。然后驱而之善，故民之从之也轻④。

"今也制民之产，仰不足以事父母，俯不足以畜妻子；乐岁终身苦，凶年不免于死亡。此惟救死而恐不赡，奚暇治礼义哉？

"王欲行之，则盍反其本矣！五亩之宅，树之以桑，五十者可以衣帛矣。鸡豚狗彘之畜，无失其时，七十者可以食肉矣。百亩之田，勿夺其时，八口之家可以无饥矣。谨庠序之教，申之以孝悌之义，颁白者不负戴于道路矣。老者衣帛食肉，黎民不饥不寒，然而不王者，未之有也。"

【注释】

①惛（hūn）：神志不清，迷迷糊糊。

②罔：张罗网捕捉。

③制：订立制度。

④轻：轻易。

【译文】

王说："我昏昧不明，不能完全领会这种境地。请老先生辅佐我实现理想，明明白白地教导我。我尽管不聪明，却愿意试一试。"

孟子说："没有固定的产业却有坚定的心志，只有士人能做到。至于老百姓，假如没有固定的产业，就没有坚定的心志。假如没有坚定的心志，就会为非作歹，无所不为。等他们犯了罪，然后处罚他们，这叫陷害百姓。哪有仁德的人在位治国却做出陷害百姓的事来？所以英明的君王划定给老百姓的产业，一定要使他们上足以侍奉父母，下足以供养妻儿，好年成天天吃饱，坏年成不至于饿死。然后引导他们向善，于是老百姓都乐于听从。

　　"如今划定给老百姓的产业，上不足以侍奉父母，下不足以供养妻儿；好年成天天受苦，坏年成只有饿死。这种情况下要救活自己还怕来不及，哪有闲工夫学习礼义？

　　"王如果要施行仁政，为什么不从根本处做起：五亩大的宅园，在里面种植桑树，五十岁的人就能穿上丝绵袄了。鸡狗和猪等家畜，不扰乱它们养育的时节，七十岁的人就能吃上肉了。百亩大的农田，不去妨碍农夫适时耕种，八口人的家庭就可以免于饥饿了。认认真真地办学校，反复用孝悌的道理来教导子弟，须发斑白的老人就不必背着或顶着重物在路上行走了。老人都有丝绵袄穿，有肉吃，老百姓饿不着，冻不着，这样还不能使天下归服的，是从没有过的事。"

卷二·梁惠王下

　　本篇共十六章。第一章至第十二章都是与齐宣王的对话，其中有若干章都围绕"与民同乐"的话题展开。其主旨为不管好乐（音乐）、好财、好色，本身都不算什么过错，怕的是不能节制私欲，残害人民，反之，如果能推己及人，与民同乐，做到乐民之乐，忧民之忧，那便是足以实现王道的仁政，必将得到人民的拥护。此外，孟子在谈到"勇"的问题时，要齐宣王舍弃"小勇"，而学习先王为天下百姓谋福祉的大勇；在谈到用人问题时，指出要普遍了解民意，并以民意为准则来识别和选拔人才；在齐、燕发生战争而齐国已并吞燕国时，孟子又告诫齐宣王宜顺应民心，从燕国撤兵，这些都反映了孟子的民本思想。第八章关于武王伐纣的评论，意谓君王如破坏仁义之道则可杀，其所表达的民贵君轻的倾向尤为鲜明犀利。第十二章至十五章，是与邹和滕两个小国君主的对话，从中可见在严峻的军事和外交形势下，孟子仍坚决主张实行仁政，毫不为现实功利而妥协，在他看来，一时的存亡兴废是不足为怀的，勉力行善，便是尽了人的本分，至于成功与否，却不是人可以指望的，所以也不必计较。这是对道德具有绝对价值的肯定，也是对人的自由和尊严的肯定。本篇最后一章，透露出孟子在出处进退中的态度，让人想起孔子所说"天生德于予，桓魋其如予何"（《论语·述而》），由此可以了解："天"这样的观念，在儒家思想中实具有令人处变不惊、镇定从容的意义。

一

庄暴见孟子，曰："暴见于王①，王语暴以好乐，暴未有以对也。"曰："好乐何如？"

孟子曰："王之好乐甚，则齐国其庶几乎！"

他日，见于王，曰："王尝语庄子以好乐，有诸？"

王变乎色，曰："寡人非能好先王之乐也，直好世俗之乐耳。"

曰："王之好乐甚，则齐其庶几乎！今之乐由古之乐也。"

曰："可得闻与？"

曰："独乐乐，与人乐乐，孰乐？"

曰："不若与人。"

曰："与少乐乐，与众乐乐，孰乐？"

曰："不若与众。"

"臣请为王言乐。今王鼓乐于此，百姓闻王钟鼓之声，管籥之音②，举疾首蹙頞而相告曰③：'吾王之好鼓乐，夫何使我至于此极也？父子不相见，兄弟妻子离散。'今王田猎于此，百姓闻王车马之音，见羽旄之美④，举疾首蹙頞而相告曰：'吾王之好田猎，夫何使我至于此极也？父子不相见，兄弟妻子离散。'此无他，不与民同乐也。

"今王鼓乐于此，百姓闻王钟鼓之声，管籥之音，举欣欣然有喜色而相告曰：'吾王庶几无疾病与，何以能鼓乐也？'今王田猎于此，百姓闻王车马之音，见羽旄之美，举欣欣然有喜色而相告曰：

'吾王庶几无疾病与，何以能田猎也？' 此无他，与民同乐也。今王与百姓同乐，则王矣。"

【注释】

①王：指齐宣王。

②管籥（yuè）：古代吹奏乐器。

③蹙頞（è）：皱着鼻梁。

④羽旄（máo）：代指旗帜。

【译文】

庄暴来见孟子，说："我去拜见王，王对我说他喜爱音乐，我不知该怎样回答他。"接着又说："喜爱音乐好不好呢？"

孟子说："王如果十分喜爱音乐，齐国就能治理得差不多了。"

过些日子，孟子拜见齐王，说："王曾经告诉庄暴，说您喜爱音乐，有这事吗？"

王变了脸色，说："我还不能喜爱古代的音乐，只是喜爱世俗的流行音乐罢了。"

孟子说："王如果十分喜爱音乐，齐国就能治理得差不多了！不论是当代的音乐还是古代的音乐都是一样的。"

王说："可以说给我听听吗？"

孟子说："自己一人欣赏音乐是快乐的，与别人一起欣赏也是快乐的，哪一种更快乐呢？"

王说："不如和别人一起欣赏更快乐。"

孟子说："和少数人一起欣赏音乐是快乐的，和多数人一起欣赏也是快乐的，哪一种更快乐呢？”

王说："不如和多数人一起欣赏更快乐。"

孟子说："请让我为王谈谈欣赏音乐的道理。假如现在王在这里奏乐，老百姓听到王的钟鼓、管籥的声音，都感到头疼，皱着鼻梁，互相议论说：'我们的王喜爱音乐，为什么使我们苦到了极端？父子不能相见，兄弟妻儿离散。'假如现在王在这里打猎，老百姓听到王的车马的声音，看到美丽的旗帜，都感到头疼，皱着鼻梁，互相议论说：'我们的王喜爱打猎，为什么使我们苦到了极端？父子不能相见，兄弟妻儿离散。'这没有别的原因，只因不与老百姓一起享受快乐。

"假如现在王在这里奏乐，老百姓听到王的钟鼓、管籥的声音，都高高兴兴，面带喜色地互相议论说：'我们的王大概没什么疾病吧，否则怎么能奏乐呢？'假如现在王在这里打猎，老百姓听到王的车马的声音，看到美丽的旗帜，都高高兴兴，面带喜色地互相议论说：'我们的王大概没什么疾病吧，否则怎么能打猎呢？'这没有别的原因，只因能与老百姓一起享受快乐。如果王能与老百姓一起享受快乐，就可以使天下归服了。"

二

齐宣王问曰："文王之囿方七十里，有诸？"

孟子对曰："于传有之。"

曰："若是其大乎？"

曰："民犹以为小也。"

曰："寡人之囿方四十里，民犹以为大，何也？"

曰："文王之囿方七十里，刍荛者往焉①，雉兔者往焉，与民同之。民以为小，不亦宜乎？臣始至于境，问国之大禁，然后敢入。臣闻郊关之内，有囿方四十里，杀其麋鹿者，如杀人之罪。则是方四十里为阱于国中，民以为大，不亦宜乎？"

【注释】

①刍荛（ráo）：指割草砍柴的人。刍，割草。荛，砍柴。

【译文】

齐宣王问道："文王的园林纵横七十里，有这事吗？"

孟子答道："文献上有记载。"

齐宣王说："有这样大吗？"

孟子说："老百姓还以为太小了。"

齐宣王说："我的园林纵横四十里，老百姓还以为太大，为什么？"

孟子说："文王的园林纵横七十里，割草砍柴的去那里，捕鸟打兔子的也去那里，与百姓共享。老百姓以为太小，不也是应该的吗？我刚到齐国的国境，先打听国家的重要禁令，然后才敢进入。我听说郊区的门内有园林纵横四十里，如果有人杀掉里面的麋鹿，就同杀人一样治罪。那么这是在国内设一口纵横四十里的陷阱，老百姓以为太大了，不也是应该的吗？"

三

齐宣王问曰："交邻国有道乎？"

孟子对曰："有。惟仁者为能以大事小，是故汤事葛①，文王事昆夷②。惟智者为能以小事大，故太王事獯鬻③，勾践事吴④。以大事小者，乐天者也；以小事大者，畏天者也。乐天者保天下，畏天者保其国。《诗》云：'畏天之威，于时保之⑤。'"

王曰："大哉言矣！寡人有疾，寡人好勇。"

对曰："王请无好小勇。夫抚剑疾视，曰：'彼恶敢当我哉！'此匹夫之勇，敌一人者也。王请大之！

"《诗》云：'王赫斯怒⑥，爰整其旅⑦，以遏徂莒⑧，以笃周祜⑨，以对于天下。'此文王之勇也。文王一怒而安天下之民。

"《书》曰：'天降下民，作之君，作之师。惟曰其助上帝宠之。四方有罪无罪惟我在，天下曷敢有越厥志？'⑩一人衡行于天下⑪，武王耻之。此武王之勇也。而武王亦一怒而安天下之民。今王亦一怒而安天下之民，民惟恐王之不好勇也。"

【注释】

①汤事葛：详见《滕文公下》第五章。葛，商的邻国。

②昆夷：又作"混夷"，周朝初年的西戎国名。

③太王事獯鬻（xūnyù）：详见本篇第十五章。太王，即周部族首领古公亶父。獯鬻，即猃狁（xiǎnyǔn），

当时北方的少数民族。

④勾践事吴：越王勾践败于吴王夫差，向吴国求和，本人为吴王服役，后终于灭吴。

⑤于时：于是。引诗见《诗经·周颂·我将》，是一篇祭祀上天和周文王的诗。

⑥王：指周文王。

⑦爰：于是。

⑧以遏徂莒：遏，阻止。莒，《诗经》作"旅"，指密人入侵阮和共的部队。

⑨笃：厚，指增添。祜（hù）：福。以上引诗见《诗经·大雅·皇矣》，这首诗主要写文王伐崇、伐密的功绩。

⑩"《书》曰"几句：《书》见《尚书·泰誓》。

⑪一人：指商纣王。

【译文】

齐宣王问道："与邻国交往有讲究吗？"

孟子答道："有。只有仁爱的人能以大国服事小国，所以商汤服事葛伯，文王服事昆夷。只有聪明的人能以小国服事大国，所以太王服事獯鬻，勾践服事吴王。以大国服事小国的，是乐安天命的人；以小国服事大国的，是敬畏天命的人。乐安天命者保有天下，敬畏天命者保有自己的国家。《诗经》说：'敬畏上天的威严，于是保有这国家。'"

王说："高明啊这话！我有个毛病，我喜爱勇武。"

孟子答道："王请不要喜爱小勇。按剑瞪眼说道：'他怎敢阻挡我呢！'这是匹夫的勇，只能敌得住一个人。王请把它扩大。

"《诗经》说:'文王勃然大怒,于是整肃部队,阻止不义之师,增添周人福祉,来报答天下仰望之心。'这是文王的勇。文王一发怒而安定天下人民。

"《尚书》说:'上天降生了民众,又为他们降生君王,又为他们降生师傅。他们只是帮助天帝爱护人民。四方之内,有罪的我去征讨,无罪的我来爱护,责任都在我一人,天下有谁敢越过本分为非作歹?'有一个人横行于天下,武王以为奇耻大辱。这是武王的勇。武王也是一发怒而安定天下人民。假如现在王也是一发怒而安定天下人民,人民惟恐王不喜爱勇武呢。"

四

齐宣王见孟子于雪宫①。王曰:"贤者亦有此乐乎?"

孟子对曰:"有。人不得,则非其上矣。不得而非其上者,非也;为民上而不与民同乐者,亦非也。乐民之乐者,民亦乐其乐;忧民之忧者,民亦忧其忧。乐以天下,忧以天下,然而不王者,未之有也。

"昔者齐景公问于晏子曰:'吾欲观于转附、朝儛②,遵海而南,放于琅邪③,吾何修而可以比于先王观也?'

"晏子对曰:'善哉问也!天子适诸侯曰巡狩。巡狩者,巡所守也。诸侯朝于天子曰述职。述职者，述所职也。无非事者。春省耕而补不足，秋省敛而助不给。夏谚曰："吾王不游，吾何以休？吾王不豫④，吾何以助？一游一豫，为诸侯度。"今也不然，师行而粮食，饥者弗食，劳者弗息。睊睊胥谗⑤，民乃作慝⑥。方命虐民⑦，饮食若流。流连荒亡，为诸侯忧。从流下而忘反，谓之流；从流上而忘反，谓之连；从兽无厌谓之荒，乐酒无厌谓之亡。先王无流连之乐，荒亡之行。惟君所行也。'

"景公悦，大戒于国，出舍于郊，于是始兴发，补不足。召大师曰⑧：'为我作君臣相说之乐！'盖《徵招》、《角招》是也⑨。其《诗》曰：'畜君何尤？'畜君者，好君也。"

【注释】

①雪宫：齐宣王的行宫。

②转附、朝儛（wǔ）：均为山名。转附，疑即今芝罘山。朝儛，疑即今召石山，在山东荣成东。

③琅邪：山名，在今山东诸城东南。

④豫：出游。

⑤睊睊（juàn）胥谗：怨恨地互相埋怨。睊睊，因怨恨而侧目相视的样子。

⑥慝（tè）：恶。

⑦方命：违背天命。方，违背。

⑧大（tài）师：即太师，宫廷乐长。大，同"太"。

⑨《徵（zhǐ）招》、《角招》：徵、角，古代五音（宫、

商、角、徵、羽）中的两个。招，通"韶"。

【译文】

齐宣王在雪宫接见孟子。王说："贤者也有这种快乐吗？"

孟子答道："有。人们得不到这种快乐，就非议他们的君王。得不到快乐而非议君王，是不对的；作为老百姓的君王而不能与百姓一同享受快乐，也是不对的。为老百姓的快乐而快乐，老百姓也为他的快乐而快乐；为老百姓的忧愁而忧愁，老百姓也为他的忧愁而忧愁。乐是因天下而乐，忧是因天下而忧，这样还不能使天下归服，是从来没有的事。

"从前齐景公向晏子问道：'我想到转附山、朝儛山去转转，沿海向南，直到琅邪山，我该怎么办才能同古代圣王的出游相比？'

"晏子答道：'问得好啊！天子到诸侯国去，叫做巡狩。巡狩，就是巡视诸侯所守的疆土。诸侯来朝见天子，叫做述职。述职，就是报告本职工作。没有不是正事的。春天就考察耕作的情况而补助贫困者，秋天就考察收获的情况而补助收成不足者。夏代的谚语说："我王不出来走走，我怎能得到休息？我王不出来转转，我怎能得到补助？我王走走又转转，这是诸侯的法度。"如今却不是这样，而是兴师动众，聚敛粮食，饥饿的人吃不上饭，劳苦的人得不到休息。人们侧目而视，怨声载道，老百姓于是犯上作乱。这样的出游既违背天意又虐待人民，大吃大喝如同流水。流连荒亡，使诸侯为之忧虑。任随自己到下游去玩乐，快活起来便忘了返回，叫做流；任随自己到上游去玩乐，快活起来便忘了返回，叫做连；放肆地打猎而没有节制，叫做荒；任性地饮酒而没有节制，叫做亡。古代的圣王没有流连的快乐、荒亡的行为。请您考虑该怎么办吧。'

"景公听了很高兴，在国内作了很多准备，接着驻扎郊外，于是开仓发粮，赈济贫民。景公又叫来太师，说：'为我创作君臣相悦的音乐！'这就是《徵招》和《角招》。歌词里说：'畜君有什么不对呢？'畜君，就是爱戴君王的意思。"

五

齐宣王问曰："人皆谓我毁明堂①，毁诸？已乎？"

孟子对曰："夫明堂者，王者之堂也。王欲行王政，则勿毁之矣。"

王曰："王政可得闻与？"

对曰："昔者文王之治岐也②，耕者九一③，仕者世禄，关市讥而不征④，泽梁无禁⑤，罪人不孥⑥。老而无妻曰鳏，老而无夫曰寡，老而无子曰独，幼而无父曰孤。此四者，天下之穷民而无告者。文王发政施仁，必先斯四者。《诗》云：'哿矣富人⑦，哀此茕独⑧。'"

王曰："善哉言乎！"

曰："王如善之，则何为不行？"

王曰："寡人有疾，寡人好货。"

对曰："昔者公刘好货⑨，《诗》云：'乃积乃仓，乃裹糇粮⑩，于橐于囊⑪。思戢用光⑫。弓矢斯张，干戈戚扬⑬，爰方启行⑭'。故居者有积仓，行者有裹囊也，然后可以'爰方启行'。王如好货，与百姓同之，于王何有？"

王曰："寡人有疾，寡人好色。"

对曰："昔者太王好色⑮，爱厥妃。《诗》云：'古公亶父，来朝走马⑯，率西水浒⑰，至于岐下，爰及姜女⑱，聿来胥宇⑲。'当是时也，内无怨女，外无旷夫。王如好色，与百姓同之，于王何有？"

【注释】

①明堂：古代帝王宣明政教的场所，凡朝会、祭祀等重大典礼都在明堂举行。

②岐（qí）：地名，在今陕西岐山一带。

③耕者九一：指井田制。九百亩的地，分为井字形的九区，每区各一百亩，外沿八百亩为私田，每户各受田百亩。中间一百亩为公田，由八户共同耕种，此即九分抽一的税率，是孟子以为最理想的土地制度。

④讥而不征：只管检查言行而不抽税。讥，检查言行。征，征税。

⑤泽梁：捕鱼的装置。

⑥孥（nú）：本意是妻子、儿女，这里指不连累妻子、儿女。

⑦哿（kě）：可。

⑧茕（qióng）：孤独。以上引诗见《诗经·小雅·正月》。

⑨公刘：周人创业的始祖，后稷的曾孙。

⑩糇（hóu）粮：干粮。

⑪橐（tuó）：无底的口袋。囊：有底的口袋。

⑫思：发语词。戢：和睦。用：因而。光：光大。

⑬干：盾。戈：平头戟。戚：斧。扬：举起。

⑭爰：于是。方：开始。以上引诗见《诗经·大雅·公刘》。

⑮太王：即古公亶父，公刘的十世孙，周文王的祖父。他率领周部族由邰（今陕西武功）迁至豳（音 bīn，今陕西彬县、旬邑）。

⑯来朝：清早。走马：驱马快跑。

⑰率：沿着。西：指豳邑以西。水：指漆水。浒：水边。

⑱姜女：姜姓女子，指古公亶父的妻子太姜。

⑲聿来胥宇：指修建宫室之前察看地势。聿，语助词。胥，察看。宇，屋宇。以上引诗见《诗经·大雅·绵》。

【译文】

齐宣王问道："别人都让我拆掉明堂，是拆了好呢？还是不拆好？"

孟子答道："明堂，是王的殿堂。您如果要施行王政，就不要拆掉它了。"

王说："什么是王政，可以讲给我听吗？"

　　孟子答道："从前周文王治理岐地，农夫的税率是九分抽一，做官的世代享有俸禄，关卡和市场上只维持秩序而不抽税，到湖泊池塘里捕鱼不受禁止，处罚犯罪的人不连累他的妻儿。年老而没有妻室的叫做鳏，年老而没有丈夫的叫做寡，年老而没有儿女的叫做独，年幼而没有父亲的叫做孤。这四种人，是天下最穷苦而没有依靠者。文王发布政令施行仁义，一定首先考虑他们。《诗经》说：'富人可以过得去了，哀怜这些孤单的人。'"

　　王说："说得好啊，这话！"

　　孟子说："王如果认为这话说得好，为什么不照着做？"

　　王说："我有个毛病，我爱钱财。"

　　孟子答道："从前公刘也爱钱财，《诗经》说：'积存谷粮到仓里，包好干粮存起来，橐里囊里全装满。人心和顺扬光辉。张开弓来搭上箭，盾牌戈斧举起来，于是出发向前进。'因此，居留在家的有仓里的贮粮，行军的有囊里的干粮，然后才能'于是出发向前进'。王假如爱钱财，就和百姓一道，那么，使天下归服又有什么困难呢？"

　　王说："我有个毛病，我好色。"

　　孟子说："从前太王也好色，疼爱他的妃子。《诗经》说：'古公亶父，一早就赶马出发，沿着豳西的水边，来到岐山的脚下，于是连同姜氏女，察看盖房的地形。'在这个时候呢，没有嫁不出去的姑娘，没有找不着老婆的男人。王假如好色，就和老百姓一道，那么，使天下归服又有什么困难呢？"

六

孟子谓齐宣王曰："王之臣有托其妻子于其友而之楚游者，比其反也①，则冻馁其妻子，则如之何？"

王曰："弃之。"

曰："士师不能治士②，则如之何？"

王曰："已之。"

曰："四境之内不治，则如之何？"

王顾左右而言他。

【注释】

①比：及，至。

②士师：狱官。

【译文】

孟子对齐宣王说："王有个臣子，把妻儿托付给他的朋友，自己到楚国去了，等他回来时，妻儿却在挨饿受冻，对这个朋友该怎么办？"

王说："和他绝交。"

孟子说："狱官不能管好他的下级，对他该怎么办？"

王说："撤掉他。"

孟子说："一个国家治理不好，该怎么办？"

王左右张望，把话题扯开了。

七

孟子见齐宣王，曰："所谓故国者，非谓有乔木之谓也，有世臣之谓也。王无亲臣矣，昔者所进，今日不知其亡也①。"

王曰："吾何以识其不才而舍之？"

曰："国君进贤，如不得已，将使卑逾尊，疏逾戚，可不慎与？左右皆曰贤，未可也；诸大夫皆曰贤，未可也；国人皆曰贤，然后察之。见贤焉，然后用之。左右皆曰不可，勿听；诸大夫皆曰不可，勿听；国人皆曰不可，然后察之。见不可焉，然后去之。左右皆曰可杀，勿听；诸大夫皆曰可杀，勿听；国人皆曰可杀，然后察之。见可杀焉，然后杀之。故曰国人杀之也。如此，然后可以为民父母。"

【注释】

①亡：去位，去国。

【译文】

孟子见齐宣王，说："所谓'故国'，不是有乔木的意思，而是有累世勋臣的意思。王连亲信的臣都没有了，从前所进用的，今天不知到哪里去了。"

王说："我怎么辨别一个人没有才能而舍弃不用呢？"

孟子说："国君进用贤臣，如果碰到不得已的情况，会使卑贱者位居尊贵者之上，疏远者位居亲近者之上，对此可以不谨慎吗？左右亲近的人都说好，不可立刻举用；各位大夫都说好，不可立刻举用；全国的人都说好，然后考察他。发现他真好，然后举用他。左右亲近的人都说不可用，不要听；各位大夫都说不可用，不要听；全国的人都说不可用，然后考察他。发现他真不可用，然后罢免他。左右亲信都说可杀，不要听；各位大夫都说可杀，不要听；全国的人都说可杀，然后考察他。发现他真可杀，然后杀他。所以说这是全国的人杀他的。这样，才可以做百姓的父母。"

八

齐宣王问曰："汤放桀，武王伐纣，有诸？"

孟子对曰："于传有之。"

曰："臣弑其君，可乎？"

曰："贼仁者谓之'贼'，贼义者谓之'残'。残贼之人，谓之'一夫'①。闻诛一夫纣矣②，未闻弑君也③。"

【注释】

①一夫：即"独夫"，指众叛亲离的孤立者。

②诛：杀。诛是褒义词，指合乎正义地杀。

③弑：弑是贬义词，用于臣下杀死君王或儿女杀死父母。

【译文】

齐宣王问道："商汤流放夏桀，武王讨伐商纣，有这事吗？"

孟子答道："文献有记载。"

齐宣王说："臣子杀掉他的君主，可以吗？"

孟子说："破坏仁的叫做'贼'，破坏义的叫做'残'。残贼的人，叫做'独夫'。我只听过周武王杀掉一夫纣呀，可没听过他杀掉了君主哦。"

九

孟子谓齐宣王曰："为巨室，则必使工师求大木①。工师得大木，则王喜，以为能胜其任也。匠人斫而小之②，则王怒，以为不胜其任矣。夫人幼而学之，壮而欲行之，王曰：'姑舍女所学而从我③。'则何如？今有璞玉于此④，虽万镒⑤，必使玉人雕琢之。至于治国家，则曰：'姑舍女所学而从我。'则何以异于教玉人雕琢玉哉？"

【注释】

①工师：管理工匠的长官。

②斫（zhuó）：砍削。

③女：通"汝"，你。

④璞玉：在石中未经加工的玉。

⑤镒（yì）：二十两为一镒。

【译文】

孟子对齐宣王说："建造巨大的宫室，就一定要派工师去找大木料。工师找到大木料，王就高兴，认为他能胜任。工匠把这木料砍小了，王就动怒，以为他不能胜任。有那么一种人，从小学习一种本事，长大后要把它来实践，王说：'姑且扔掉你所学的，听从我。'这可怎么办呢？假如现在这里有一块璞玉，就算它价值二十万两，您一定会让玉匠雕琢它。至于治理国家，却说：'姑且扔掉你所学的，听从我。'这同教导玉匠雕琢玉石又有什么区别呢？"

<h1 style="text-align:center">十</h1>

齐人伐燕，胜之。宣王问曰："或谓寡人勿取，或谓寡人取之。以万乘之国伐万乘之国，五旬而举之，人力不至于此。不取，必有天殃。取之，何如？"

孟子对曰："取之而燕民悦，则取之。古之人有行之者，武王是也①。取之而燕民不悦，则勿取。古之人有行之者，文王是也②。以万乘之国伐万乘之国，箪食壶浆以迎王师③，岂有他哉？避水火也。如水益深，如火益热，亦运而已矣④。"

【注释】

①武王是也：指武王伐纣，取商之地而享有天下。

②文王是也：指文王三分天下有其二，却仍臣服于商。

③箪（dān）：盛饭的竹筐。

④运：转换。

【译文】

齐国攻打燕国，大获全胜。宣王问道："有人劝我不要吞并燕国，有人劝我吞并它。以一个拥有万辆兵车的大国去攻打同样是万辆兵车的大国，五十天内便打下它，光凭人力是不能如此的。不吞并的话，一定会有天灾。吞并它，怎样？"

孟子答道："吞并它而燕国的百姓高兴的话，就吞并。古人有这样做的，周武王就是。吞并它而燕国的百姓不高兴的话，就不要吞并。古人有这样做的，周文王就是。以一个拥有万辆兵车的大国去攻打同样是万辆兵车的大国，老百姓用箪盛着饭，用壶盛着酒浆来迎接王的军队，难道有别的原因吗？只是要逃避水火一般的统治而已。假如水更深了，假如火更热了，那也不过是换个人来统治罢了。"

十一

齐人伐燕，取之。诸侯将谋救燕。宣王曰："诸侯将谋伐寡人者，何以待之？"

孟子对曰："臣闻七十里为政于天下者，汤是也。未闻以千里畏人者也。《书》曰：'汤一征①，自葛始。'天下信之，东面而征，西夷怨②；南面而征，北狄怨，曰：'奚为后我？'民望之，若大旱之望云霓也③。归市者不止，耕者不变，诛其君而吊其民，若时雨降，民大悦。《书》曰：'徯我后④，后来其苏。'今燕虐其民，王往而征之，民以为将拯己于水火之中也，箪食壶浆以迎王师。若杀其父兄，系累其子弟⑤，毁其宗庙，迁其重器⑥，如之何其可也？天下固畏齐之强也，今又倍地而不行仁政⑦，是动天下之兵也。王速出令，反其旄倪⑧，止其重器，谋于燕众，置君而后去之，则犹可及止也。"

【注释】

①一征：始征，初征。

②西夷：古时我国西方少数民族的泛称。下文的北狄，

是古时我国北方少数民族的泛称。

③霓：虹的一种。

④徯（xī）：等待。后：王。

⑤系累：捆绑。

⑥重器：宝器。

⑦倍地：指齐国吞并燕国后，增一倍之地。

⑧旄（mào）：通"耄"，指老人。倪：幼儿，指小孩。

【译文】

齐国攻打燕国，吞并了它。其他诸侯国谋划救助燕国。宣王说："诸侯国谋划将来攻打我，要怎么对待他们？"

孟子答道："我听说过凭借纵横七十里的土地就能在天下实行统治，商汤就是。没听说过凭借纵横一千里的土地来使天下畏惧的。《尚书》说：'汤的征伐，从葛国开始。'天下人都信任他，当他向东面征伐时，西边各族的百姓就抱怨；当他向南面征伐时，北边各族的百姓就抱怨，说：'怎么把我们放在后面？'老百姓盼望他，就像大旱时盼望乌云虹霓一样。汤的征伐，一点也不惊扰百姓，做生意的照样行商，种庄稼的照样下地，汤杀掉暴君而抚恤百姓，就像降了及时雨，老百姓很高兴。《尚书》说：'等着我们的王，王来了我们就复活。'如今燕国虐待它的百姓，您前往征讨，老百姓以为您将把他们从水火中拯救出来，于是用箪盛着饭，用壶盛着酒浆来迎接您的部队。可是您却杀掉他们的父兄，捆绑他们的子弟，毁坏他们的宗庙，搬走他们的宝器，这怎么行呢？天下人本来就害怕齐国强大，如今齐国又增加了一倍的土地却不实行仁政，这就是惊动天下军队与您作对的原因。王赶快下命令，让老少俘虏回家，停止搬运宝器，与燕国的群众计议，择立一位燕王，然后自己从燕国撤出，这样还来得及使各国停止用兵。"

十二

邹与鲁哄①。穆公问曰②："吾有司死者三十三人③，而民莫之死也。诛之，则不可胜诛；不诛，则疾视其长上之死而不救，如之何则可也？"

孟子对曰："凶年饥岁，君之民老弱转乎沟壑，壮者散而之四方者，几千人矣；而君之仓廪实，府库充，有司莫以告，是上慢而残下也。曾子曰④：'戒之戒之！出乎尔者，反乎尔者也。'夫民今而后得反之也。君无尤焉⑤！君行仁政，斯民亲其上，死其长矣。"

【注释】

①邹：周代的一个小国。哄：吵闹。这里指交战。

②穆公：指邹穆公。

③有司：有关官吏。

④曾子：姓曾名参，孔子的弟子。

⑤尤：责备。

【译文】

邹国和鲁国交战。邹穆公问道："我的官吏死了三十三人，而老百姓没有人为保护他们而死。杀吧，杀不过来；不杀吧，又恨他们看着长官死掉而不去营救，怎么办才好呢？"

　　孟子答道："灾荒年岁，您的老百姓中年老体弱的辗转死于沟壑，年轻力壮的四散逃荒，几乎有千把人；而您的粮仓殷实，库房充足，有关官吏不把这种情况向上报告，这就是身居上位的人怠慢而残害百姓。曾子说：'警惕啊警惕！你怎样对别人，别人就怎样回报你。'老百姓如今可得到报复的机会了。您不要责备他们吧！只要您实行仁政，老百姓就会亲近他们的上级，为他们的长官死难了。"

十三

　　滕文公问曰："滕^①，小国也，间于齐、楚。事齐乎？事楚乎？"

　　孟子对曰："是谋非吾所能及也。无已，则有一焉：凿斯池也，筑斯城也，与民守之，效死而民弗去，则是可为也。"

【注释】

①滕：故址在今山东滕州。

【译文】

　　滕文公问道："滕，是个小国，处在齐国和楚国之间。是服事齐国呢？还是服事楚国呢？"

　　孟子答道："这种策略不是我能想出来的。非说不可的话，倒有一个办法：把护城河凿深，把城墙筑牢，与老百姓一起守卫它，宁肯牺牲，老百姓也不肯离开，这就有希望了。"

十四

滕文公问曰："齐人将筑薛①，吾甚恐，如之何则可？"

孟子对曰："昔者大王居邠②，狄人侵之，去，之岐山之下居焉。非择而取之，不得已也。苟为善，后世子孙必有王者矣。君子创业垂统，为可继也。若夫成功，则天也。君如彼何哉？强为善而已矣。"

【注释】

①筑薛：在薛筑城墙。薛国邻近滕国，为齐所灭，齐人又将筑城于此，滕文公担心齐国进逼滕国，因而恐慌。

②大：同"太"。邠（bīn）：同"豳"，在今陕西旬邑西。

【译文】

滕文公问道："齐国人要在薛地加固城墙，我很担心，怎么办才可以？"

孟子答道："从前太王住在邠，狄人侵犯他，他便离开，迁到岐山下去住。这并不是主动选择住在那里，是不得已的。可见如果实行仁政，后代子孙一定有成为天下之王的。君子创立基业，奠定传统，正是为了可以被继承下去。至于成功与否，还要看天命。您能对齐人怎样呢？只有勉力实行仁政而已。"

十五

滕文公问曰："滕，小国也。竭力以事大国，则不得免焉，如之何则可？"

　　孟子对曰："昔者大王居邠，狄人侵之。事之以皮币①，不得免焉；事之以犬马，不得免焉；事之以珠玉，不得免焉。乃属其耆老而告之曰②：'狄人之所欲者，吾土地也。吾闻之也：君子不以其所以养人者害人。二三子何患乎无君？我将去之。'去邠，逾梁山③，邑于岐山之下居焉。邠人曰：'仁人也，不可失也。'从之者如归市。或曰：'世守也，非身之所能为也。'效死勿去。君请择于斯二者。"

【注释】

①币：缯帛。

②属：召集。耆（qí）老：指老人。耆，六十岁的人。老，七十岁的人。

③梁山：在今陕西乾县西北。

【译文】

　　滕文公问道："滕，是个小国。竭尽全力来服事大国，也躲不过祸患，要怎么办才行？"

　　孟子答道："从前太王住在邠，狄人侵犯他。太王进献兽皮和丝帛服事他，躲不过祸患；进献狗和马服事他，躲不过祸患；进献珍珠美玉服事他，躲不过祸患。于是召集当地的老人，告诉他们：'狄人想要的，是我们的土地。我听说过：君子不把那些生养人的东西用来害人。你们何必担心没有君主呢？我准备离开这里。'于是他离开邠地，越过梁山，在岐山下建造城邑住下来。邠地的老百姓说：'他是有仁德的人啊，不能失去他。'跟随他的人多得就像赶集一样。也有人说：'这是我们应该世世代代守卫的土地，不是自己可以做主的。'他们宁死而不离开。请您在这两种情形中择取一种吧。"

十六

鲁平公将出，嬖人臧仓者请曰①："他日君出，则必命有司所之。今乘舆已驾矣，有司未知所之，敢请！"

公曰："将见孟子。"

曰："何哉！君所为轻身以先于匹夫者，以为贤乎？礼义由贤者出，而孟子之后丧逾前丧，君无见焉！"

公曰："诺。"

乐正子入见②，曰："君奚为不见孟轲也？"

曰："或告寡人曰：'孟子之后丧逾前丧③。'是以不往见也。"

曰："何哉？君所谓逾者，前以士，后以大夫；前以三鼎，而后以五鼎与④？"

曰："否。谓棺椁衣衾之美也⑤。"

曰："非所谓逾也，贫富不同也。"

乐正子见孟子曰："克告于君，君为来见也。嬖人有臧仓者沮君⑥，君是以不果来也。"

曰："行，或使之；止，或尼之。行止，非人所能也。吾之不遇鲁侯，天也。臧氏之子焉能使予不遇哉？”

【注释】

①嬖（bì）人：指受宠的姬妾或侍臣。

②乐正子：名克，孟子弟子。

③后丧、前丧：孟子先丧父，后丧母。后丧指母亲的
　丧事，前丧指父亲的丧事。

④前以三鼎，而后以五鼎与：三鼎，用三个鼎盛供品。
　五鼎，用五个鼎盛供品。办丧事时用三鼎是士礼，
　用五鼎是卿大夫之礼。

⑤棺：内棺。椁（guǒ）：外棺。衣衾：装殓死者的
　衣被。

⑥沮：通“阻”。

【译文】

　　鲁平公正要出门，他所宠幸的小臣臧仓请示说：“平日
您外出，一定是先通知管事的人要去哪里。现在车马已准
备好了，管事的人还不知道您要去哪里，因此来请示。”

　　鲁平公说：“我要去见孟子。”

　　臧仓说：“您降低自己的身份去见一个普通人，为什
么呢？您以为他是贤人吗？礼义是由贤人做出表率的，而
孟子为母亲办丧事比为父亲办丧事还隆重，您不要去见他
了吧！”

　　鲁平公说：“好吧。”

　　乐正子来见鲁平公，说：“您为什么不见孟轲了？”

　　鲁平公说：“有人告诉我：‘孟子为母亲办丧事的隆重超

过了父亲的丧事。'所以我不去见他了。"

乐正子说："您所说的'超过'是什么意思呢？是因为办父亲的丧事用士礼，办母亲的丧事用大夫之礼吗？是因为办父亲的丧事用三个鼎摆设供品，办母亲的丧事用五个鼎摆设供品吗？"

鲁平公说："不是。我指的是棺椁衣衾的精美。"

乐正子说："这不能叫做'超过'，只是前后贫富不同罢了。"

乐正子去见孟子，说："我跟君主讲过了，君主打算来见您。有个受宠的小臣臧仓阻止了他，因此他最终没来。"

孟子说："人要做事，是有人促使他做；不做事，是有人阻止他做。不过做或不做，并不是人力所能主宰。我与鲁侯不能遇合，是天命。姓臧的家伙怎能使我不遇？"

卷三·公孙丑上

　　本篇九章，从内容上可以大致分为两组。其一、三、四、五是一组，论述仁政的问题。这部分对于当时各诸侯国的暴政有所揭露，并认为这样的形势正是推行仁政的大好时机，因为必能得到人民的热烈拥护，从而实现统一天下的"王道"；与此相反的"霸道"，则是靠武力征服，那是不能使人心悦诚服的。至于仁政的具体措施，在第五章里提出了五项政策，大意是尊贤使能、减免赋税、实行井田制。另一组则论及个人修养以及人性论方面的问题，包括其二、六、七、八、九各章。第二章从"不动心"说起，最后涉及对孔子的评价，是《孟子》一书中极重要的篇幅。所谓"不动心"，指的是不因处境、待遇等外部条件的变化而改变心态，达到这种境界的两个环节，一是"知言"，二是培养"浩然之气"。"知言"是思想认识能力的表现，"浩然之气"尽管是一种正大刚毅的道德情感，仍然是道义原则指导下的日积月累的道德实践的成果。知言则不惑，气盛则意志坚定，所以是"不动心"的条件。第六章提出的"四端说"，意谓仁、义、礼、智等品质在人的天性中有其基础，集中概括了孟子在人性问题上的主张。七、八两章，分别谈到"反求诸己"和"与人为善"的修养方法。第九章批评伯夷气量小，柳下惠不严肃。二者既然各有所偏，在出处问题上，合理的态度应当如何？可以参见本篇第二章对于伯夷、伊尹和孔子的评论一节。从中可见孟子的用世心切，从而主张在坚持原则的同时根据具体条件调整应对的措施，这也可以看作是对"不动心"的一个补充说明。

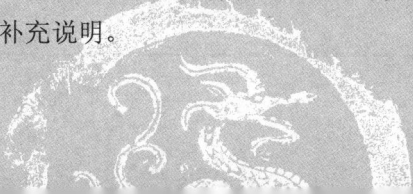

一

公孙丑问曰①："夫子当路于齐②，管仲、晏子之功③，可复许乎④？"

孟子曰："子诚齐人也，知管仲、晏子而已矣。或问乎曾西曰⑤：'吾子与子路孰贤⑥？'曾西蹵然曰⑦：'吾先子之所畏也⑧。'曰：'然则吾子与管仲孰贤？'曾西艴然不悦⑨，曰：'尔何曾比予于管仲⑩？管仲得君，如彼其专也，行乎国政，如彼其久也，功烈如彼其卑也，尔何曾比予于是？'"曰："管仲，曾西之所不为也，而子为我愿之乎？"

曰："管仲以其君霸，晏子以其君显。管仲、晏子犹不足为与？"

曰："以齐王，由反手也⑪。"

曰："若是，则弟子之惑滋甚。且以文王之德，百年而后崩⑫，犹未洽于天下。武王、周公继之，然后大行。今言王若易然，则文王不足法与？"

曰："文王何可当也？由汤至于武丁，贤圣之君六七作，天下归殷久矣，久则难变也。武丁朝诸侯有天下，犹运之掌也。纣之去武丁未久也，其故家遗俗，流风善政，犹有存者。又有微子、微仲、王子比干、箕子、胶鬲——皆贤人也——相与辅相之⑬，故久而后失之也。尺地，莫非其有也，一民，莫非其臣也；然而文王犹方百里起，是以难也。齐人有言曰：'虽有智慧，不如乘势；虽有镃基⑭，不如待时。'今时则易然也。夏后、殷、周之盛，地未有过千里者也，而齐有其地矣。鸡鸣狗吠相闻，而达乎四境，而齐有其民矣。地不改辟矣⑮，民不改聚矣，行仁政而王，莫之能御也。且王者之不作，未有疏于此时者也；民之憔悴于虐政，未有甚于此时者也。饥者易为食，渴者易为饮。孔子曰：'德之流行，速于置邮而传命⑯。'当今之时，万乘之国行仁政，民之悦之，犹解倒悬也。故事半古之人，功必倍之，惟此时为然。"

【注释】

①公孙丑：孟子弟子。

②当路：指身居要职。

③管仲：名夷吾，齐桓公之相。晏子：名婴，齐景公之相。

④许：期待。

⑤曾西：曾申，字子西，曾参之子。

⑥子路：孔子弟子。

⑦蹴（cù）然：不安的样子。

⑧先子：指自己已死的父亲。

⑨艴（fú）然：生气的样子。

⑩曾：乃。

⑪由：通"犹"。

⑫百年而后崩：古代传说周文王九十七岁死，这里说"百年"，是举其成数。

⑬微子：名启，据《左传》、《史记》等书载，为纣的

庶兄，《孟子·告子上》则以为是纣的叔父。微仲：微子之弟，名衍。王子比干：纣的叔父，屡次向纣进谏，为纣所杀。箕子：纣的叔父，比干被杀后，佯狂为奴，被纣囚禁。胶鬲（gé）：纣王之臣。

⑭镃基：锄头。

⑮改：更加。

⑯置邮：置、邮都是名词，相当于后代的驿站。

【译文】

公孙丑问道："先生如果在齐国当权，管仲、晏子的功业，有希望再次实现吗？"

孟子说："你果然是齐国人，只懂得管仲、晏子。曾有人问曾西说：'您和子路相比，谁更贤能些？'曾西不安地说：'他是先父所敬畏的人呀。'那人又问：'那么您和管仲相比，谁更贤能些？'曾西变了脸色，很不高兴地说：'你怎么能拿我和管仲相比？管仲得到他的君王的信任是那样专一，行使国家的政权是那样长久，功业却是那样卑微；你怎么能拿我和他相比？'"孟子又接着说："管仲，是曾西所不屑的，你以为我愿意学他吗？"

公孙丑说："管仲辅佐其君而称霸，晏子辅佐其君而扬名。管仲、晏子还不值得学吗？"

孟子说："以齐国来统一天下，易如反掌。"

公孙丑说："您这么说，我更糊涂了。以文王的贤德，活了将近一百岁，还不能统一天下；武王、周公继承他的事业，然后才大大地推行王道。现在您把统一天下说得这么容易，那么文王也不值得效法吗？"

孟子说:"文王,我怎么能比得上呢?从汤到武丁,贤圣的君王有六七个,天下归附于商久了,久了就难以改变。武丁使诸侯来朝贡,统治天下,就像玩弄于手掌之上那么轻而易举。纣离武丁不久,先王时的世家贵族、美好习俗、醇厚民风、仁惠政教,还有所留存;又有微子、微仲、王子比干、箕子、胶鬲——都是些贤人——在共同辅佐他,所以很久才亡国。当时,没有一尺土地不被他所有,没有一个人不是他的臣民;然而文王仅以纵横百里的土地建功立业,所以是很困难的。齐国人有句话说:'即使有智慧,不如乘形势;即使有农具,不如待农时。'现在的时势推行王道可就好办了。在夏、商、周最强大的时候,疆土还没有超过纵横千里的,而现在齐国有这么大的疆土了;鸡鸣狗吠的声音互相听得见,一直到四周的边境,现在齐国有这么多的百姓了;疆土不必再扩张,百姓不必再增加,只需推行仁政就能统一天下,谁也阻挡不住啊。况且仁义的君王没有出现,这是从来不曾像现在这样稀缺的;老百姓被暴政所残害,从来不曾像现在这样严重的。饥饿的人,可以很容易地让他吃饱;口渴的人,可以很容易地让他喝足。孔子说:'贤德的推广,比驿站传达命令还要快。'现在这年头,拥有万辆兵车的国家推行起仁政来,老百姓必然爱戴它,就像倒挂的人被解救一样。所以只要做到古人一半的事情,功业就会比古人多出一倍,只有这年头才能如此。"

二

　　公孙丑曰:"夫子加齐之卿相,得行道焉,虽由此霸王，不异矣。如此，则动心否乎？"

孟子曰："否！我四十不动心。"

曰："若是，则夫子过孟贲远矣^①。"

曰："是不难，告子先我不动心^②。"

曰："不动心有道乎？"

曰："有。北宫黝之养勇也，不肤桡^③，不目逃，思以一豪挫于人，若挞之于市朝。不受于褐宽博^④，亦不受于万乘之君。视刺万乘之君，若刺褐夫。无严诸侯^⑤。恶声至，必反之。孟施舍之所养勇也，曰：'视不胜犹胜也；量敌而后进，虑胜而后会^⑥，是畏三军者也。舍岂能为必胜哉？能无惧而已矣。'孟施舍似曾子^⑦，北宫黝似子夏^⑧。夫二子之勇，未知其孰贤，然而孟施舍守约也。昔者曾子谓子襄曰^⑨：'子好勇乎？吾尝闻大勇于夫子矣^⑩。自反而不缩^⑪，虽褐宽博，吾不惴焉；自反而缩，虽千万人，吾往矣。'孟施舍之守气，又不如曾子之守约也。"

【注释】

①孟贲：古代勇士。

②告子：名不害，与孟子同时而年长于孟子，曾受教于墨子。

③桡（náo）：退却。

④褐宽博：指卑贱者。褐，粗布衣服。宽博，宽大的衣服。褐、宽博，都是贱者之服。

⑤严：畏惧。

⑥会：指交战。

⑦曾子：即曾参，孔子弟子。

⑧子夏：姓卜名商，孔子弟子。

⑨子襄：曾子弟子。

⑩夫子：指孔子。

⑪缩：直。

【译文】

公孙丑问道："先生如果做了齐国的卿相，得以推行自己的主张，即使成就了霸王的事业，也是不奇怪的。如果这样，您会动心吗？"

孟子说："不。我四十岁以后就不再动心了。"

公孙丑说："这么说，先生比孟贲强多了。"

孟子说："这不难，告子还比我先做到不动心呢。"

公孙丑说："不动心有办法吗？"

孟子说："有。北宫黝培养勇气的办法是，肌肤被刺也不颤动发抖，眼睛被戳也能目不转睛，他认为受到一点点侮辱，就像在集市上被鞭打一样。既不受卑贱者的侮辱，也不受大国之君的侮辱。在他看来，刺杀大国之君，和刺杀卑贱者是一样的。他不畏惧诸侯王。有人骂他，他一定回击。孟施舍培养勇气呢，是说：'我把不能取胜的形势看成可以取胜；如果先估量敌人的力量才前进，考虑到可以取胜才交战，这是害怕敌人的三军。我孟施舍怎能战无不胜？只是能够无所畏惧而已。'孟施舍像曾子，北宫黝像子夏。这两个人的勇气，不晓得谁更强，然而孟施舍所守的较能抓住关键。从前曾子对子襄说：'你喜欢勇敢吗？我曾经从先生那里听过什么是大勇：自我反省而发现正义不在我，那么即使是卑贱的人，我也不去恐吓他；自我反省而认为正义在我，即使面对千军万马，我也勇往直前。'孟施舍所守的是一身盛气，曾子却能有所反省，循理而动，所以孟施舍又不如曾子所守的关键。"

曰："敢问夫子之不动心与告子之不动心，可得闻与？"

"告子曰：'不得于言，勿求于心；不得于心，勿求于气。'不得于心，勿求于气，可；不得于言，勿求于心，不可。夫志，气之帅也；气，体之充也。夫志至焉，气次焉；故曰：'持其志，无暴其气①。'"

"既曰'志至焉，气次焉'，又曰'持其志，无暴其气'，何也？"

曰："志壹则动气，气壹则动志也。今夫蹶者趋者，是气也，而反动其心。"

【注释】

①暴：乱。

【译文】

公孙丑说："请问先生的不动心，和告子的不动心，可以说给我听吗？"

孟子说："告子讲过：'言语有过失，不必到内心去寻求原因；心中有所不安，不必求助于意气。'心中有所不安，不必求助于意气，是可以的；言语有过失，不必到内心去寻求原因，却不可以。思想意志呢，是感情意气的统帅；感情意气是充满体内的力量。思想意志到哪里，感情意气就跟着到哪里。所以说：'要坚定自己的思想意志，也不要滥用感情意气。'"

公孙丑说："既然说'思想意志到哪里，感情意气就跟着到哪里'，又说'要坚定自己的思想意志，也不要滥用感情意气'，为什么呢？"

孟子说："思想意志专一，就能调动感情意气跟随它；感情意气专一，也会影响思想意志。比方说跌倒、奔跑，这是下意识的气有所动，但也能反过来扰动心志。"

"敢问夫子恶乎长？"

曰："我知言，我善养吾浩然之气。"

"敢问何谓浩然之气？"

曰："难言也。其为气也，至大至刚，以直养而无害，则塞于天地之间。其为气也，配义与道。无是，馁也。是集义所生者，非义袭而取之也①。行有不慊于心②，则馁矣。我故曰：告子未尝知义，以其外之也。必有事焉而勿正③，心勿忘，勿助长也。无若宋人然：宋人有闵其苗之不长而揠之者④，芒芒然归⑤，谓其人曰：'今日病矣⑥！予助苗长矣！'其子趋而往视之，苗则槁矣。天下之不助苗长者寡矣。以为无益而舍之者，不耘苗者也⑦；助之长者，揠苗者也，非徒无益，而又害之。"

"何谓知言？"

曰："诐辞知其所蔽⑧，淫辞知其所陷⑨，邪辞知其所离⑩，遁辞知其所穷⑪。生于其心，害于其政；发于其政，害于其事。圣人复起，必从吾言矣。"

"宰我、子贡善为说辞⑫，冉牛、闵子、颜渊善言德行⑬，孔子兼之，曰：'我于辞命，则不能也。'然则夫子既圣矣乎？"

曰："恶！是何言也！昔者子贡问于孔子曰：'夫子圣矣乎？'孔子曰：'圣则吾不能，我学不厌，而教不倦也。'子贡曰：'学不厌，智也；教不倦，仁也。仁且智，夫子既圣矣。'夫圣，孔子不居，是何言也！"

【注释】

①义袭：指义偶然从外进入内心。袭，偷袭。

②慊（qiè）：满意。

③正：止，中止。

④揠（yà）：拔。

⑤芒芒然：疲倦的样子。

⑥病：疲倦。

⑦耘：除草。

⑧诐（bì）：偏颇。蔽：遮蔽。

⑨淫：过分。陷：沉溺。

⑩邪：邪僻，不正。离：背离。

⑪遁辞：指敷衍搪塞而不敢正面回应的言论。遁，逃走。以上四句，"诐"、"淫"、"邪"、"遁"，是表现

于言辞中的弊病，"所蔽"、"所陷"、"所离"、"所穷"，则分别从思想认识方面揭示这些弊病所产生的根源。

⑫宰我：孔子弟子宰予。子贡：孔子弟子端木赐。

⑬冉牛：孔子弟子冉耕，字伯牛。闵子：孔子弟子闵损，字子骞。颜渊：孔子弟子颜回。

【译文】

公孙丑说："请问先生的长处是什么？"

孟子说："我懂得辨析言辞，我善于培养我的浩然之气。"

公孙丑说："请问什么叫做浩然之气？"

孟子说："难以讲清楚啊。它作为一种气，是最强大，最刚健的，用正义来培养它而不加伤害，就能充塞于天地之间。它作为一种气，是合乎义和道的；没有这个，它就疲弱了。它是日积月累的正义所生长出来的，而不是正义偶然从外而入所取得的。所作所为有一件不能让心意满足，它就疲弱了。所以我说，告子不懂得义，就因为他把义当作外在的东西。浩然之气的养成，一定要有所作为而不中止，心里不要忘记它，但也不要有意地帮助它。不要像那个宋国人一样：宋国有个担心禾苗长不快而把它拔高的人，非常疲倦地回去，告诉他的家人说：'今天累坏了，我帮助禾苗长高了。'他的儿子跑过去看，禾苗都枯槁了。天底下不拔苗助长的人少见啊。说到浩然之气，以为培养无益而放弃的，是不为禾苗除草的人；有意帮助它生长的，是拔苗的人，不仅无益，而且有害。"

公孙丑说:"怎样才算'懂得辨析言辞'?"

孟子说:"偏颇的言辞,知道它在哪一方面被遮蔽而不明事理;过分的言辞,知道它耽溺于什么而不能自拔;邪僻的言辞,知道它违背了什么道理而乖张不正;搪塞的言辞,知道它在哪里理屈而终于辞穷。言辞的过失产生于思想认识,危害于政治;把它体现于政令措施,就会危害具体工作。如果圣人复生,一定会赞同我的话。"

公孙丑说:"宰我、子贡善于说话,冉牛、闵子、颜渊善于阐述德行。孔子兼而有之,但他又说:'我对于辞令是不擅长的。'那么先生您已经是圣人了吧?"

孟子说:"呦!这是什么话呀?从前子贡问孔子道:'先生是圣人了吧?'孔子说:'圣人,我做不到,我只是学习而不知满足,教育而不知疲倦。'子贡说:'学习而不知满足,是明智;教育而不知疲倦,是仁爱。明智而且仁爱,先生已经是圣人了!'圣人,连孔子都不愿自居,你说的是什么话呀!"

"昔者窃闻之:子夏、子游、子张皆有圣人之一体①,冉牛、闵子、颜渊则具体而微。敢问所安?"

曰:"姑舍是。"

曰:"伯夷、伊尹何如②?"

曰:"不同道。非其君不事,非其民不使;治则进,乱则退,伯夷也。何事非君,何使非民;治亦进,乱亦进,伊尹也。可以仕则仕,可以止则止,可以久则久,可以速则速,孔子也。皆古圣人也,吾未能有行焉。乃所愿，则学孔子也。"

"伯夷、伊尹于孔子，若是班乎③？"

曰："否！自有生民以来，未有孔子也。"

曰："然则有同与？"

曰："有。得百里之地而君之，皆能以朝诸侯，有天下；行一不义，杀一不辜，而得天下，皆不为也。是则同。"

曰："敢问其所以异？"

曰："宰我、子贡、有若④，智足以知圣人，污不至阿其所好。宰我曰：'以予观于夫子，贤于尧、舜远矣！'子贡曰：'见其礼而知其政，闻其乐而知其德，由百世之后，等百世之王⑤，莫之能违也⑥。自生民以来，未有夫子也！'有若曰：'岂惟民哉？麒麟之于走兽，凤凰之于飞鸟，泰山之于丘垤⑦，河海之于行潦⑧，类也。圣人之于民，亦类也。出于其类，拔乎其萃，自生民以来，未有盛于孔子也！'"

【注释】

①子游：孔子弟子言偃。子张：孔子弟子颛孙师。

②伊尹：商汤的贤臣。

③班：等同。

④有若：孔子弟子。

⑤等：指分出等次。

⑥违：指违背"见其礼而知其政，闻其乐而知其德"

的规律。子贡的意思是，凭着可见、可闻的礼和乐，可以对百世以来君王的政治与德行作出评价。他在此处强调了评价依据的可靠性，因此使下文对于孔子的赞叹更有说服力。

⑦垤（dié）：小土堆。

⑧行潦（lǎo）：路上的积水。潦，雨水。

【译文】

公孙丑说："以前我听说：子夏、子游、子张都有某一方面得到孔子真传，冉牛、闵子、颜渊则全面地得到孔子真传但气象比孔子小些。请问您自居于哪一种人？"

孟子说："暂且不谈这个。"

公孙丑说："伯夷、伊尹怎么样？"

孟子说："与孔子不同。不是他理想的君主，他不服事；不是他理想的百姓，他不使唤；天下太平就进取，天下大乱就退隐，这是伯夷。服事不理想的君主有什么关系，使唤不理想的百姓有什么关系；天下太平也进取，天下大乱也进取，这是伊尹。可以做官就做官，可以不做就不做，可以长久留任就长久留任，可以迅速离任就迅速离任，这是孔子。都是古代的圣人，我没有一样能做到。要说愿望的话，我愿学孔子。"

公孙丑说："伯夷、伊尹和孔子不是一样的吗？"

孟子说："不。自从有人类以来，还没有像孔子那样的。"

公孙丑说："那么他们有相同之处吗？"

孟子说："有。如果得到纵横百里的土地而做君王，他们都能使诸侯来朝觐而统一天下；做一件不义的事，杀一个无辜的人因而得到天下，他们都不干。这就是他们的相同之处。"

公孙丑说："请问他们又有什么不同呢？"

孟子说："宰我、子贡、有若的聪明足以了解孔子，即使污下，也不至于偏袒他们所喜爱的人。宰我说：'凭我对先生的观察，他比尧、舜强多了。'子贡说：'看某时某地的礼制，就可以了解它的政治状况；听某时某地的音乐，就可以了解它的道德风气。从百代以后，去评价百代以来的君王，没有人能违背这个规律而有所隐蔽。我认为自从有人类以来，还没有像先生那样的人。'有若说：'难道只是人有高下之分吗？麒麟对于走兽，凤凰对于飞鸟，泰山对于土堆，河海对于积水，都算是同类。圣人对于人，也是同类。突出于所属的类，超拔于所属的群，自从有人类以来，还没有比孔子更伟大的。'"

三

孟子曰："以力假仁者霸，霸必有大国；以德行仁者王，王不待大。汤以七十里，文王以百里。以力服人者，非心服也，力不赡也①；以德服人者，中心悦而诚服也，如七十子之服孔子也②。《诗》云：'自西自东，自南自北，无思不服。'③此之谓也。"

【注释】

① 赡：足。

②七十子：指孔子弟子。相传孔子有弟子三千人，通六艺者七十二人。

③思：语助词。以上引诗出自《诗经·大雅·文王有声》。

【译文】

孟子说："倚仗实力，假借仁义之名而统一天下的叫做'霸'，要称霸，一定得有强大的国力；依靠道德，推行仁义而统一天下的叫做'王'，要称王，不一定得有强大的国家。商汤凭借的仅是纵横七十里的土地，文王凭借的仅是纵横百里的土地。倚仗实力来使人服从的，并不是真心服从，只不过力量不足相敌罢了；依靠道德来使人服从的，却是心悦诚服，就像七十个弟子服从孔子一样。《诗经》说：'从西从东，从南从北，无不心悦诚服。'说的就是这个意思。"

四

孟子曰："仁则荣，不仁则辱。今恶辱而居不仁，是犹恶湿而居下也。如恶之，莫如贵德而尊士，贤者在位，能者在职。国家闲暇，及是时，明其政刑。虽大国，必畏之矣。《诗》云：'迨天之未阴雨①，彻彼桑土②，绸缪牖户③。今此下民④，或敢侮予。'⑤孔子曰：'为此诗者，其知道乎！能治其国家，谁敢侮之？'今国家闲暇，及是时，般乐怠敖⑥，是自求祸也。祸福无不自己求之者。《诗》云：'永言配命⑦，自求多福。'⑧《太甲》曰⑨：'天作孽，犹可违⑩。自作孽，不可活。’此之谓也。”

【注释】

①迨（dài）：趁着。

②彻：取。桑土：即桑杜，桑根之皮。

③绸缪（móu）：缠结。牖（yǒu）户：窗门。这里指巢穴洞口。

④下民：指树下的人。

⑤以上引诗出自《诗经·豳风·鸱鸮》。

⑥般（pán）：乐。怠：怠惰。敖：出游。

⑦永：长。言：语助词，无义。配命：配合天命。

⑧以上引诗出自《诗经·大雅·文王》。

⑨《太甲》：《尚书》篇名。

⑩违：避。

【译文】

孟子说："实行仁政就有荣耀，不行仁政就会受辱。如今是厌恶受辱却自处于不仁之地，这就像厌恶潮湿而自处于低洼之地一样。如果厌恶它，不如崇尚道德而尊重士人，使有德行的人处在合适的官位，使有才能的人担任一定的职务。国家没有内忧外患，趁着这个时候，修明政令刑法。即使是大国，也一定会畏惧它。《诗经》说：'趁着天还没下雨，快取那桑根的皮，结牢靠巢穴的口。从此树下的人们，有谁还敢欺侮我。'孔子说：'写这诗的人，懂得道理呀！能治理好自己的国家，谁还敢欺侮他？'如今国家无内忧外患，趁着这时候，游乐怠惰，这是自己找祸患。祸与福无不是自己找的。《诗经》说：'长久配合天命，自己寻求多福。'《太甲》说：'天降的灾难还可以躲避，自找的灾难那可活不了。'说的就是这个意思。"

五

　　孟子曰："尊贤使能，俊杰在位，则天下之士皆悦，而愿立于其朝矣；市，廛而不征^①，法而不廛，则天下之商皆悦，而愿藏于其市矣；关，讥而不征，则天下之旅皆悦，而愿出于其路矣；耕者，助而不税，则天下之农皆悦，而愿耕于其野矣；廛^②，无夫里之布^③，则天下之民皆悦，而愿为之氓矣^④。信能行此五者，则邻国之民仰之若父母矣。率其子弟，攻其父母，自有生民以来未有能济者也。如此，则无敌于天下。无敌于天下者，天吏也。然而不王者，未之有也。"

【注释】

①廛（chán）：公家所建供商人租用的货仓。这里指抽取货仓税。征：抽取货物税。

②廛：这里指民居。

③夫里之布：指夫布和里布。因故不能服徭役者，需出钱雇役，雇役钱叫做夫布。宅有空地而不种植桑麻，由国家抽取惩罚性的地税，叫做里布。

④氓（méng）：侨民。

【译文】

孟子说:"尊重有德行的人,任用有才能的人,优异杰出的人处于官位,那么,天下的士人都会高兴,而乐意在他的朝廷做官了;做生意的,只抽取货仓税而不征货物税,或竟连货仓税也不收,那么,天下的商人都会高兴,而乐意把货物存放在他的市场上了;关卡,只稽查而不征税,那么天下旅行的人都会高兴,而乐意从他的道路经过了;种田的人,只需助耕公田而不征地税,那么天下的农夫都高兴,而乐意在他的田野上耕种了;人们居住的地方,不收雇役钱和惩罚性地税,那么,天下的老百姓都会高兴,而乐意到那里侨居了。一个君王如果能实行这五项措施,那么邻国的老百姓就会仰望他像仰望父母一样了。率领子女,来攻打他们的父母,这种事情自从有人类以来,没有能够成功的。这样,就能无敌于天下。无敌于天下的人,就是天所派遣的官吏。这样还不能统一天下的,还从来没有过。"

六

孟子曰:"人皆有不忍人之心。先王有不忍人之心,斯有不忍人之政矣。以不忍人之心,行不忍人之政,治天下可运之掌上。所以谓人皆有不忍人之心者,今人乍见孺子将入于井,皆有怵惕恻隐之心①,非所以内交于孺子之父母也,非所以要誉于乡党朋友也②,非恶其声而然也。由是观之,无恻隐之心,非人也;无羞恶之心,非人也;无辞让之心，非人也；无是非之心，非人也。恻隐之心，仁之端也；羞恶之心，义之端也；辞让之心，礼之端也；是非之心，智之端也。人之有是四端也，犹其有四体也。有是四端而自谓不能者，自贼者也；谓其君不能者，贼其君者也。凡有四端于我者，知皆扩而充之矣，若火之始然③，泉之始达。苟能充之，足以保四海；苟不充之，不足以事父母。"

【注释】

①怵（chù）惕：恐惧。恻隐：哀痛。

②要：求。

③然：同"燃"。

【译文】

孟子说："人都有怜恤别人的心情。先王有怜恤别人的心情，这才有怜恤别人的政治。凭着怜恤别人的心情，施行怜恤别人的政治，治理天下就像在手掌上玩弄东西那样简单。之所以说人都有怜恤别人之心的原因是，现在有人忽然看见小孩子快要掉到井里去，都有惊骇、同情的心情，这并不是为了和小孩子的父母攀交情，不是为了在乡里朋友间博取声誉，也不是因为厌恶那小孩子的哭声才这样的。由此看来，没有同情之心，不算人；没有羞耻之心，不算人；没有退让之心，不算人；没有是非之心，不算人。同情之心，是仁的萌芽；羞耻之心，是义的萌芽；退让之心，是礼的萌芽；是非之心，是智的萌芽。人有这四种萌芽，就如同他有四肢。有这四种萌芽而自称不能行善的人，是自己残害自己的人；说他的君王不能行善的人，是残害君王的人。凡是有这四种萌芽在身上的人，就该懂得把它们都扩充起来，就像火开始燃烧，泉水开始流出。如果能够扩充它们，就足以安抚天下；如果不能扩充它们，就连父母都侍奉不了。"

七

孟子曰："矢人岂不仁于函人哉①？矢人唯恐不伤人，函人唯恐伤人。巫匠亦然②。故术不可不慎也。孔子曰：'里仁为美。择不处仁，焉得智？'③夫仁，天之尊爵也，人之安宅也。莫之御而不仁，是不智也。不仁、不智，无礼、无义，人役也。人役而耻为役，由弓人而耻为弓④，矢人而耻为矢也。如耻之，莫如为仁。仁者如射，射者正己而后发；发而不中，不怨胜己者，反求诸己而已矣。"

【注释】

①函人：造铠甲的人。函，铠甲。

②巫：指巫医。匠：指制造棺椁的木匠。巫医愿自己巫术显灵，治病有效；木匠愿死人多，好使棺椁畅销，所以说"巫匠亦然"。

③引文见《论语·里仁》。

④由：通"犹"。

【译文】

孟子说："造箭的人难道比造铠甲的人本性残忍吗？造

箭的人唯恐不能伤害人，造铠甲的人唯恐伤害人。巫医和木匠也是这样。所以选择职业不可不慎重。孔子说：‘同仁共处是好的。自己选择而不自处于仁，怎能说是明智的？’仁哪，是天设的最尊贵的爵位，是人最安稳的宅居。没有人能阻挡，这样还不仁，这就是不智了。不仁、不智，无礼、无义，这就是被他人所奴役。被人奴役却耻于服役，就好比造弓的人却耻于造弓，造箭的人却耻于造箭。如果确实以为耻辱，不如实行仁。实行仁，就好比射箭，射箭的人先端正自己的姿势然后才发射；发射而没有射中，不埋怨胜过自己的人，只要反过来找自己的问题就行了。”

八

孟子曰：“子路，人告之以有过，则喜。禹，闻善言，则拜。大舜有大焉①，善与人同，舍己从人，乐取于人以为善。自耕稼、陶、渔以至为帝②，无非取于人者。取诸人以为善，是与人为善者也。故君子莫大乎与人为善。”

【注释】

①有：通“又”。

②自耕稼、陶、渔以至为帝：传说舜为天子之前曾在历山耕种，在河滨做瓦器，在雷泽打鱼。

【译文】

孟子说：“子路，别人指出他的过错，他就高兴。禹，听到好的言论，就给人行礼。大舜更加了不起，他把善当作人所共享，舍弃自己的不足，学习别人的长处，乐于吸取别人的优点来完善自己。从他种田、做瓦器、打鱼一直到做天子，没有一个时候不是从别人那里吸取优点。吸取别人的优点来完善自己，这就是同别人一起行善。所以君子最了不起的就是同别人一起行善。"

九

孟子曰："伯夷①，非其君不事，非其友不友。不立于恶人之朝，不与恶人言。立于恶人之朝，与恶人言，如以朝衣朝冠坐于涂炭。推恶恶之心，思与乡人立②，其冠不正，望望然去之③，若将浼焉④。是故诸侯虽有善其辞命而至者，不受也。不受也者，是亦不屑就已⑤。柳下惠不羞污君⑥，不卑小官；进不隐贤，必以其道；遗佚而不怨⑦，厄穷而不悯⑧。故曰：'尔为尔，我为我，虽袒裼裸裎于我侧⑨，尔焉能浼我哉？'故由由然与之偕而不自失焉⑩，援而止之而止。援而止之而止者，是亦不屑去已。"孟子曰："伯夷隘，柳下惠不恭。隘与不恭，君子不由也⑪。"

【注释】

①伯夷：周时孤竹君的长子，与其弟叔齐因反对武王伐纣，隐居于首阳山，采薇而食，饿死。

②思：语助词，无义。

③望望然：羞愧的样子。

④浼（měi）：污。

⑤不屑：不以……为洁。屑，洁。

⑥柳下惠：春秋时鲁国大夫，姓展名禽，字季。

⑦遗佚：指被弃不用。佚，隐遁，不为世用。

⑧厄穷：困穷。悯：忧愁。

⑨袒、裼（xī）、裸、裎（chéng）：均露身之意。

⑩由由然：高兴的样子。

⑪由：用。

【译文】

孟子说："伯夷，不是他理想的君主，不去服事，不是他理想的朋友，不去结交。不在坏人的朝廷做官，不同坏人讲话。在坏人的朝廷做官，同坏人讲话，就像穿着上朝的礼服，戴着上朝的礼帽坐在泥土和炭灰上。他把厌恶坏人的心情扩充开来，于是，同乡下人站在一起，假如那人帽子不正，他就羞愧地避开，好像会弄脏了自己似的。因此诸侯王尽管有好言好语来请他做官，他也不接受。他不接受，这是因为他以为接近他们就不干净了。柳下惠不以服事污浊的君主为羞愧，不以当小官为卑微；入朝做官，不隐藏他的贤能，一定依照他的原则办事；被弃不用，他不埋怨，处境困穷，他不发愁。所以他说：'你是你，我是我，即使在我身边赤身露体，你怎么能玷污我呢？'因此他能高高兴兴地与任何人相处而不丧失自己，让他留下他就留下。让他留下他就留下，这是因为他不把避开当作高洁。"孟子又说："伯夷气量小，柳下惠不严肃。气量小和不严肃，君子是不这样做的。"

卷四·公孙丑下

　　本篇第一章论述对战争胜负起决定作用的因素不是天时、地利，而是人和，表现出孟子民本思想的一个侧面。第二章以下，多记述孟子在进退去就方面的言行，以及待人接物的事迹。其中如第二章记齐王召见而不往、第三章记在齐不受百镒之金、第十章记推辞齐王筑室供养之议、第十一章记去齐时对挽留者的言论，集中体现出孟子在君臣关系问题上的主张，即君臣是否融洽，关键在君王能否礼贤下士，至于礼贤下士的关键，不在待遇的优渥，而在能听其言、行其道。对于君王的这种要求，贯彻在孟子的行为中，显示了独立不羁的傲骨。第六章所记对王骥的态度，同样可见孟子的耿介作风。第五、十二章所记孟子与蚳鼃（蛙）、尹士的对话，则透露出孟子行为处事的灵活性，他的解释说明，既然有平治天下的大抱负，就不能以小节自限。既有原则性，又有灵活性，所以孟子在待人接物时既严于义利之辨，又不屑于气量褊狭、自命清高的“小丈夫”。

一

孟子曰："天时不如地利①，地利不如人和②。三里之城③，七里之郭④，环而攻之而不胜。夫环而攻之，必有得天时者矣；然而不胜者，是天时不如地利也。城非不高也，池非不深也，兵革非不坚利也⑤，米粟非不多也；委而去之⑥，是地利不如人和也。故曰：域民不以封疆之界⑦，固国不以山谿之险⑧，威天下不以兵革之利。得道者多助，失道者寡助。寡助之至，亲戚畔之⑨；多助之至，天下顺之。以天下之所顺，攻亲戚之所畔；故君子有不战，战必胜矣。"

【注释】

①天时：指对于战争发生影响的阴晴寒暑等气候条件。

地利：指有利于战争取胜的地理条件。

②人和：指人心的拥护和团结。

③城：内城。

④郭：外城。

⑤兵：兵器。革：皮革，指甲胄。

⑥委：弃。

⑦域：界限。

⑧谿（xī）：山间的河沟。

⑨畔：通"叛"。

【译文】

孟子说："天时不如地利，地利不如人和。内城每边只有三里长，外城每边只有七里长，围攻它而不能取胜。既然围攻它，一定有得天时的机会；然而不能取胜，这就是天时不如地利了。城墙不是不够高，护城河不是不够深，兵器甲胄不是不够锐利坚实，粮食不是不够多；却弃城而逃，这就是地利不如人和了。所以说：留住人民不靠国家的疆界，保卫国家不靠山川的险阻，威震天下不靠兵器的锐利。占据道义者帮助他的人就多，失去道义者帮助他的人就少。帮助的人少到极点，连亲戚都背叛他；帮助的人多到极点，全天下都顺从他。凭着全天下都顺从的力量，来攻打连亲戚都背叛他的人；所以君子或者不打仗，如果打仗一定会胜利。"

二

孟子将朝王，王使人来曰："寡人如就见者也①，有寒疾，不可以风。朝，将视朝，不识可使寡人得见乎？"

对曰："不幸而有疾，不能造朝。"

明日，出吊于东郭氏②。公孙丑曰："昔者辞以病，今日吊，或者不可乎？"

曰："昔者疾，今日愈，如之何不吊？"

王使人问疾，医来。

孟仲子对曰③："昔者有王命，有采薪之忧④，不能造朝。今病小愈，趋造于朝，我不识能至否乎？"

使数人要于路⑤，曰："请必无归而造于朝！"

不得已而之景丑氏宿焉⑥。

【注释】

①如：应该。

②东郭氏：齐国大夫。

③孟仲子：孟子的从弟。

④采薪之忧：生病的代辞。

⑤要（yāo）：遮拦。

⑥景丑氏：齐国大夫。

【译文】

孟子正要去朝见齐王，王派人来说："我本该来见您，可是着凉了，不能吹风。您如果来朝见，我就临朝办公，不知道可以让我见到您吗？"

孟子答道："我也不幸得了病，不能上朝廷去。"

次日，孟子到东郭家吊丧。公孙丑说："昨天托病拒绝朝见，今天又去吊丧，恐怕不好吧？"

孟子说："昨天病了，今天好了，为什么不去吊丧？"

齐王派人来问病，医生也来了。

孟仲子答道："昨天王有命令，他得了小病，不能上朝廷去。今天病稍好些，他就上朝廷去了，我不知到了没有？"

他又打发几个人到孟子归家的路上拦住孟子，说："请一定别回来，上朝廷去！"

孟子不得已，到景丑家歇宿。

景子曰："内则父子，外则君臣，人之大伦也。父子主恩，君臣主敬。丑见王之敬子也，未见所以敬王也。"

曰："恶！是何言也！齐人无以仁义与王言者，岂以仁义为不美也？其心曰，'是何足与言仁义也'云尔，则不敬莫大乎是。我非尧、舜之道，不敢以陈于王前，故齐人莫如我敬王也。"

景子曰："否，非此之谓也。《礼》曰：'父召，无诺①；君命召，不俟驾②。'固将朝也，闻王命而遂不果，宜与夫《礼》若不相似然③。"

曰："岂谓是与？曾子曰：'晋、楚之富，不可及也。彼以其富，我以吾仁；彼以其爵，我以吾义。吾何慊乎哉④？'夫岂不义而曾子言之？是或一道也。天下有达尊三⑤：爵一，齿一，德一。朝廷莫如爵，乡党莫如齿，辅世长民莫如德。恶得有其一以慢其二哉？故将大有为之君，必有所不召之臣，欲有谋焉，则就之。其尊德乐道，不如是，不足与有为也。故汤之于伊尹，学焉而后臣之，故不劳而王；桓公之于管仲，学焉而后臣之，故不劳而霸。今天下地丑德齐⑥，莫能相尚，无他，好臣其所教，而不好臣其所受教。汤之于伊尹，桓公之于管仲，则不敢召。管仲且犹不可召，而况不为管仲者乎？"

【注释】

① "父召"二句：《礼记·曲礼》："父命呼，唯而不诺。"意思是，父亲有招呼，该答"唯"，不答"诺"。

按："唯"和"诺"都表示答应，以"唯"为恭敬。

②"君命召"二句：《论语·乡党》："君命召，不俟驾行矣。"又《荀子·大略》："诸侯召其臣，臣不俟驾，颠倒衣裳而走，礼也。"可见礼经上确有这样的规范，即君王召见时，臣下不等车马准备好就应立刻动身。

③宜：似乎，大概。

④慊（qiàn）：以为少，不满足。

⑤达尊：公认为尊贵者。达，通。

⑥丑：相同。

【译文】

景子说："在家有父子，在外有君臣，这都是重要的人际关系。父子以恩爱为主，君臣以恭敬为主。我只见王尊敬您，却没见您尊敬王。"

孟子说："嗬！这是什么话！齐国人没有拿仁义向王进言的，难道认为仁义不好吗？他心里说，'这个人哪里值得和他讲仁义'，如此而已，没有比这更不恭敬的了。我呢，不是尧、舜的道理，不敢在王的面前说，所以齐国人没有比我更尊敬王的。"

景子说："不，我不是指这个。礼经上说：'父亲召唤，答"唯"不答"诺"；君王召唤，不等车马准备好就出发。'你本来要去朝见，听到王的命令反而不去，似乎和礼的规范有些不合。"

孟子说："难道我说的是这个道理？曾子说：'晋王和楚王的财富，我是比不上的。但是他倚仗他的财富，我倚仗我的仁；他倚仗他的爵位，我倚仗我的义。我何必自以为比他少点什么？'不义的话，曾子会说吗？这话也许有一番道理吧。天下公认为尊贵的东西有三个：爵位是一个，年龄是一个，道德是一个。在朝廷上先论爵位，在乡里先论年龄，辅助君王治理天下、统治人民，先论道德。怎么可以占了其中一个，来骄慢其他两个？所以想要大有作为的君王，一定有他的不能召见的臣子，如果有事要商量，就主动到臣子那里去。他尊重道德喜爱道义，如果达不到这个程度，是不足以和他一道有所作为的。所以商汤对于伊尹，首先是向他学习，然后才把他当臣子，因此不操劳就统一了天下；齐桓公对于管仲，首先是向他学习，然后才把他当臣子，因此不操劳就称霸于诸侯。当今天下各国，国土是一样大小，品德是一般高低，没有人能超过别人。没有别的原因，就因为都喜欢把自己所教导的人当臣子，而不喜欢把教导自己的人当臣子。商汤对于伊尹，齐桓公对于管仲，那是不敢召唤的。管仲尚且不可以召唤，何况不愿做管仲的人呢？"

三

陈臻问曰[①]："前日于齐，王馈兼金一百而不受[②]；于宋，馈七十镒而受；于薛，馈五十镒而受。前日之不受是，则今日之受非也；今日之受是，则前日之不受非也。夫子必居一于此矣。"

孟子曰："皆是也。当在宋也，予将有远行，行者必以赆[③]；辞曰：'馈赆。'予何为不受？当在薛也，予有戒心；辞曰：'闻戒，故为兵馈之。'予何为不受？若于齐，则未有处也。无处而馈之，是货之也。焉有君子而可以货取乎？"

【注释】

①陈臻：孟子弟子。

②兼金：好金，价值双倍于普通金，故称。一百：指一百镒。一镒为二十两。

③赆（jìn）：送给别人的财物。这里指盘缠。

【译文】

陈臻问道："先前在齐国，齐王送您上等金一百镒，而您不接受；在宋国，宋君送您七十镒，您接受了；在薛，薛君送您五十镒，您也接受了。如果先前的不接受是对的，那么今天的接受就是错的了；如果今天的接受是对的，那么先前的不接受就是错的了。二者之间，先生必居其一。"

孟子说："都是对的。在宋国的时候，我将要远行，对远行的人照例要送些盘缠；因此他说：'赠送盘缠。'我为什么不接受？在薛的时候，我有戒备之心；因此他说：'听说您有戒备之心，因此赠送买兵器的钱。'我为什么不接受？至于在齐国，就没什么理由了。没有理由而送钱给我，这是收买我。哪有君子可以被收买的呢？"

四

孟子之平陆①，谓其大夫曰②："子之持戟之士③，一日而三失伍④，则去之否乎⑤？"

曰："不待三。"

"然则子之失伍也亦多矣。凶年饥岁，子之民，老羸转于沟壑，壮者散而之四方者，几千人矣。"

曰："此非距心之所得为也⑥。"

曰："今有受人之牛羊而为之牧之者，则必为之求牧与刍矣。求牧与刍而不得，则反诸其人乎？抑亦立而视其死与？"

曰："此则距心之罪也。"

他日，见于王曰："王之为都者，臣知五人焉。知其罪者惟孔距心。"为王诵之。

王曰："此则寡人之罪也。"

【注释】

①平陆：齐国边境邑名，故城在今山东汶上北。

②大夫：这里指邑宰，即邑的长官。

③持戟之士：指战士。戟，一种兵器。

④失伍：掉队或擅离岗位。

⑤去之：杀之。

⑥距心：即本章对话中平陆邑宰之名。

【译文】

孟子到平陆去，对当地的邑宰说："先生的士卒，如果一天失职三次，你会杀了他吗？"

邑宰说："不必等到三次。"

孟子说："那么，您失职的地方可就多了。饥荒年岁，您的百姓，年老体弱的辗转死于沟壑，年轻力壮的四散逃荒，几乎有一千人啊。"

邑宰说："这不是我距心力所能及的。"

孟子说："假如现在有个接受别人牛羊而替人放牧的人，他一定会替人去找牧场和草料。找不到牧场和草料的话，是把牛羊还给人家呢？还是站着眼看它们死掉呢？"

邑宰说："这么说是我距心的罪过了。"

过些日子，孟子朝见齐王，说："王的都邑长官中，我认识五个人。明白自己的罪过的，只有孔距心一人。"接着为齐王讲述了与孔距心的对话。

王说："这么说是我的罪过了。"

五

孟子谓蚳鼃曰①："子之辞灵丘而请士师②，似也，为其可以言也。今既数月矣，未可以言与？"

蚳鼃谏于王而不用，致为臣而去③。

齐人曰："所以为蚳鼃则善矣，所以自为则吾不知也。"

公都子以告④。

曰："吾闻之也，有官守者，不得其职则去；有言责者，不得其言则去。我无官守，我无言责也，则吾进退，岂不绰绰然有余裕哉⑤？"

【注释】

①蚳鼃（chíwā）：齐国大夫。鼃，即今"蛙"字。
②灵丘：齐国边境邑名。

③致为臣：犹言"致仕"，交还官职，这里指辞职。
　致，还。

④公都子：孟子弟子。

⑤绰绰然：宽松的样子。裕：宽。

【译文】

孟子对蚔鼃说："你辞去灵丘邑的邑宰而请求做狱官，似乎有道理，因为可以进言。现在你做狱官已经有几个月了，还不能进言吗？"

蚔鼃向王进谏而王不采纳，就辞职走了。

齐国有人说："孟子为蚔鼃考虑的主意是好的，为自己考虑的主意怎样呢，那我就不晓得了。"

公都子把这话告诉孟子。

孟子说："我听说过，有固定官职的人，如果不能尽职，就辞去；有进言职责的人，如果进言不被采纳，就辞去。我没有固定官职，也没有进言的职责，那么，我的进退，难道不是宽松自如，大有余地吗？"

六

孟子为卿于齐，出吊于滕，王使盖大夫王驩为辅行①。王驩朝暮见。反齐滕之路，未尝与之言行事也。

公孙丑曰："齐卿之位，不为小矣②。齐滕之路，不为近矣。反之而未尝与言行事，何也？"

曰："夫既或治之，予何言哉？"

【注释】

①盖（gě）大夫：指盖邑的邑宰。盖，齐国邑名，故城在今山东沂水西北。王驩：齐王宠臣，后为右师，是个谗佞小人。辅行：副使。

②"齐卿"二句：这里是指孟子而言。公孙丑以为孟子任齐卿，不小于王驩，宜有所指挥，因而有此一问。

【译文】

孟子在齐国做卿，奉使到滕国去吊丧，齐王派盖邑的长官王驩任副使同行。孟子与王驩朝夕相处。在往返齐国和滕国的路上，孟子没和王驩讲过出使的事。

公孙丑说："齐卿的官位，不算小了。齐滕间的路途，不算近了。往返一趟而没和他讲过出使的事，这是为什么？"

孟子说："他既然自作主张办事了，我还说什么？"

七

孟子自齐葬于鲁，反于齐，止于嬴①。

充虞请曰②："前日不知虞之不肖，使虞敦匠事。严③，虞不敢请。今愿窃有请也：木若以美然④。"

曰："古者棺椁无度，中古⑤，棺七寸，椁称之。自天子达于庶人，非直为观美也，然后尽于人心。不得，不可以为悦；无财，不可以为悦。得之为⑥，有财，古之人皆用之，吾何为独不然？且比化者无使土亲肤⑦，于人心独无恔乎⑧？吾闻之也，君子不以天下俭其亲。"

①嬴（yíng）：齐国邑名，故城在今山东莱芜西北。

②充虞：孟子弟子。

③严：急。

④以：太。

⑤中古：指周公制礼的时候。

⑥为：用。

⑦比：为。化者：死者。

⑧恔（xiào）：满意。

【译文】

孟子从齐国到鲁国埋葬母亲，回到齐国，在嬴邑停下来。

充虞请问道："前些日子承您错爱，让我管木匠的事。当时事情急迫，我不敢请教。现在愿有所请教：棺木似乎太好了。"

孟子说："古时候，棺椁没有固定的尺寸，中古，规定棺厚七寸，椁与之相称。从天子到老百姓，讲究棺椁，不只是为了美观，而是因为这样才能尽人的孝心。因礼制限定而不能用，不能算如意；没钱，也不能如意。礼制规定可以用，又有钱，古人都这样用了，为什么就我不行？而且为死者考虑，不使泥土挨着肌肤，对于孝子来说不是可以少点遗憾吗？我听说过，君子不会因为天下的缘故而在父母的身上节俭。"

八

沈同以其私问曰①："燕可伐与？"

孟子曰："可。子哙不得与人燕②，子之不得受燕于子哙③。有仕于此④，而子悦之，不告于王而私与之吾子之禄爵，夫士也，亦无王命而私受之于子，则可乎？何以异于是？"

齐人伐燕。

或问曰："劝齐伐燕，有诸？"

曰："未也。沈同问'燕可伐与'，吾应之曰'可'。彼然而伐之也。彼如曰：'孰可以伐之？'则将应之曰：'为天吏，则可以伐之。'今有杀人者，或问之曰：'人可杀与？'则将应之曰：'可。'彼如曰：'孰可以杀之？'则将应之曰：'为士师，则可以杀之。'今以燕伐燕，何为劝之哉？"

【注释】

①沈同：齐大臣。

②子哙（kuài）：燕王。

③子之：燕相。

④仕：通"士"，古代四民之一。指以道艺、武勇谋求仕进的人。

【译文】

沈同以个人身份问道："燕国可以讨伐吗？"

孟子说："可以。子哙不可以把燕国给子之，子之也不可以从子哙那里接受燕国。譬如这里有个士人，您喜欢他，不跟王打招呼就私自把您的俸禄和爵位给他，那士人呢，也没有王的任命就私自从您这里接受了，那能行吗？燕国的事和这个有什么不同呢？"

齐国讨伐燕国。

有人问孟子："您劝齐国讨伐燕国，有这事吗？"

孟子说："没有。沈同问'燕国可以讨伐吗'，我回答他说'可以'。他便赞同而去讨伐燕国。他如果再问：'谁可以去讨伐？'我就会答道：'作为天吏，就可以去讨伐它。'譬如现在有个杀人的，有人问道：'那人可以杀吗？'我就会答道：'可以。'他如果问：'谁可以杀他？'我就会答道：'作为狱官，就可以杀他。'如今拿一个同燕国一样暴虐的齐国去讨伐燕国，我为什么去劝他呢？"

九

燕人畔①。王曰："吾甚惭于孟子。"

陈贾曰②："王无患焉。王自以为与周公孰仁且智？"

王曰："恶！是何言也！"

曰："周公使管叔监殷③，管叔以殷畔④。知而使之，是不仁也；不知而使之，是不智也。仁智，周公未之尽也，而况于王乎？贾请见而解之。"

见孟子，问曰："周公何人也？"

曰："古圣人也。"

曰："使管叔监殷，管叔以殷畔也，有诸？"

曰："然。"

曰："周公知其将畔而使之与？"

曰："不知也。"

"然则圣人且有过与？"

曰："周公，弟也；管叔，兄也。周公之过，不亦宜乎？且古之君子，过则改之；今之君子，过则顺之。古之君子，其过也，如日月之食，民皆见之，及其更也，民皆仰之；今之君子，岂徒顺之，又从为之辞。"

【注释】

①畔：通"叛"，背叛。齐国吞并燕国后，燕人另立太子平为燕王，不肯归附于齐，这在齐宣王而言便是背叛。

②陈贾：齐国大夫。

③周公使管叔监殷：武王克商后，立纣的儿子武庚治理商地，派管叔、蔡叔等监督。管叔，名鲜，武王之弟，周公之兄。

④管叔以殷畔：武王死后，成王年幼，周公摄政。管叔与武庚发动叛乱，周公前往讨伐，杀武庚、管叔。

【译文】

燕国人背叛齐国。齐王说："我对孟子感到很惭愧。"

陈贾说："王不必忧虑。王自以为和周公相比，谁更仁爱而明智？"

王说："嗬！这是什么话！"

陈贾说："周公让管叔监督殷国，管叔却凭借殷国发动叛乱。如果知道他要叛乱而让他去，这是不仁；如果不知道他要叛乱而让他去，这是不智。仁和智，周公尚且不能完全做到，何况王呢？请让我见孟子并向他解释。"

陈贾见了孟子，问道："周公是什么人？"

孟子说："古代的圣人。"

陈贾说："他让管叔监督殷国，管叔却凭借殷国发动叛乱，有这事吗？"

孟子说："有。"

陈贾说："周公是知道他要叛乱而让他去的吗？"

孟子说："他不知道。"

陈贾说："那么圣人也会有过错吗？"

孟子说："周公是弟弟，管叔是哥哥。周公犯这个错误，不是很自然吗？况且古时候的君子，犯了错误就改正；现在的君子，犯了错误却将错就错。古时候的君子，他的错误呢，就像日食和月食一般，别人都看得见；等他改正了，别人都抬头仰望。现在的君子，岂只是将错就错，还接着编一套说辞文过饰非。"

十

孟子致为臣而归。王就见孟子，曰："前日愿见而不可得，得侍同朝，甚喜。今又弃寡人而归，不识可以继此而得见乎？"

对曰："不敢请耳，固所愿也。"

他日，王谓时子曰①："我欲中国而授孟子室②，养弟子以万钟③，使诸大夫国人皆有所矜式④。子盍为我言之！"

时子因陈子而以告孟子⑤，陈子以时子之言告孟子。

孟子曰:"然。夫时子恶知其不可也?如使予欲富,辞十万而受万,是为欲富乎?季孙曰:'异哉子叔疑!使己为政,不用,则亦已矣,又使其子弟为卿。人亦孰不欲富贵?而独于富贵之中有私龙断焉⑥。'古之为市也,以其所有易其所无者,有司者治之耳。有贱丈夫焉,必求龙断而登之,以左右望而罔市利⑦。人皆以为贱,故从而征之。征商自此贱丈夫始矣。"

【注释】

①时子:齐国的臣。

②中国:国都之中。

③万钟:指万钟粮食。一钟为六石四斗,万钟则为六万四千石,约折合今日之一万三千石。

④矜式:敬重效法。矜,敬重。式,效法。

⑤陈子:即孟子弟子陈臻。

⑥龙断:即垄断,本意是断而陡峭的冈垄,后引申为把持集市,牟取高利。

⑦罔:这里是搜集、罗致的意思。

【译文】

孟子辞职准备回乡。齐王来见孟子,说:"从前希望见到您而没有机会,后来得以同朝办事,很高兴。现在您又要抛弃我而回乡,不晓得今后还可以见到您吗?"

孟子答道:"我只是不敢请求而已,这本来也是我的愿望。"

过些日子，王对时子说："我想在国都之中给孟子一幢房子，用万钟粮食供养他的弟子，使众大夫和平民百姓都有学习的楷模。你何不替我向孟子谈谈！"

时子托陈子把这个意思告诉孟子，陈子把时子的话转告了孟子。

孟子说："哦。时子哪里知道那是不可以的？假如我想发财，辞去十万钟的俸禄来接受一万钟的俸禄，这是想发财吗？季孙曾说：'奇怪呀子叔疑！自己要做官，人家不用他，那也就罢了，却又打发自己的子弟来做卿相。谁不想做官富贵？而他却在做官富贵之中独自垄断。'古人做生意，拿自己所有的交换自己所无的，有专门的部门管理这种事。有个卑鄙汉子在那，一定要找个断而高的冈垄登上去，左顾右盼来网罗整个集市的利益。人人都认为他卑鄙，所以向他抽税。向商人抽税就是从这个卑鄙汉子开始的。"

十一

孟子去齐，宿于昼①。有欲为王留行者，坐而言②。不应，隐几而卧③。

客不悦，曰："弟子齐宿而后敢言④，夫子卧而不听，请勿复敢见矣。"

曰："坐⑤！我明语子。昔者鲁缪公无人乎子思之侧⑥，则不能安子思；泄柳、申详无人乎缪公之侧⑦，则不能安其身。子为长者虑，而不及子思⑧。子绝长者乎？长者绝子乎？"

【注释】

①昼：齐国邑名，在齐国国都临淄西南，是孟子从齐国回邹国的必经之地。

②坐：指危坐，即跪。古人席地而坐，双膝着地，臀部靠在脚后跟上，这是安坐；双膝着地而臀部离开脚后跟，这是危坐，即跪。安坐与危坐均可称"坐"。

③隐：倚靠。几：坐几，设于座侧以便倚靠的小桌子。

④齐（zhāi）宿：前一日斋戒。齐，通"斋"。

⑤坐：这里指的是安坐。

⑥鲁缪公：即鲁穆公。缪，通"穆"。子思：孔子之孙，名伋。

⑦泄柳、申详：都是鲁穆公时的贤人。泄柳即《告子下》第六章中的子柳；申详是孔子学生子张之子，子游之婿。

⑧不及子思：不及鲁穆公安排在子思身边的贤人。意思是不劝王留我，反而劝我留下。

【译文】

孟子离开齐国，在昼邑歇宿。有一个想替齐王挽留孟子的人，恭敬地坐着向孟子进言。孟子没答话，靠着坐几睡觉。

客人不高兴，说："学生斋戒一天才敢跟您说话，先生却靠着睡觉而不听，以后再也不敢和您见面了。"

孟子说："坐下来！我明白地告诉你。从前，鲁穆公如果没有人在子思身边及时表达尊贤的诚意，就不能使子思安心；泄柳、申详如果没有人在鲁穆公身边随时劝王礼贤下士，就不能使自己安心。你为老人考虑，却比不上为子思考虑的那些贤人。是你对老人绝情呢？还是老人对你绝情呢？”

<h1 style="text-align:center">十二</h1>

孟子去齐。尹士语人曰①："不识王之不可以为汤武，则是不明也；识其不可，然且至，则是干泽也②。千里而见王，不遇故去，三宿而后出昼，是何濡滞也③？士则兹不悦。"

高子以告④。

曰："夫尹士恶知予哉？千里而见王，是予所欲也。不遇故去，岂予所欲哉？予不得已也。予三宿而出昼，于予心犹以为速，王庶几改之！王如改诸，则必反予。夫出昼，而王不予追也，予然后浩然有归志⑤。予虽然，岂舍王哉！王由足用为善⑥，王如用予，则岂徒齐民安？天下之民举安。王庶几改之！予日望之！予岂若是小丈夫然哉？谏于其君而不受，则怒，悻悻然见于其面⑦，去则穷日之力而后宿哉？"

尹士闻之，曰："士诚小人也。"

【注释】

①尹士：齐国人。

②干：求。泽：恩泽，指俸禄。

③濡滞：久留。

④高子：齐国人，孟子弟子。

⑤浩然：水流不止的样子。

⑥由：通"犹"。足用：足以。

⑦悻悻然：形容气量狭小的样子。

【译文】

孟子离开齐国。尹士对人说："不知道齐王不能够做商汤、武王，那是不明智；知道他不能，但还是来了，那是来求富贵。千里迢迢来见王，不能投合而离开，歇了三宿才出昼邑，怎么这样慢腾腾的？我对这种情况不高兴。"

高子把这些话告诉了孟子。

孟子说："那尹士哪能了解我呢？千里迢迢来见王，是我所希望的。不能投合而离开，难道是我所希望的？我不得已啊。我歇了三宿才出昼邑，在我心里还认为太快了，我心想，王也许会改变态度的！王如果改变了态度，就一定会让我回去。出了昼邑呢，王还不追我回去，我这才有了断然回乡的念头。我尽管这样，难道舍得王吗！王还是足以做正事的，王假如用我，那何止是齐国的百姓得到太平？天下的百姓都能得到太平。王也许会改变态度的！我天天盼望！我难道像那种小气的汉子吗？向君王进谏而不被采纳，就发怒，气呼呼地表现在脸上，一旦离开，就走上一整天，没力气了才歇下？"

尹士听到这些话，说："我真是个小人呀！"

十三

孟子去齐，充虞路问曰："夫子若有不豫色然①。

前日虞闻诸夫子曰：'君子不怨天，不尤人②。'"

曰："彼一时，此一时也。五百年必有王者兴，其间必有名世者③。由周而来，七百有余岁矣。以其数，则过矣；以其时考之，则可矣。夫天未欲平治天下也，如欲平治天下，当今之世，舍我其谁也？吾何为不豫哉？"

【注释】

①不豫：不快。豫，悦，高兴。

②"君子"二句：这是孔子的话，见《论语·宪问》。孟子曾引此语教导弟子。

③名世者：闻名于世的人。这里指德高望重，可以辅佐君王实现王道的人。

【译文】

孟子离开齐国，充虞在路上问道："先生似乎不太高兴。从前我听先生说过：'君子不埋怨天，不责怪人。'"

孟子说："那是一个时候，现在又是一个时候。每过五百年一定有圣王出现，那时一定有闻名于世的贤人。从周代以来，七百多年了。按年数算来，已经超过了五百；从时势来看，也该出现了。看来天还不想使天下太平啊，如果想使天下太平，当今世上，除了我还有谁呢？我为什么不高兴呢？"

十四

孟子去齐，居休①。公孙丑问曰："仕而不受禄，古之道乎？"

曰："非也。于崇②，吾得见王，退而有去志，不欲变，故不受也。继而有师命③，不可以请。久于齐，非我志也。"

【注释】

①休：地名。

②崇：地名。

③师命：军令。

【译文】

孟子离开齐国，在休地逗留。公孙丑问道："做官却不接受俸禄，是古人的原则吗？"

孟子说："不是。在崇，我得以见到齐王，退下后便有离开的意思，不想改变，所以不接受俸禄。后来齐国有战事，不可以请求离开。长久地待在齐国，不是我的愿望。"

卷五·滕文公上

　　本篇的前三章，记录孟子对滕文公的开导。其中第三章所记，是在滕文公准备实行仁政时，孟子提出的一些政策主张，要点是实行井田制，以及兴办各级学校，对老百姓进行伦理道德教育。孟子之所以推崇井田制，主要是因为有利于保障老百姓的生活，从而为推行礼义建立基础。他对井田制的实施也做出了大体规划，特别强调划分田界的均匀公正。第一章勉励滕文公学习圣人之道，第二章就丧礼之事要求滕文公以身作则，这两章或坐而论道，或就事论事，但都贯穿着"行仁由己"的原则，强调个人蹈行礼义的自觉性和主动性。本篇的最后两章，分别记录了与农家和墨家的对话。孟子对农家的驳斥，集中于"贤者与民并耕而食"的主张，其主要依据是社会分工的必要性。而孟子对墨家的批评，则集中于薄葬的主张和"爱无等差"之说，他强调"孝"在各种人伦品德中的优先地位，其中"不葬其亲者"的寓言可以理解为是在阐发孝与丧礼的关系，即丧礼这种形式，是孝子之心自然地呈现。孟子自称"知言"，别人也说他"好辩"，《孟子》一书所载的论辩，比较多的是与君王或弟子之辩，这两章却是与其他学派的交锋，有特殊的价值。

一

　　滕文公为世子①，将之楚，过宋而见孟子。孟子道性善，言必称尧、舜。

　　世子自楚反，复见孟子。孟子曰："世子疑吾言乎？夫道一而已矣。成覸谓齐景公曰②：'彼，丈夫也；我，丈夫也；吾何畏彼哉？'颜渊曰：'舜，何人也？予，何人也？有为者亦若是。'公明仪曰③：'文王，我师也；周公岂欺我哉？'今滕，绝长补短，将五十里也，犹可以为善国。《书》曰：'若药不瞑眩④，厥疾不瘳⑤。'"

【注释】

①世子：太子。

②成覸（xián）：齐国的臣，以勇敢著称。

③公明仪：孔子学生曾参的弟子。

④瞑眩（míngxuàn）：头昏。

⑤瘳（chōu）：痊愈。以上引语见今本《尚书·说命上》。这里引用，是呼应上文"世子疑吾言乎"，比喻真理总是先使人产生疑惑，然后才成为安身立命的依据。

【译文】

　　滕文公做太子时，要到楚国去，经过宋国，会见了孟子。孟子讲人性本善的道理，言语之间不离尧、舜。

　　太子从楚国回来，又来见孟子。孟子说："太子怀疑我的话吗？道理啊只有一个而已。成覸对齐景公说：'他是个男子汉，我也是个男子汉，我为什么害怕他呢？'颜渊说：
'舜是什么人呢？我是什么人呢？有所作为的人跟他一样。'
公明仪说：'文王，是我的老师；周公难道欺骗我吗？'如
今，滕国的土地如果截长补短，也接近纵横各五十里了，
还可以治理成一个好国家。《尚书》说：'如果药不能吃得人
头昏脑涨，那是治不好病的。'"

二

　　滕定公薨①。世子谓然友曰②："昔者孟子尝与我
言于宋，于心终不忘。今也不幸至于大故③，吾欲
使子问于孟子，然后行事。"

　　然友之邹，问于孟子。

　　孟子曰："不亦善乎！亲丧，固所自尽也④。曾
子曰：'生，事之以礼；死，葬之以礼，祭之以礼，
可谓孝矣。'⑤诸侯之礼，吾未之学也。虽然，吾尝
闻之矣。三年之丧，齐疏之服⑥，饘粥之食⑦，自天
子达于庶人，三代共之。"

　　然友反命，定为三年之丧。父兄百官皆不欲⑧，
曰："吾宗国鲁先君莫之行⑨，吾先君亦莫之行也，
至于子之身而反之，不可。且《志》曰：'丧祭从先
祖。'"曰："吾有所受之也。"

　　谓然友曰："吾他日未尝学问，好驰马试剑。今
也父兄百官不我足也，恐其不能尽于大事⑩，子为
我问孟子。"然友复之邹问孟子。

　　孟子曰："然。不可以他求者也。孔子曰：'君

薨，听于冢宰⑪。歠粥⑫，面深墨，即位而哭，百官有司莫敢不哀，先之也。'上有好者，下必有甚焉者矣。君子之德，风也；小人之德，草也。草尚之风⑬，必偃。是在世子。"

然友反命。世子曰："然。是诚在我。"

五月居庐⑭，未有命戒。百官族人可，谓曰知。及至葬，四方来观之，颜色之戚，哭泣之哀，吊者大悦。

【注释】

①滕定公：滕文公的父亲。薨：侯王之死称"薨"。

②然友：滕文公做太子时的师傅。

③大故：大事。这里指父丧。

④自尽：指主动地尽孝心。

⑤"曾子曰"几句：见《论语·为政》，本来是孔子对弟子樊迟说的话，这里引为曾子所说，大概曾子曾经以此教导弟子。

⑥齐（zī）疏之服：粗布所制，缝了衣边的丧服。齐，缝衣边。疏，粗，指粗布。

⑦饘（zhān）：同"饘"，稠粥。粥：稀粥。

⑧父兄：指与滕文公同姓的老臣。百官：指与滕文公不同姓的百官。

⑨宗国：宗主国。滕国和鲁国的始封祖分别是叔绣、周公，都是文王之子，而周公为长，所以滕国称鲁国为宗国。

⑩其：指自己。

⑪冢宰：百官之长。

⑫歠（chuò）：饮。

⑬尚：加。

⑭庐：专供居丧时所住的房子，形制简陋。

【译文】

　　滕定公死了。太子对然友说："从前，孟子曾在宋国和我交谈过，我心里始终没有忘记。现在不幸得很，父亲逝世了，我想请先生去问问孟子，然后才办丧事。"

　　然友到邹国，去问孟子。

　　孟子说："不错呀。父亲的丧事是该主动尽孝的。曾子说：'父母生前，按照礼来服事他们；死后，按照礼来埋葬他们，按照礼来祭祀他们，这样可以称得上孝了。'诸侯的礼，我没学过；尽管如此，我还是听说过的。守孝三年，穿着粗布缝边的丧服，喝着粥，从天子到平民百姓，夏、商、周三代都是一样的。"

　　然友回去复命，太子决定实行守孝三年的丧礼。父老百官都不愿意，说："我们的宗国鲁国的历代君主都没这么办，我国历代的君主也没这么办，到了您这里却违反规矩，不行的。况且《志》上说：'丧礼、祭礼遵循祖宗的成例。'"他们又说："我们是有所根据的。"

　　太子对然友说："我以前没做过学问，喜欢跑马舞剑。现在父老百官对我不满意，担心我不能办好丧事，先生再替我去问问孟子！"然友又到邹国去问孟子。

　　孟子说："是啊。但这是不能要求别人的。孔子说：'君主死了，政务听命于冢宰。太子只得喝粥，面色深黑，就临孝子之位便哭，大小官吏没有人敢不悲哀，这是因为太子带了头。'上面爱好什么，下面一定爱好得更厉害。尊贵者的德行，像风；卑微者的德行，像草。草上有风吹过，一定随之扑倒。这事全在太子怎么做。"

然友回去报告。太子说："是。这事确实全在我怎么做。"

太子在丧庐住了五个月，没有发布任何政令。百官和族人都赞成，称道太子懂礼。到了举行葬礼的时候，四方宾客都来观礼，太子容色的凄惨，哭泣的悲哀，使吊丧的人大为满意。

三

滕文公问为国。

孟子曰："民事不可缓也。《诗》曰：'昼尔于茅①，宵尔索绹②；亟其乘屋③，其始播百谷④。'民之为道也，有恒产者有恒心，无恒产者无恒心。苟无恒心，放辟邪侈，无不为已。及陷乎罪，然后从而刑之，是罔民也。焉有仁人在位罔民而可为也？是故贤君必恭俭礼下，取于民有制。阳虎曰⑤：'为富不仁矣，为仁不富矣。'

"夏后氏五十而贡⑥，殷人七十而助⑦，周人百亩而彻⑧，其实皆什一也。彻者，彻也⑨。助者，藉也⑩。龙子曰⑪：'治地莫善于助，莫不善于贡。'贡者，挍数岁之中以为常⑫。乐岁，粒米狼戾⑬，多取之而不为虐，则寡取之；凶年，粪其田而不足，则必取盈焉。为民父母，使民盻盻然⑭，将终岁勤动，不得以养其父母，又称贷而益之，使老稚转乎沟壑，恶在其为民父母也？夫世禄，滕固行之矣。《诗》云：'雨我公田⑮，遂及我私。'惟助为有公田。由此观之，虽周亦助也。

"设为庠序学校以教之⑯。庠者，养也。校者，教也。序者，射也⑰。夏曰校，殷曰序，周曰庠；学则三代共之，皆所以明人伦也。人伦明于上，小民亲于下。有王者起，必来取法，是为王者师也。

"《诗》云：'周虽旧邦，其命惟新。'文王之谓也。子力行之，亦以新子之国！"

【注释】

①尔：语助词，无义。于：往。茅：取茅。

②索：搓。绹（táo）：绳子。

③亟（jí）：急，赶快。乘屋：登屋顶，指修理草房。

④始：岁始，年初。以上引诗出自《诗经·豳风·七月》。

⑤阳虎：即阳货，鲁国大夫季氏的家臣，与孔子同时。

⑥五十而贡：传说夏代每户授田五十亩，每户上缴一定的收成作为地租。这与下文的"助"、"彻"，都是儒家传说的土地税法，在历史上未必实行过。

⑦七十而助：传说中商代的井田制，把六百三十亩地划分为九区，每区七十亩，八户各受田一区，是为私田。中间一区为公田，由八户共同耕种，收成归

公，不再从私田的收成中抽取地租。

⑧百亩而彻：传说周代的井田制，把九百亩的地，分为井字形的九区，每区一百亩，八户各受田一区，是为私田。中间一百亩为公田，再分八区，由八户各耕种一区。则每户实际受田为一百一十余亩。每户从这一百一十余亩的收成中扣除十分之一，作为地租上缴。

⑨彻：通，指通盘计算所受私田、公田的收成，作为征税的依据。

⑩藉：指借力相助。

⑪龙子：古代贤人。

⑫挍（jiào）：同"校"，比较。

⑬狼戾：狼籍。

⑭盼盼（xì）然：勤苦不得休息的样子。

⑮雨（yù）：下雨。引诗出自《诗经·小雅·大田》。

⑯庠（xiáng）序学校：庠、序、校，都是乡里学校；学，国立学校。

⑰射（yì）：通"绎"，陈列，指陈列人伦秩序以教导。

【译文】

滕文公问怎样治国。

孟子说："老百姓的事情不能拖。《诗经》说：'早晨去打草，晚上搓绳子。赶紧修茅屋，开春又要种庄稼。'老百姓的情况呀，就是有固定的产业便有坚定的心志，没有固定的产业便没有坚定的心志。假如没有坚定的心志，就会为非作歹，无所不为。等他们犯了罪，然后处罚他们，这叫陷害百姓。哪有仁德的人在位治国却做出陷害百姓的事来？所以英明的君王一定严肃而节俭，对下级有礼，向百姓征税有一定的制度。阳虎说：'要致富就不能讲仁义，要讲仁义就不能致富。'

"夏代每户五十亩地，实行贡法；商代每户七十亩地，实行助法；周代每户一百亩地，实行彻法。其实质都是抽取十分之一税率的地租。彻，是'通'的意思；助，是'借'的意思。龙子说：'地租中没有比助法更好，没有比贡法更不好的。'贡法，是比较几年中的收成以确定一个平均数，作为每年收税的税额。如果年成好，粮食就多得满地狼籍，多收一些地租也不算暴虐，倒收得少；如果年成不好，收成还不够来年施肥的费用，地租却一定要收到满额。做老百姓的父母官，却使老百姓累得惨兮兮，而且终年辛苦劳作，还不够养活父母，还得借高利贷来凑足地租，使老的小的抛尸露骨于山沟之中，这哪里是为民父母呢？做官的人有世袭的俸禄，滕国早就实行了。《诗经》说：'下雨下到我公田，然后又到我私田。'只有借力助耕才谈得上'公田'。由此看来，即使周代的制度其实质也还是助法。

"又设立庠、序、学、校来教导百姓。庠，是教养的意思；校，是教导的意思；序，是陈列的意思。乡里学校，夏代叫'校'，商代叫'序'，周代叫'庠'；国立学校则三代都叫'学'，都是使人明白伦理道德的。上面的人明白伦理道德，下面的平民百姓自然爱戴他们。如果有圣王出现，一定要来取法，这就成了圣王的师傅了。

"《诗经》说：'周虽是古老的邦国，却有着新受的天命。'

这说的是文王。您好好干吧，也来使您的国家面貌一新！"

使毕战问井地①。

孟子曰："子之君将行仁政，选择而使子，子必勉之！夫仁政，必自经界始。经界不正，井地不钧②，谷禄不平，是故暴君污吏必慢其经界。经界既正，分田制禄可坐而定也。

"夫滕，壤地褊小，将为君子焉，将为野人焉。无君子，莫治野人；无野人，莫养君子。请野九一而助，国中什一使自赋③。卿以下必有圭田④，圭田五十亩。余夫二十五亩⑤。死徙无出乡，乡田同井，出入相友，守望相助，疾病相扶持，则百姓亲睦。方里而井，井九百亩，其中为公田。八家皆私百亩，同养公田。公事毕，然后敢治私事。所以别野人也。此其大略也。若夫润泽之，则在君与子矣。"

【注释】

①毕战：滕国的臣。

②钧：通"均"。

③什一使自赋：从所受田地的收成中扣除十分之一作为赋税上缴，实即贡法。

④圭田：俸禄以外另授给官吏的田。圭，清洁。称"圭田"表示可供祭祀费用。

⑤余夫二十五亩：指私田百亩之外，另授给有剩余劳力的农户的田。

【译文】

滕文公让毕战来问井田制。

孟子说:"你的君主要实行仁政,选派你来,你一定要尽力。仁政一定要从划分田界做起。划分田界如果不公正,井田就分得不均匀,作为俸禄的谷物田租也就收得不公平了,所以暴君污吏一定把划分田界当儿戏。田界如果划得公正,分发田地、订立俸禄制度,就可以轻易办妥了。

"滕国虽然土地狭小,但也有当官的,也有种田的。没有当官的,就没人管理种田的;没有种田的,就没人养活当官的。建议在郊野实行九分抽一的助法,在城市实行十分抽一的贡法。卿以下官吏都授给圭田,圭田的大小是五十亩。家里还有剩余劳力的,另授田二十五亩。老死或搬家,也不离开本乡,乡里同一井田的人家,出入相伴,防盗御寇互相帮助,有病互相照料,于是老百姓就会彼此亲爱,相处和睦。纵横方圆一里的地为一个井田,每个井田九百亩,当中一百亩是公田。八家都授给私田一百亩,共同耕种公田。公田里的活干完了,然后才敢干私田的活,以此来区别当官的和种田的。这就是井田制的大概。至于调整润饰,那就靠君王和你了。"

四

有为神农之言者许行①,自楚之滕,踵门而告文公曰②:"远方之人闻君行仁政,愿受一廛而为氓③。"文公与之处。

其徒数十人,皆衣褐④,捆屦、织席以为食⑤。

陈良之徒陈相与其弟辛负耒耜而自宋之滕⑥，曰："闻君行圣人之政，是亦圣人也，愿为圣人氓。"陈相见许行而大悦，尽弃其学而学焉。

【注释】

①神农之言：指农家学说。神农，上古传说中发明耒耜，教民稼穑的人物，农家托为宗师。

②踵：至，到。

③廛（chán）：民居。氓：从别处迁来的人。

④褐：麻制的短衣。

⑤屦（jù）：草鞋。

⑥陈良：楚国的儒家人物。耒耜（lěisì）：翻土的农具。耜是起土的部分，耒为其柄。

【译文】

有个做农家学问的人叫许行，从楚国来到滕国，上门对文公说："我这个大老远来的人听说您正在实行仁政，希望得到一个住所，成为侨民。"

文公给了他房屋。

他的门徒有几十个，都穿着麻衣，以编草鞋、织席子为生。

陈良的门徒陈相和他的弟弟陈辛，背着耒耜从宋国来到滕国，对文公说："听说您正在实行圣人的政治，这也是圣人了，我希望做圣人的侨民。"

陈相见了许行，十分高兴，完全抛弃以前的学问而向许行学习。

陈相见孟子，道许行之言曰："滕君则诚贤君也。虽然，未闻道也。贤者与民并耕而食，饔飧而治①。今也滕有仓廪府库，则是厉民而以自养也②，恶得贤？"

孟子曰："许子必种粟而后食乎？"

曰："然。"

"许子必织布而后衣乎？"

曰："否。许子衣褐。"

"许子冠乎？"

曰："冠。"

曰："奚冠？"

曰："冠素。"

曰："自织之与？"

曰："否。以粟易之。"

曰："许子奚为不自织？"

曰："害于耕。"

曰："许子以釜甑爨③，以铁耕乎？"

曰："然。"

"自为之与？"

曰："否。以粟易之。"

"以粟易械器者，不为厉陶冶；陶冶亦以其械器易粟者，岂为厉农夫哉？且许子何不为陶冶，舍皆取诸其宫中而用之④？何为纷纷然与百工交易？何许子之不惮烦？"

曰："百工之事固不可耕且为也。"

【注释】

①饔飧（yōngsūn）：熟食。这里指做饭。饔，早餐。飧，晚餐。

②厉：病，残害。

③釜：无脚的锅。甑（zèng）：陶制烹饪器。爨（cuàn）：做饭。

④舍：止，不肯。宫：室，房。

【译文】

陈相见了孟子，引述许行的话说："滕君确实是个贤明的君主；尽管如此，他却不真懂得道理。贤人是和老百姓一同耕作，才吃饭，自己做饭，又治国理政。现在滕国有粮仓，有库房，这是残害人民来养活自己，这又怎能称得上贤明？"

孟子说："许子一定自己种庄稼才吃饭吗？"

陈相说："对。"

"许子一定自己织布才穿衣吗？"

陈相说："不。许子穿麻衣。"

"许子戴帽子吗？"

陈相说："戴。"

孟子说："戴什么帽子？"

陈相说："戴白帽子。"

孟子说："是自己织的吗？"

陈相说："不。是用粮食换来的。"

孟子说："许子为什么不自己织呢？"

陈相说："那会耽误耕种。"

孟子说："许子用釜甑做饭，用铁器耕田吗？"

陈相说："对。"

"是自己造的吗？"

陈相说："不。是用粮食换来的。"

"农夫用粮食交换农具和器皿，不算残害了陶匠和铁匠。陶匠和铁匠也用他们的农具和器皿交换粮食，难道这是残害了农夫吗？而且许子为什么不自己烧陶、打铁？不肯做到所有东西都是从自己家里取用？为什么忙忙叨叨地与各种工匠交换？为什么许子这么不怕麻烦？"

陈相说："各种工匠，本来就不能一边耕种一边又干他们的事情。"

"然则治天下独可耕且为与？有大人之事，有小人之事。且一人之身，而百工之所为备，如必自为而后用之，是率天下而路也。故曰或劳心，或劳力；劳心者治人，劳力者治于人；治于人者食人，治人者食于人，天下之通义也。

"当尧之时，天下犹未平，洪水横流，泛滥于天下，草木畅茂，禽兽繁殖，五谷不登①，禽兽偪人②，兽蹄鸟迹之道交于中国。尧独忧之，举舜而敷治焉③。舜使益掌火，益烈山泽而焚之，禽兽逃匿。禹疏九河，瀹济、漯而注诸海④，决汝、汉，排淮、泗而注之江⑤，然后中国可得而食也。当是时也，禹八年于外，三过其门而不入，虽欲耕，得乎？

“后稷教民稼穑⑥，树艺五谷⑦。五谷熟而民人育。人之有道也，饱食、暖衣、逸居而无教，则近于禽兽。圣人有忧之，使契为司徒⑧，教以人伦：父子有亲，君臣有义，夫妇有别，长幼有叙，朋友有信。放勋曰⑨：‘劳之来之⑩，匡之直之，辅之翼之，使自得之，又从而振德之。’圣人之忧民如此，而暇耕乎？

“尧以不得舜为己忧，舜以不得禹、皋陶为己忧⑪。夫以百亩之不易为己忧者⑫，农夫也。分人以财谓之惠，教人以善谓之忠，为天下得人者谓之仁。是故以天下与人易，为天下得人难。孔子曰：‘大哉尧之为君！惟天为大，惟尧则之，荡荡乎民无能名焉⑬！君哉舜也！巍巍乎有天下而不与焉⑭！’尧、舜之治天下，岂无所用其心哉？亦不用于耕耳。

【注释】

①五谷：指稻、黍、稷、麦、菽。稻即水稻，黍即黄米，稷即小米，麦即小麦，菽是豆类的总名。登：成熟。

②偪（bī）：即“逼”。

③敷：遍，全部。

④瀹（yuè）：疏导。济、漯（tà）：二水名。

⑤“决汝、汉”二句：决、排，都是去除障碍使水畅通的意思。

⑥后稷：名弃，周人的始祖，尧时为农师。

⑦艺：种植。

⑧契（xiè）：殷人的始祖。司徒：官名。

⑨放勋：尧的名。

⑩劳之来之：使他们勤劳。劳、来，都是勤劳的意思，这里用作动词。

⑪皋陶（gāoyáo）：舜时的司法官。

⑫易：治。

⑬荡荡：广大的样子。

⑭巍巍：高大的样子。引孔子语见《论语·泰伯》。

【译文】

"那么，难道治理天下可以一边耕种一边又干他们的事情吗？有官吏的事情，有平民的事情。而且一个人，就需要各行各业的产品。如果一定要自己造出来的才用，这是让天下人疲于奔命。所以说：有人劳动脑力，有人劳动体力；劳动脑力的管理人，劳动体力的被人管理；被人管理的养活人，管理人的被人养活，这是天下通行的道理。

"在尧的时候，天下还不太平，洪水不循水道地乱流，到处泛滥。草木长得又快又茂密，禽兽成群地繁殖，五谷不熟，禽兽害人，野兽的蹄印和飞鸟的踪迹，在中国纵横交错。尧一个人为此忧虑，选拔舜处理全部事务。舜命令伯益掌管火政，益在山野沼泽放火，烧掉草木，禽兽或逃跑或隐藏。禹又疏浚九条河道，疏导济水和漯水，使之入海；导引汝水和汉水，疏通淮水和泗水，使之流入长江，这样中国才可以种庄稼了。在那时候，禹在外八年，三次从家门口路过都没进门，即使他想耕种，可能吗？

"后稷教老百姓种庄稼，栽培五谷，五谷成熟而人民得到养育。人是有善良天性的，但吃饱了、穿暖了、住安逸了却不加教育，就和禽兽差不多。圣人又为此忧虑，让契做司徒，用伦理道德来教育人民：父子之间有慈爱，君臣之间有礼义，夫妇之间有区别，老少之间有等级，朋友之间有诚信。尧说：'敦促他们，纠正他们，帮助他们，使他们获得自己的本性，又加以栽培和引导。'圣人为老百姓忧虑，到了这种地步，还有闲工夫来种庄稼吗？

"尧把得不到舜作为自己的忧虑，舜把得不到禹和皋陶作为自己的忧虑。把百亩田地耕种得不好作为自己的忧虑，那是农夫。把钱财送给别人叫做惠，把善良教给别人叫做忠，为天下找到人才叫做仁。所以把天下让给别人是容易的，为天下找到人才是困难的。孔子说：'伟大啊，尧做君主！只有天最伟大，只有尧效法天，那宽广的气象，老百姓没办法用言语来形容！了不起的君主啊，舜呀！光明正大地统治天下而毫不利己！'尧、舜治理天下，难道无所用心吗？只不过不用于种庄稼罢了。

"吾闻用夏变夷者，未闻变于夷者也。陈良，楚产也，悦周公、仲尼之道，北学于中国。北方之学者，未能或之先也。彼所谓豪杰之士也。子之兄弟事之数十年，师死而遂倍之[①]！昔者孔子没，三年之外，门人治任将归[②]，入揖于子贡，相向而哭，皆失声，然后归。子贡反，筑室于场，独居三年，然后归。他日，子夏、子张、子游以有若似圣人，欲以所事孔子事之，强曾子。曾子曰：'不可，江汉以濯之，秋阳以暴之③，皜皜乎不可尚已④。'今也南蛮鴃舌之人⑤，非先王之道，子倍子之师而学之，亦异于曾子矣。吾闻出于幽谷迁于乔木者⑥，未闻下乔木而入于幽谷者。《鲁颂》曰：'戎狄是膺⑦，荆舒是惩⑧。'周公方且膺之，子是之学，亦为不善变矣。"

"从许子之道，则市贾不贰，国中无伪。虽使五尺之童适市⑨，莫之或欺。布帛长短同，则贾相若；麻缕丝絮轻重同，则贾相若；五谷多寡同，则贾相若；屦大小同，则贾相若。"

曰："夫物之不齐，物之情也。或相倍蓰⑩，或相什百，或相千万。子比而同之，是乱天下也。巨屦小屦同贾⑪，人岂为之哉？从许子之道，相率而为伪者也，恶能治国家？"

【注释】

①倍：通"背"。

②任：担、负，指行李。

③秋：指周历七、八月，相当于夏历五、六月，正当盛暑。暴（pù）：晒。

④皜皜（hào）：洁白的样子。

⑤南蛮鴃（jué）舌之人：指许行。鴃舌，形容说话怪腔怪调像鸟叫一样。鴃，伯劳鸟。

⑥出于幽谷迁于乔木：语出《诗经·小雅·伐木》：
　"伐木丁丁，鸟鸣嘤嘤。出自幽谷，迁于乔木。"

⑦膺：抵挡，防范。

⑧荆：楚国的别名。舒：楚的属国。引诗出自《诗
　经·鲁颂·閟宫》。

⑨五尺：大约相当于今天的三尺半。

⑩蓰（xǐ）：五倍。

⑪巨屦（jù）：粗糙的鞋。小屦：精细的鞋。

【译文】

　"我听说过中原改变落后的蛮夷，没听说过中原被蛮夷改变的。陈良，是楚国人，喜爱周公、孔子的学说，北上到中原来学习。北方的学者，没有人能超过他。他真是所谓豪杰之士啊。你们兄弟向他学习了几十年，老师死后就背叛他。从前，孔子去世，弟子们守丧三年以后，收拾行李准备回家，进门向子贡作揖告别，大家相对而哭，泣不成声，然后才各自回去。子贡回到墓地，在墓边的灵场盖了间房，又独自住了三年，然后才回去。过些时候，子夏、子张、子游认为有若像孔子，就想要像服事孔子那样服事他，强求曾子同意。曾子说："不行的。老师就像在长江、汉水洗涤过，就像在夏天的烈日下暴晒过，光辉洁白得无以复加。"如今南方蛮族里讲鸟语的人，也来非难我们祖先圣王的学说，你竟背叛你的老师而向他学习，和曾子真不一样啊。我听说过飞出幽暗山谷而迁到高大树木的，没听说过飞下高大树木而进到幽暗山谷里去的。《诗经·鲁颂》里说："戎狄是要防范的，荆舒是要严惩的。'周公尚且要

防范他们，你却向他们学，真是不懂得用中国来改变蛮夷的道理啊。"

陈相说："如果听从许子的主张，就能做到市场上物价一致，国内没有欺诈行为。即使打发五尺高的小孩到市场去，也没人欺骗他。布帛的长短如果一样，价格就相同；麻线丝绵的轻重如果一样，价格就相同；谷物的多少如果一样，价格就相同；鞋的大小如果一样，价格就相同。"

孟子说："货物的品相质量各不相同，这是自然的。有的相差一倍五倍，有的相差十倍百倍，有的相差千倍万倍。你若只以大小轻重相比而使它们价格相同，这是扰乱天下。粗糙的鞋和精细的鞋价格一样，人难道肯干吗？听从许子的主张，就是带着大家做假，怎么能够治理好国家？"

五

墨者夷之因徐辟而求见孟子①。孟子曰："吾固愿见，今吾尚病，病愈，我且往见，夷子不来！"

他日，又求见孟子。孟子曰："吾今则可以见矣。不直，则道不见②，我且直之。吾闻夷子墨者，墨之治丧也，以薄为其道也。夷子思以易天下，岂以为非是而不贵也。然而夷子葬其亲厚，则是以所贱事亲也。"

徐子以告夷子。

夷子曰："儒者之道，古之人若保赤子③，此言何谓也？之则以为爱无差等，施由亲始。"

徐子以告孟子。

孟子曰："夫夷子信以为人之亲其兄之子为若亲其邻之赤子乎？彼有取尔也④。赤子匍匐将入井，非赤子之罪也。且天之生物也，使之一本，而夷子二本故也⑤。盖上世尝有不葬其亲者，其亲死，则举而委之于壑。他日过之，狐狸食之，蝇蚋姑嘬之⑥。其颡有泚⑦，睨而不视⑧。夫泚也，非为人泚，中心达于面目，盖归反虆梩而掩之⑨。掩之诚是也，则孝子仁人之掩其亲，亦必有道矣。"

徐子以告夷子。夷子怃然为间⑩，曰："命之矣。"

【注释】

①墨者：信奉墨子学说的人。徐辟：孟子弟子。

②见（xiàn）：同"现"。

③若保赤子：语出《尚书·康诰》："若保赤子，惟民其康乂。"

④取：取譬，打比方。

⑤"使之"二句：一本、二本，孟子认为人都是父母所生，这便是天所指定的唯一根源；而墨家主张爱无等差，就把父母和陌路人等同起来，所以说是"二本"。

⑥蚋（ruì）：蚊子。姑：咀。嘬（chuài）：叮，咬。

⑦颡（sǎng）：额头。泚（cǐ）：出汗的样子。

⑧睨（nì）：斜视。视：正视。

⑨虆（léi）：盛土的笼。梩（lí）：锹、锸一类挖土的

工具。

⑩怃（wǔ）然：怅惘的样子。

【译文】

墨家的信徒夷子通过徐辟求见孟子。孟子说："我本来打算见他，可是我现在还病着，等我病好了，我就去见他，夷子不必来了。"

过些时候，夷子又求见孟子。孟子说："我现在可以见他了。如果不直言，真理就不能显现；我姑且直截了当地说。我听说夷子是墨家的信徒，墨家办丧事，以薄葬为原则。夷子想拿这个来改变天下的风俗，难道认为不这样做就不可贵。但夷子埋葬他的父母却是很丰厚的，那么他是以自己所鄙薄的来服事父母了。"

徐子把这些话转告夷子。

夷子："儒家的学说认为，古人'爱护百姓就像爱护婴儿'，这话是什么意思呢？我认为意思就是爱没有亲疏厚薄的区别，只不过实行起来是从父母亲开始的。"

徐子把这些话转告孟子。

孟子说："夷子真的以为一个人爱自己的兄弟的儿子同他爱邻居家的婴儿是一样的吗？那句话只是打个比方嘛。婴儿在地上爬，快要掉到井里去了，那不是婴儿的罪过。老百姓犯了错误，也不是他的罪过。'爱护百姓就像爱护婴儿'，是这个意思，不是说爱没有亲疏厚薄之别。而且天生养万物，使万物只有一个根源，而夷子却有两个根源。大概上古曾经有不埋葬父母亲尸体的人。父母死了，就把尸体抛到山沟里。过些时候他路过那里，狐狸正吃着尸体，成群的苍蝇蚊子正叮咬着尸体。他的额上出了汗，只敢斜视而不敢正视了。出汗呢，不是出给别人看的，是心里的悲痛流露在脸上。大概他会回去取来簸箕、铁锹把尸体掩埋了。掩埋了尸体就对了，那么，孝子、仁人掩埋父母亲的尸体，必然有他的道理啊。"

徐子把这些话转告夷子。夷子怅然若失，过了一会儿，说："他教我懂得道理了。"

卷六·滕文公下

本篇第一、二、三、七、十各章，都涉及对士的出处去就问题的论述。孟子在与时人和弟子的交谈中，不止一次遇到对"不见诸侯"的做法表示怀疑或不解。从孟子的解释看来，他的态度包含两个方面：既要保持人格的独立与自尊，但也不故作清高，摆出一副拒人于门外的架子。在第三章所记与周霄的问答中，孟子道出了这两方面态度的深层动因：君子急于出仕，但又必须走正道。他的意思，一是手段与途径必须讲原则，和第一章中对"枉尺而直寻"的批评联系起来，这里显示了孟子反对以利益衡量行为的主张，我们可以称之为"非功利的道德观"；二是君子必须用世而有为，我们可以称之为"实践品格"。非功利的道德观使孟子保持着人格的独立与自尊，对公孙衍、张仪等策士的鄙视正是由此出发。入世的实践品格又使孟子在待人接物中具有一定弹性，对段干木、泄柳、陈仲子等廉士的批评，正是基于这一立场。这两个互为补充的方面，也就是儒家的"中庸"原则在出处问题上的具体表现。本篇其他各章，是对士之价值与使命（第四、九章）、仁政之意义与推行仁政之决心（第五、八章）、举贤授能（第六章）等问题的论述，其中尤其值得注意的是第九章，既可由此了解孟子与杨朱、墨翟学说的分歧所在，也可见他以"正人心，息邪说"自命的道义担待，这正是孟子一生理想所系。

一

陈代曰①："不见诸侯，宜若小然。今一见之，大则以王，小则以霸。且《志》曰：'枉尺而直寻'，宜若可为也。"

孟子曰："昔齐景公田，招虞人以旌②，不至，将杀之。志士不忘在沟壑，勇士不忘丧其元。孔子奚取焉？取非其招不往也。如不待其招而往，何哉？且夫枉尺而直寻者，以利言也。如以利，则枉寻直尺而利，亦可为与？昔者赵简子使王良与嬖奚乘③，终日而不获一禽。嬖奚反命曰：'天下之贱工也。'或以告王良。良曰：'请复之。'强而后可，一朝而获十禽。嬖奚反命曰：'天下之良工也。'简子曰：'我使掌与女乘。'谓王良。良不可，曰：'吾为之范我驰驱，终日不获一；为之诡遇④，一朝而获十。《诗》云："不失其驰，舍矢如破⑤。"我不贯与小人乘，请辞。'御者且羞与射者比，比而得禽兽，虽若丘陵，弗为也。如枉道而从彼，何也？且子过矣！枉己者，未有能直人者也。"

【注释】

①陈代：孟子弟子。

②招虞人以旌（jīng）：古代君王有所召唤，视所召唤者的身份地位出示相应的信物，旌是召唤大夫所用，召唤虞人该用皮冠。虞人，守苑囿的吏。

③赵简子：晋国正卿赵鞅。王良：春秋末年善于驾车

的人。奚：人名。

④诡遇：指不依法度驾御。

⑤舍矢：发箭。如：而。破：破的，指射中猎物。引诗见《诗经·小雅·车攻》。

【译文】

陈代说："不去谒见诸侯，似乎太小气了吧。如今去见一见，大可以行仁政使天下归服，小可以凭武力称霸中国。况且《志》说：'委曲一尺而伸张八尺'，好像是可行的。"

孟子说："从前齐景公打猎，用旌旗召唤管猎场的人，那人不来，齐景公要杀他。有志之士不怕弃尸沟壑，勇敢的人不怕丢掉脑袋。孔子赞同他什么？就是赞同这点：违背礼的召唤，他不去。假如不等待人家的召唤就去，那算什么？况且所谓委曲一尺而伸张八尺，这是根据功利来说的。如果以功利为根据，那么，委曲八尺伸张一尺而有利，也可以做吗？从前赵简子命令王良为他的宠幸小臣奚驾车，一整天都没有猎获一只禽兽。小臣奚回去禀告说：'王良是个拙劣的驾车人。'有人把这话告诉王良。王良说：'请让我再来一次。'奚勉强同意了，一个上午就猎获了十只禽兽。小臣奚回去禀告说：'王良是个了不起的驾车人。'赵简子说：'我让他专门为你驾车。'就跟王良说。王良不同意，说：'我为他规规矩矩驾车，一整天打不着一只；为他不守规矩驾车，一个上午就打着了十只。《诗经》说："跑起车来中规矩，发出箭去必破的。"我不习惯为小人驾车，请允许我推辞。'驾车人尚且羞于跟坏射手合作；合作而猎获禽兽，即使是堆积如山，也不干。假如委曲真理而跟从诸侯，那又算什么？况且你错了！自己不正直的，从来没有能使别人正直的。"

二

景春曰①："公孙衍、张仪岂不诚大丈夫哉②？一怒而诸侯惧，安居而天下熄。"

孟子曰："是焉得为大丈夫乎？子未学礼乎？丈夫之冠也③，父命之；女子之嫁也，母命之，往送之门，戒之曰：'往之女家，必敬必戒，无违夫子！'以顺为正者，妾妇之道也。居天下之广居④，立天下之正位⑤，行天下之大道⑥；得志，与民由之；不得志，独行其道。富贵不能淫⑦，贫贱不能移，威武不能屈，此之谓大丈夫。"

【注释】

①景春：纵横家。

②公孙衍、张仪：都是著名策士。

③冠：古时男子二十岁行加冠礼，表示已成人。

④广居：指"仁"。

⑤正位：指"礼"。

⑥大道：指"义"。

⑦淫：过分，指态度傲慢骄狂。

【译文】

景春说："公孙衍、张仪难道不是真正的大丈夫吗？他们一发怒，诸侯就害怕；他们安定下来，天下的战火就熄灭。"

孟子说:"这哪里称得上大丈夫呢?你没学过礼吗?男子举行冠礼的时候,父亲训导他;女子出嫁的时候,母亲训导她,送她到门口,告诫她说:'到了你家,一定要恭敬,一定要警惕,不要违背丈夫!'把顺从当作正确,这是妇女的原则。住在天下最宽广的住宅——仁——里,站在天下最中正的位置——礼——上,走在天下最开阔的大路——义——上;得志的时候,和老百姓一道走;不得志的时候,自己走自己的路。富贵不能使他骄狂,贫贱不能改变他的心志,威武不能使他屈服,这样才叫做大丈夫。"

三

周霄问曰①:"古之君子仕乎?"

孟子曰:"仕。《传》曰:'孔子三月无君,则皇皇如也,出疆必载质②。'公明仪曰:'古之人三月无君,则吊。'"

"三月无君则吊,不以急乎?"

曰:"士之失位也,犹诸侯之失国家也。《礼》曰:'诸侯耕助③,以供粢盛④;夫人蚕缫⑤,以为衣服。牺牲不成⑥,粢盛不絜⑦,衣服不备,不敢以祭。惟士无田,则亦不祭。'牲杀、器皿、衣服不备,不敢以祭,则不敢以宴,亦不足吊乎?"

"出疆必载质,何也?"

曰:"士之仕也,犹农夫之耕也。农夫岂为出疆舍其耒耜哉?"

曰："晋国亦仕国也⑧，未尝闻仕如此其急。仕如此其急也，君子之难仕，何也？"

曰："丈夫生而愿为之有室，女子生而愿为之有家。父母之心，人皆有之。不待父母之命、媒妁之言，钻穴隙相窥，逾墙相从，则父母国人皆贱之。古之人未尝不欲仕也，又恶不由其道。不由其道而往者，与钻穴隙之类也。"

【注释】

①周霄：魏国人。

②质：通"贽"，指见面礼。

③助：即"藉"，指藉田，天子和诸侯都有藉田，天子千亩，诸侯百亩。

④粢盛（zīchéng）：祭品，指盛在祭器里的黍稷。

⑤夫人：指诸侯的正妻。缲（sāo）：抽茧出丝。

⑥牺牲：为祭祀所杀的牲畜。

⑦絜：通"洁"。

⑧晋国：指魏国。战国时韩、赵、魏三国，系由晋国分出，称为"三晋"，故魏国自称为晋。

【译文】

周霄问道："古代的君子做官吗？"

孟子说："做官。《传》说：'孔子三个月没有君主任用他，就忧心忡忡，离开一个国家一定带着备用的见面礼。'公明仪说：'古代的人，三个月没有君主任用，就要去安慰他。'"

"三个月没有君主任用，就要去安慰他，不是太着急了吗？"

孟子说："士人失去官位，就好比诸侯失掉了国家。《礼》说：'诸侯亲自耕种藉田，来供给祭品；夫人亲自养蚕缲丝，来供给祭服。牲畜不肥壮，谷物不干净，祭服不具备，就不敢祭祀。士如果没有田地，那也不能祭祀。'牲畜、祭器、祭服不具备，不敢祭祀，那也就不敢办宴会，这还不该去安慰他吗？"

"离开一个国家一定带着备用的见面礼，这又是为什么？"

孟子说："士人做官，就好比农夫耕田。农夫难道因为离开一个国家就扔掉他的耒和耜吗？"

周霄说："魏国也是一个有官可做的国家，我却不曾听说做官要这么着急的。做官既然是这么急迫的事，君子却不轻易做官，为什么？"

孟子说："男孩子，生下来便希望为他找到妻室，女孩子，生下来便希望为她找到婆家；父母亲的这种心情，人人都有。但是，如果没有父母的命令、媒人的言语，就钻门洞、扒门缝互相窥视，爬墙相会，那么，父母和其他人就都会看不起他。古代的人不是不想做官，但又厌恶不从正道找官做。不从正道去做官的，跟钻门洞、扒门缝是一样的。"

四

彭更问曰①："后车数十乘，从者数百人，以传食于诸侯②，不以泰乎？"

孟子曰:"非其道,则一箪食不可受于人;如其道,则舜受尧之天下,不以为泰——子以为泰乎?"

曰:"否!士无事而食,不可也。"

曰:"子不通功易事,以羡补不足③,则农有余粟,女有余布;子如通之,则梓匠轮舆皆得食于子④。于此有人焉,入则孝,出则悌,守先王之道,以待后之学者,而不得食于子。子何尊梓匠轮舆而轻为仁义者哉?"

曰:"梓匠轮舆,其志将以求食也;君子之为道也,其志亦将以求食与?"

曰:"子何以其志为哉?其有功于子,可食而食之矣。且子食志乎?食功乎?"

曰:"食志。"

曰:"有人于此,毁瓦画墁⑤,其志将以求食也,则子食之乎?"

曰:"否。"

曰:"然则子非食志也,食功也。"

【注释】

①彭更:孟子弟子。

②传(zhuàn)食:转食。

③羡:多余。

④梓、匠:即梓人、匠人,指木工。轮:轮人,制车轮的人。舆:舆人,制车厢的人。

⑤墁(màn):墙壁上的涂饰。

　　彭更问道："跟随其后的车有几十辆，跟从其后的人有几百人，在诸侯之间转来转去找饭吃，这不是太过分了吗？"

　　孟子说："如果不符合原则，那就一筐饭也不从别人那里接受；如果符合原则，那么，舜接受尧的天下，也不以为过分——你认为过分吗？"

　　彭更说："不对的。士人不干活就吃饭，是不可以的。"

　　孟子说："你如果不让各种行当互通有无，交换成果，用多余的来补充不足的，农民就有多余的粮食，妇女就有多余的布帛；你如果让他们互通有无，那么，木匠和车工就都可以从你那里得到吃的。这里有个人，在家就孝敬父母，在外就尊敬长辈，严守着古代圣王的道义，等待将来的读书人发扬光大，却不能从你那里得到吃的。你为什么尊重工匠和车工而轻视实行仁义的人呢？"

　　彭更说："工匠和车工，他们的动机就是谋饭吃；君子实行道义，他们的动机也是谋饭吃吗？"

　　孟子说："你为什么要论动机呢？如果他们对你有功劳，可以给吃的就给他们吃的好了。而且你是为了报答动机给饭吃？还是为了报答功劳给饭吃？"

　　彭更说："报答动机。"

　　孟子说："有人在这里，毁坏屋瓦，在新刷的墙上乱画，他的动机是谋饭吃，那你给他饭吃吗？"

　　彭更说："不。"

　　孟子说："那么，你不是为了报答动机给饭吃，而是为了报答功劳给饭吃。"

五

万章问曰①："宋，小国也，今将行王政，齐楚恶而伐之，则如之何？"

孟子曰："汤居亳②，与葛为邻③。葛伯放而不祀④。汤使人问之曰：'何为不祀？'曰：'无以供牺牲也。'汤使遗之牛羊。葛伯食之，又不以祀。汤又使人问之曰：'何为不祀？'曰：'无以供粢盛也。'汤使亳众往为之耕，老弱馈食。葛伯率其民，要其有酒食黍稻者夺之，不授者杀之。有童子以黍肉饷，杀而夺之。《书》曰：'葛伯仇饷⑤。'此之谓也。为其杀是童子而征之，四海之内皆曰：'非富天下也，为匹夫匹妇复雠也。'汤始征，自葛载⑥，十一征而无敌于天下。东面而征，西夷怨；南面而征，北狄怨。曰：'奚为后我？'民之望之，若大旱之望雨也。归市者弗止，芸者不变，诛其君，吊其民，如时雨降。民大悦。《书》曰：'徯我后，后来其无罚！''有攸不惟臣，东征，绥厥士女，篚厥玄黄，绍我周王见休，惟臣附于大邑周⑦。'其君子实玄黄于篚以迎其君子，其小人箪食壶浆以迎其小人。救民于水火之中，取其残而已矣。《太誓》曰⑧：'我武惟扬，侵于之疆⑨，则取于残，杀伐用张，于汤有光。'不行王政云尔。苟行王政，四海之内皆举首而望之，欲以为君，齐、楚虽大，何畏焉？"

【注释】

①万章：孟子弟子。

②亳（bó）：在今河南商丘北。

③葛：古国名，故城在今河南宁陵北。

④放：放肆，放纵。

⑤葛伯仇饷：见今本《尚书·仲虺之诰》。

⑥载：开始。

⑦"有攸不惟臣"几句：见今本《尚书·武成》。攸，古国名。惟，为。篚（fěi），盛放物品的竹器。这里指把物品装在篚内。玄黄，这里指代布帛。休，美。

⑧《太誓》：《尚书》篇名。

⑨于：古国名，即"邘"。

【译文】

万章问道："宋，是个小国；如今要实行仁政，齐国、楚国厌恶它而加以讨伐，怎么办？"

孟子说："汤住在亳，和葛国是邻国。葛伯放肆，不举行祭祀。汤派人问他：'为什么不祭祀？'他说：'没有祭祀用的牲畜。'汤派人送他牛羊。葛伯吃掉了牛羊，却不用来祭祀。汤又派人问他：'为什么不祭祀？'他说：'没有祭祀用的谷米。'汤派亳的老百姓去为他耕种，老弱的人为他们送饭。葛伯带着他的老百姓，拦住那些带着酒食黍稻的送饭者，抢夺他们，不给的就杀掉。有个孩子去送饭和肉，葛伯竟把他杀了，抢走饭和肉。《尚书》说：'葛伯仇视送饭者。'说的就是这个。汤为了葛伯杀掉这个小孩子而讨伐他，四海之内都说：'他不是为天下的财富，而是为平民百姓报仇。'汤的征伐，从葛国开始，出征十一次而无敌于天下。他向东边出征，西边各族的老百姓就埋怨；他向南边出征，北边各族的老百姓就埋怨，说：'怎么把我们放在后面？'老百姓盼望他，就像大旱时节盼望下雨。做生意的没停过买卖，种田的照样下地。汤杀掉他们的君主，安抚当地的人民，这也和及时的雨落下来一样，老百姓很高兴。《尚书》说：'等待我们的王，王来了我们就不再受刑罚！'又说：'攸国不肯臣服，周王就向东征伐，安抚那里的男男女女，他们把黑色的、黄色的布帛盛满了筐筐，请求介绍自己一见周王，得到光荣，希望臣服于大周国。'当地的官员把黑色的、黄色的布帛盛满了筐筐来迎接官员，当地的百姓用箪盛着饭，用壶盛着酒浆来迎接士卒。周王出师把老百姓从水火之中解救出来，只收拾那残暴的君主。《太誓》说：'我们的威武大发扬，攻入邢国的疆界，收拾邢国的暴君，于是有伸张正义的杀伐，比起汤来更辉煌。'不实行仁政就罢了；如果实行仁政，四海之内的人们都抬头盼望他，要让他来做君王；齐国和楚国纵然强大，有什么可怕的呢？"

六

孟子谓戴不胜曰①："子欲子之王之善与？我明告子。有楚大夫于此，欲其子之齐语也，则使齐人傅诸？使楚人傅诸？"

曰："使齐人傅之。"

曰："一齐人傅之，众楚人咻之^②，虽日挞而求其齐也，不可得矣；引而置之庄岳之间数年^③，虽日挞而求其楚，亦不可得矣。子谓薛居州，善士也，使之居于王所。在于王所者，长幼卑尊皆薛居州也，王谁与为不善？在王所者，长幼卑尊皆非薛居州也，王谁与为善？一薛居州，独如宋王何？"

【注释】

①戴不胜：宋国的臣。

②咻（xiū）：喧嚷。

③庄：齐都临淄的街名。岳：齐都临淄的里名。

【译文】

孟子对戴不胜说："你要你的王学好吗？我明白告诉你。假如有个楚国的大夫在这里，要他的儿子学会齐国话，那么，让齐国人教他？还是让楚国人教他？"

戴不胜说："让齐国人教他。"

孟子说："一个齐国人教他，许多楚国人向他嚷嚷，即使天天鞭打他，逼他说齐国话，他也办不到；带着他到庄街岳里住上几年，即使天天鞭打他，逼他说楚国话，他同样也是办不到的。你说薛居州是个好人，让他住在王宫里。如果住在王宫里的人，不论老少尊卑都是薛居州，王和谁去做坏事？如果住在王宫里的人，不论老少尊卑都不是薛居州，王和谁去做好事？一个薛居州，能把宋王怎么样呢？"

七

公孙丑问曰："不见诸侯，何义？"

孟子曰："古者不为臣不见。段干木逾垣而辟之①，泄柳闭门而不纳②，是皆已甚；迫，斯可以见矣。阳货欲见孔子而恶无礼。大夫有赐于士，不得受于其家，则往拜其门。阳货瞰孔子之亡也③，而馈孔子蒸豚。孔子亦瞰其亡也，而往拜之。当是时，阳货先，岂得不见？曾子曰：'胁肩谄笑，病于夏畦④。'子路曰：'未同而言，观其色赧赧然⑤，非由之所知也。'由是观之，则君子之所养，可知已矣。"

【注释】

①段干木：春秋魏文侯时贤者，曾师事孔子弟子子夏，守道不仕。逾（yú）：越过。

②泄柳：春秋鲁国人。鲁穆公曾亲自登门会见，泄柳闭门不纳，后为鲁穆公臣。

③瞰（kàn）：窥伺，看望。

④畦（qí）：田园。

⑤赧赧（nǎn）：因惭愧而脸红的样子。

【译文】

公孙丑问道："不去谒见诸侯，是什么道理？"

孟子说："古时候，不是臣属的话，就不去谒见。段干木翻墙以躲避魏文侯，泄柳关起门来不接见鲁穆公，这都太过分了；如果对方勉强要见，是可以见的。阳货要孔子来见，又不愿自己失礼。大夫对士有所赏赐，士如果没能在家里亲自接受，就该前往大夫家里去拜谢。于是阳货就等孔子不在家时，送小蒸猪给孔子。孔子也等阳货不在家时，前往拜谢。在这个时候，如果阳货先来见孔子，孔子难道不见他？曾子说：'耸着肩膀，做出媚笑，比夏天在菜园里干活还累。'子路说：'跟别人不同道，却又上去搭话，看他的脸色，还一副惭愧的样子，这我就不懂了。'由此来看，君子怎样修身养性，可以懂得了。"

八

戴盈之曰①："什一，去关市之征，今兹未能②，请轻之，以待来年，然后已，何如？"

孟子曰："今有人日攘其邻之鸡者③，或告之曰：'是非君子之道。'曰：'请损之，月攘一鸡，以待来年，然后已。'如知其非义，斯速已矣，何待来年？"

【注释】

①戴盈之：宋国大夫。

②兹：年。

③攘（rǎng）：盗窃。

【译文】

戴盈之说："地租以十分抽一为税率，免除关卡和集市的赋税，今年还办不到，请让我们先减轻一些，等到来年，然后完全实行，怎么样？"

孟子说："现在有个人每天偷邻居家的鸡，有人告诉他说：'这不是君子的做法。'他说：'请让我减少一些，每个月偷一只鸡，等到来年，然后完全改正。'如果知道做法不合道义，就赶快完全改掉啦，为什么要等到来年？"

九

公都子曰①："外人皆称夫子好辩，敢问何也？"

孟子曰："予岂好辩哉？予不得已也。天下之生久矣，一治一乱。当尧之时，水逆行，泛滥于中国，蛇龙居之，民无所定。下者为巢，上者为营窟。《书》曰：'洚水警余②。'洚水者，洪水也。使禹治之。禹掘地而注之海，驱蛇龙而放之菹③。水由地中行，江、淮、河、汉是也。险阻既远，鸟兽之害人者消，然后人得平土而居之。

"尧、舜既没，圣人之道衰，暴君代作。坏宫室以为洿池④，民无所安息；弃田以为园囿，使民不得衣食。邪说暴行又作，园囿、洿池、沛泽多而禽兽至。及纣之身，天下又大乱。周公相武王诛纣，伐奄三年讨其君⑤，驱飞廉于海隅而戮之⑥，灭国者五十，驱虎、豹、犀、象而远之，天下大悦。《书》曰⑦：'丕显哉，文王谟！丕承哉，武王烈！佑启我后人，咸以正无缺。'

【注释】

① 公都子：孟子弟子。

② 洚（hóng）水警余：《尚书》逸篇里的话。

③菹（zū）：水草多的沼泽地。

④洿（wū）池：水塘。

⑤伐奄三年讨其君：这是周成王时的事。

⑥飞廉：传说中善跑的人，为纣王所用。

⑦《书》曰：以下所引，见今本《尚书·君牙》。

⑧丕：大。

【译文】

公都子说："别人都说先生喜欢辩论，请问这是为什么呢？"

孟子说："我难道喜欢辩论吗？我是不得已啊。天下有人类以来很久了，太平一时，动乱一时。在尧的时候，水倒流，在中国泛滥，陆地成为蛇和龙的居所，使老百姓无处安身。低地的人在树上做巢，高地的人挖洞穴而居。《尚书》说：'洚水警告我们。'洚水就是洪水。尧让禹来治水。禹挖地把水导流入海，把蛇和龙赶到多草的沼泽。水从大地上穿行而过，这就是长江、淮河、黄河、汉水。险阻远离了人类，害人的鸟兽消灭了，从此以后人才能在平地上居住。

"尧、舜死后，圣人之道衰落，暴君一代又一代地出现。他们毁坏房屋来造深池，老百姓无处安身；荒废农田来建园林，使老百姓得不到吃穿。这时又出现荒谬的学说、残暴的行为，园林、深池、沼泽一多，禽兽也跟着来了。到了纣的时候，天下又大乱。周公辅佐武王杀掉纣，又讨伐奄国三年，杀掉奄国的国君，把飞廉赶到海边杀掉了他，灭了五十个国家，把老虎、豹子、犀牛、大象赶到远方，天下人很高兴。《尚书》说：'伟大而显赫啊，文王的谋略！伟大的继承者啊，武王的功烈！庇佑我们，启发我们，直到后代，使大家都正确而没有错误。'

"世衰道微，邪说暴行有作①，臣弑其君者有之，子弑其父者有之。孔子惧，作《春秋》。《春秋》，天子之事也。是故孔子曰：'知我者其惟《春秋》乎！罪我者其惟《春秋》乎！'

"圣王不作，诸侯放恣，处士横议②，杨朱、墨翟之言盈天下③。天下之言不归杨，则归墨。杨氏为我，是无君也；墨氏兼爱，是无父也。无父无君，是禽兽也。公明仪曰：'庖有肥肉，厩有肥马；民有饥色，野有饿莩④，此率兽而食人也。'杨墨之道不息，孔子之道不著，是邪说诬民，充塞仁义也。仁义充塞，则率兽食人，人将相食。吾为此惧，闲先圣之道⑤，距杨墨，放淫辞，邪说者不得作。作于其心，害于其事；作于其事，害于其政。圣人复起，不易吾言矣。

"昔者禹抑洪水而天下平，周公兼夷狄，驱猛兽而百姓宁，孔子成《春秋》而乱臣贼子惧。《诗》云：'戎狄是膺，荆舒是惩，则莫我敢承⑥。'无父无君，是周公所膺也。我亦欲正人心，息邪说，距诐行，放淫辞，以承三圣者，岂好辩哉？予不得已也。能言距杨、墨者，圣人之徒也。"

【注释】
①有：通"又"。

②处士：不做官而居家的士人。

③杨朱：战国时魏人，晚于墨翟，早于孟子。墨翟：
　战国时鲁人，或说宋人，学说具见《墨子》。

④莩（piǎo）：通"殍"，饿死。

⑤闲：防御，捍卫。

⑥承：抵抗。引诗出自《诗经·鲁颂·闳宫》。

【译文】

"时世衰落，道义微茫，荒谬的学说和残暴的行为又
出现了，有臣子杀掉他的君主的，有儿子杀掉他的父亲的。
孔子为此忧虑，写了《春秋》。《春秋》说的是天子的事情。
所以孔子说：'了解我的可以只凭《春秋》这部书了！怪罪
我的也可以只凭《春秋》这部书了！'

"从此圣王不曾出现过，诸侯放肆纵恣，一般读书人也
乱发议论，杨朱、墨翟的学说充满了天下。天下种种议论，
不是归附杨朱，就是归附墨翟。杨氏讲的是'为我'的道
理，这叫不把君主当回事；墨氏讲的是'兼爱'的道理，
这叫不把父亲当回事。目中无父，目中无君，这是禽兽啊。
公明仪说：'厨房里有肥肉，马厩里有肥马；但是老百姓面
有饥色，田野上有饿死的尸体，这是带领野兽吃人。'杨、
墨的学说不消灭，孔子的学说就不能发扬，这就是荒谬的
学说在欺骗百姓，堵塞了仁义的道路。仁义的道路被堵塞，
就等同带领禽兽吃人，人们之间互相残杀。我为此忧虑，
因而捍卫古代圣人的学说，抵制杨、墨，驳斥夸诞的言论，

使发布谬论的人起不来。种种谬论从心里产生，就会妨害行动；妨害了行动，也就妨害了政治。如果圣人再起，也不会抛弃我的这番话。

"从前禹平息了洪水而天下太平，周公兼并了夷狄，赶跑了猛兽而百姓安宁，孔子作成了《春秋》而叛乱的臣子、作逆的儿子感到害怕。《诗经》说：'戎狄是要防范的，荆舒是要严惩的，那就没有人能抵御我。'目中无父、目中无君，是周公所防范的。我也要端正人心，抑制谬论，反对偏激的行为，驳斥夸诞的言论，来继承这三位圣人。我难道喜欢辩论吗？我是不得已啊。能够用言论来反对杨、墨的，也就是圣人的门徒了。"

十

匡章曰①："陈仲子岂不诚廉士哉？居於陵②，三日不食，耳无闻，目无见也。井上有李，螬食实者过半矣③，匍匐往，将食之④，三咽，然后耳有闻，目有见。"

孟子曰："于齐国之士，吾必以仲子为巨擘焉⑤。虽然，仲子恶能廉？充仲子之操，则蚓而后可者也。夫蚓，上食槁壤，下饮黄泉⑥。仲子所居之室，伯夷之所筑与？抑亦盗跖之所筑与⑦？所食之粟，伯夷之所树与？抑亦盗跖之所树与？是未可知也。"

曰："是何伤哉？彼身织屦，妻辟纑⑧，以易之也。"

曰："仲子，齐之世家也，兄戴，盖禄万钟⑨。

以兄之禄为不义之禄而不食也，以兄之室为不义之室而不居也，辟兄离母⑩，处于於陵。他日归，则有馈其兄生鹅者，己频颇曰⑪：'恶用是鶂鶂者为哉⑫？'他日，其母杀是鹅也，与之食之。其兄自外至，曰：'是鶂鶂之肉也。'出而哇之。以母则不食，以妻则食之；以兄之室则弗居，以於陵则居之，是尚为能充其类也乎？若仲子者，蚓而后充其操者也。"

【译文】

匡章说："陈仲子难道不是个廉洁的士人吗？住在於陵，三天没吃东西，饿得耳朵听不见，眼睛看不着。井上有个李子，被金龟子吃了大半，他爬过去，取来吃下，咽了三口，耳朵才听得见了，眼睛才看得着了。"

孟子说："在齐国的士人中，我一定把陈仲子当作大拇指。尽管这样，仲子怎能算作廉洁呢？要扩充仲子的操守，那一定得当蚯蚓才可以。蚯蚓，在地上就吃干土，在地下就饮黄泉。仲子所住的房子，是伯夷那样廉洁的人所建筑的呢？还是盗跖那样的强盗所建筑的呢？所吃的谷米，是伯夷那样廉洁的人所种的呢？还是盗跖那样的强盗所种的呢？这是不可知的。"

匡章说："这有什么关系呢？他亲自编织草鞋，他的妻子绩麻练麻，用这些来换生活用品。"

孟子说："仲子是齐国的大家族；他的哥哥陈戴，从盖邑得的俸禄有几万石。他把哥哥的俸禄看作不义之禄而不吃，把哥哥的房屋看作不义之室而不住，避开哥哥，离开母亲，住在於陵。有一天回家，有个人送给他哥哥活鹅，仲子就皱缩着眉鼻说：'哪里用得着这个嗷嗷叫的东西？'过些时候，他的母亲杀了这只鹅，给他吃。他的哥哥从外面回来，说：'这就是那嗷嗷叫的东西的肉呀。'仲子出去吐掉了。母亲的东西不吃，妻子的东西就吃；哥哥的房子不住，於陵的房子就住，这还能算扩充操守吗？像仲子这样的人，当了蚯蚓才能扩充他的操守呢。"

卷七·离娄上

　　本篇二十八章，多数是格言式的短章，谈论较多的是仁义的功利性价值。孟子指出，不管是个人的荣辱安危，还是国家的兴废存亡，都取决于是否行仁义之道。因此，对个人而言，道德修养的关键在于"反求诸己"，即通过自我反省和修养，获得信任，最后达到治民的目标。第十二章所提出的"诚"，是孟子思想中一个重要的概念，它表浅的含义是待人诚实无伪，由此出发，就可以"悦亲"、"信于友"、"获于上"、"治民"，这就是儒家所标举的由"内圣"而"外王"的道路。关于仁政，本篇第九章重申了得民心者得天下的主张，而得民心的根本，则在于为民兴利除害；第六和第十三章，具体说明统治者应礼遇贤明的公卿巨室和德高望重的老者，也是从得民心的角度考虑的。在论及孝养父母的问题时，本篇第十九章提出了"养口体"和"养志"的区别，意谓侍奉父母，要顺承其意。

一

　　孟子曰："离娄之明①，公输子之巧②，不以规矩，不能成方员；师旷之聪③，不以六律④，不能正五音⑤；尧、舜之道，不以仁政，不能平治天下。今有仁心仁闻而民不被其泽⑥，不可法于后世者，不行先王之道也。故曰：徒善不足以为政，徒法不能以自行。《诗》云：'不愆不忘⑦，率由旧章⑧。'遵先王之法而过者，未之有也。圣人既竭目力焉，继之以规矩准绳⑨，以为方员平直，不可胜用也；既竭耳力焉，继之以六律正五音，不可胜用也；既竭心思焉，继之以不忍人之政，而仁覆天下矣。故曰：为高必因丘陵，为下必因川泽，为政不因先王之道，可谓智乎？是以惟仁者宜在高位。不仁而在高位，是播其恶于众也。上无道揆也⑩，下无法守也，朝不信道，工不信度，君子犯义，小人犯刑，国之所存者幸也。故曰：城郭不完⑪，兵甲不多，非国之灾也；田野不辟，货财不聚，非国之害也。上无礼，下无学，贼民兴，丧无日矣。《诗》曰：'天之方蹶⑫，无然泄泄⑬。'泄泄犹沓沓也⑭。事君无义，进退无礼，言则非先王之道者，犹沓沓也。故曰：责难于君谓之恭，陈善闭邪谓之敬，吾君不能谓之贼。"

【注释】

①离娄：相传是黄帝时目力极强的人。

②公输子：名般（或作"班"），鲁国人，又叫"鲁班"，著名的巧匠，生于鲁定公或哀公时。

③师旷：春秋时著名音乐家，晋平公的太师，生而目盲，善辨音乐。

④六律：相传黄帝时伶伦截竹为管，以管的长短分别声音的高低清浊，乐器的音调均以之为准，此即标示绝对音高的乐律。乐律共十二，阴阳各六。六律指六个阳律，即黄钟、太蔟、姑洗、蕤宾、夷则、无射。

⑤五音：指宫、商、角、徵、羽五个音阶。

⑥闻（wèn）：声誉。

⑦愆（qiān）：过错。忘：指疏漏。

⑧率：遵循。旧章：指先王的法度规章。以上引诗见《诗经·大雅·假乐》。

⑨准：测定平面的水准器。绳：量直线的墨线。

⑩揆（kuí）：尺度，准则。

⑪完：牢固。

⑫蹶（guì）：动。

⑬泄泄（yì）：多语的样子。以上引诗见《诗经·大雅·板》。

⑭沓沓：多语的样子。

【译文】

孟子说："离娄眼神好，公输般技巧高，但如果不靠规和矩，也不能画成方和圆；师旷耳力聪敏，但如果不依据六律，也不能校正五音；就是有尧、舜之道，如果不凭借仁政，也不能使天下太平。如今有些诸侯尽管有仁爱的心肠、仁爱的声誉，但老百姓却没有受到他的恩泽，他也不能被后世效法，之所以如此，就是因为不实行前代圣王之道的缘故。所以说，只有好心不足以搞政治，只有法度不足以自动运行。《诗经》说：'没有过失没有疏漏，一切遵循先王的典章。'遵循先王的法度而犯错误的，从来没有过。圣人既已用尽了目力，又接着用规、矩、准、绳，来制作方的、圆的、平的、直的东西，这些东西用都用不完；既已用尽了耳力，又接着用六律来校正五音，这些音阶也就运用无穷；既已用尽了心思，又接着推行不忍心别人受苦的仁政，仁爱也就覆盖天下了。所以说，建高台一定要凭借丘陵，挖深池一定要凭借沼泽；搞政治不凭借前代圣王之道，能说是明智吗？因此只有仁人可以处在统治的地位。不仁的人如果处在统治的地位，这就会在民众中散布他的罪恶。在上的没有道义准则，在下的不守法令制度，朝廷不相信道义，工匠不相信尺度，官员触犯义理，百姓触犯刑法，而国家还能生存的，那是侥幸。所以说，城墙不坚固，兵器甲胄不够多，不是国家的灾难；田野尚未开辟，钱财不够集中，不是国家的祸害。在上的不讲礼，在下的没学问，刁民纷纷兴起，国家的灭亡也就快了。《诗经》上说：'上天正在震动，不要这样多话。'多话，就是喋喋不休。服事君主不讲义，进退出入不守礼，说起话来便非难先王之道，这就是喋喋不休。所以说，要求君主克服困难，这叫'恭'；陈述美善的道理而抑制谬论，这叫'敬'；以为自己的君主不能行善，这叫'贼'。"

二

孟子曰："规矩，方员之至也；圣人，人伦之至也。欲为君，尽君道；欲为臣，尽臣道。二者皆法尧、舜而已矣。不以舜之所以事尧事君，不敬其君者也；不以尧之所以治民治民，贼其民者也。孔子曰：'道二，仁与不仁而已矣。'暴其民甚，则身弑国亡；不甚，则身危国削，名之曰'幽'、'厉'①，虽孝子慈孙，百世不能改也。《诗》云：'殷鉴不远②，在夏后之世③'，此之谓也。"

【注释】

① 幽、厉：指周幽王、周厉王，都是含贬义的谥号。

② 鉴：铜镜。这里指借鉴。

③ 夏后：夏王，指桀。以上引诗见《诗经·大雅·荡》。

【译文】

孟子说："规和矩，是方与圆的极至；圣人，是处理人际关系的极至。要做君王，便该尽君道；要做臣，便该尽臣道。二者都效法尧、舜就足够了。不用舜服事尧的态度和方式来服事君主，就是对君主不恭敬；不用尧统治百姓的态度和方式来统治百姓，就是残害百姓。孔子说：'路只有两条，仁和不仁，如此而已。'暴虐百姓严重的，就会自己被杀，国家灭亡；不严重的，也会自己遭遇危险，国家受到削弱，死后人们给他们'幽'、'厉'这样的谥号，即使有孝子贤孙，经历一百代也改不掉这个坏名声。《诗经》上说：'殷商的借鉴并不遥远，就在夏王桀的时代'，就是这个意思。”

三

孟子曰：“三代之得天下也以仁，其失天下也以不仁。国之所以废兴存亡者亦然。天子不仁，不保四海；诸侯不仁，不保社稷[①]；卿大夫不仁，不保宗庙[②]；士庶人不仁，不保四体。今恶死亡而乐不仁，是犹恶醉而强酒[③]。”

【注释】

①社稷：土神和谷神，指代国家。

②宗庙：祭祀祖先的处所。这里指代卿大夫的采邑。

③强（qiǎng）：勉强。

【译文】

孟子说：“夏商周三代得天下是因为仁，失天下是因为不仁。国家之所以衰落、兴盛、生存、灭亡也都是这个道理。天子如果不仁，就不能保有天下；诸侯如果不仁，就不能保有国家；卿大夫如果不仁，就不能保有祖庙；士人和普通老百姓如果不仁，就不能保全自己的身体。现在是厌恶死亡而喜欢不仁，这犹如厌恶醉酒却又使劲喝酒一样。”

四

孟子曰：“爱人不亲，反其仁；治人不治，反其智；礼人不答，反其敬。行有不得者皆反求诸己，其身正而天下归之。《诗》云：‘永言配命[①]，自求多福。’”

【注释】
①言：语助词。引诗见《诗经·大雅·文王》。
【译文】
孟子说：“爱别人，别人却不亲近自己，那就反过来检讨自己是否够仁爱；管理别人，却管理不好，那就反过来检讨自己是否够明智；对别人有礼，别人却不回应，那就反过来检讨自己是否够恭敬。凡是行为有不能达到预期效果的，都反过来在自己身上找原因，自己端正了，天下的人自然归向他。《诗经》上说：‘永远配合天的命令，自己寻求盛多的福。’”

五

孟子曰：“人有恒言，皆曰‘天下国家’。天下之本在国，国之本在家，家之本在身。”

【译文】
孟子说：“人们有句老话，都说‘天下国家’。天下的基础在国，国的基础在家，家的基础在个人。”

六

孟子曰：“为政不难，不得罪于巨室①。巨室之所慕，一国慕之；一国之所慕，天下慕之。故沛然德教溢乎四海②。”

【注释】

①巨室：指贤明的卿大夫家。这里指贤明的卿大夫。

②沛：大。

【译文】

孟子说："搞政治不难，只要不得罪那些贤明的卿大夫们。因为他们所思慕的，一国人都会思慕；一国的人所思慕的，天下的人都会思慕。所以道德教化就浩浩荡荡地溢满四海了。"

七

孟子曰："天下有道，小德役大德①，小贤役大贤；天下无道，小役大，弱役强。斯二者，天也。顺天者存，逆天者亡。齐景公曰：'既不能令，又不受命，是绝物也。'涕出而女于吴②。今也小国师大国而耻受命焉，是犹弟子而耻受命于先师也。如耻之，莫若师文王。师文王，大国五年，小国七年，必为政于天下矣。《诗》云：'商之孙子，其丽不亿③。上帝既命，侯于周服④。侯服于周，天命靡常⑤。殷士肤敏⑥，裸将于京⑦。'孔子曰：'仁不可为众也。夫国君好仁，天下无敌。'今也欲无敌于天下而不以仁，是犹执热而不以濯也⑧。《诗》云：'谁能执热，逝不以濯⑨？'"

【注释】

①小德役大德：即"小德役于大德"。

②女（nù）：嫁女儿。史载齐景公把女儿嫁给吴王阖闾，齐景公虽以之为耻，但迫于吴国实力强大，不得不这样做。

③丽：数目。亿：周代称十万为亿。这里形容众多。

④侯于周服：乃臣服于周。侯，语助词，乃。

⑤靡常：无常。

⑥肤：美。

⑦裸（guàn）将："将裸"的倒文，助祭。裸，古代一种祭礼，称"灌鬯礼"。祭祀时，在神主前将玉制酒器中的酒洒在白茅上，表示神在饮酒。将，助。京：指周的京师镐京。以上引诗出自《诗经·大雅·文王》。

⑧执：救治。濯（zhuó）：洗涤。

⑨逝：发语词，无义。引诗见《诗经·大雅·桑柔》。

【译文】

孟子说："天下有道的时候，道德较低的人被道德较高的人役使，不太贤明的人被贤明的人役使；天下无道的时候，力量小的被力量大的役使，力量弱的被力量强的役使。这两种情况，都是天意。顺从天意的就生存，违逆天意的就灭亡。齐景公说：'既不能发号施令，又不愿服从命令，这是绝路一条。'于是流着眼泪把女儿嫁到吴国。如今小国以大国为师而又耻于服从命令，这就像弟子耻于服从老师的命令一样。如果以此为耻辱，不如师从文王。如果师从文王，大国只需五年，小国只需七年，一定能统治天下。《诗经》上说：'殷商的子孙，数目不下十万。上帝既已降命，于是臣服于周。于是臣服于周，天命并不固定。商臣漂亮聪明，也上镐京助祭。'孔子说：'仁德是不在乎人多势众的。国君如果爱仁德，就可以无敌于天下。'如今有人想要无敌于天下却不依靠仁德，这就像要解除炎热却不洗浴一样。《诗经》说：'谁能解除炎热，却不凭借洗浴？'"

八

孟子曰："不仁者可与言哉？安其危而利其菑^①，乐其所以亡者。不仁而可与言，则何亡国败家之有？有孺子歌曰：'沧浪之水清兮^②，可以濯我缨；沧浪之水浊兮，可以濯我足。'孔子曰：'小子听之！清斯濯缨，浊斯濯足矣。自取之也。'夫人必自侮，然后人侮之；家必自毁，而后人毁之；国必自伐，而后人伐之。《太甲》曰^③：'天作孽，犹可违。自作孽，不可活。'此之谓也。"

【注释】

①菑（zāi）：同"灾"。

②沧浪：水名。

③《太甲》：《尚书》篇名。

【译文】

孟子说："不仁的人可以同他谈论吗？别人有危险，他安然不动，别人遭了灾，他却趁火打劫，高兴于别人所遭受的惨祸。不仁的人如果可以同他谈论，那还会有亡国败家的事吗？有个小孩子唱道：'沧浪的水清呀，可以洗我的帽缨；沧浪的水浊呀，可以洗我的双脚。'孔子说：'弟子们听着！清呢，就洗帽缨，浊呢，就洗双脚。这都取决于水本身啊。'人一定先是有自取侮辱的原因，然后别人才侮辱他；家一定先是有自毁的原因，然后别人才毁掉它；国一定先是有自己招来攻伐的原因，然后别人才攻伐它。《太甲》说：'天降的灾难还可以躲避，自找的灾难那可活不了。'说的就是这个意思。"

九

孟子曰："桀纣之失天下也，失其民也。失其民者，失其心也。得天下有道：得其民，斯得天下矣。得其民有道：得其心，斯得民矣。得其心有道：所欲与之聚之，所恶勿施尔也。民之归仁也，犹水之就下、兽之走圹也①。故为渊驱鱼者，獭也；为丛驱爵者②，鹯也③；为汤武驱民者，桀与纣也。今天下之君有好仁者，则诸侯皆为之驱矣。虽欲无王，不可得矣。今之欲王者，犹七年之病求三年之艾也④。苟为不畜，终身不得。苟不志于仁，终身忧辱，以陷于死亡。《诗》云：'其何能淑⑤，载胥及溺⑥。'此之谓也。"

【注释】

①圹（kuàng）：旷野。

②爵：同"雀"。

③鹯（zhān）：猛禽。

④艾：艾草。治病用的艾草，干的时间越长越管用，
　因此用"三年之艾"为喻，意谓如果平时不准备，
　则难以立刻得到。

⑤其：指朝内君臣。淑：好。

⑥载：则。胥：相与。及溺：至于沉溺。引诗见《诗
　经·大雅·桑柔》。

【译文】

孟子说："桀、纣丧失天下，是因为失去老百姓的支
持。失去支持，是因为失去民心。得天下有办法：得到老
百姓的支持就能得天下。得到老百姓的支持有办法：得民
心，就能得到老百姓支持。得民心有办法：他们想要的，
就为他们聚积，他们所厌恶的，不要强加给他们。老百姓
归服仁政，就像水往下流、野兽往旷野跑。因此，为深池
把鱼赶来的，是水獭；为森林把鸟雀赶来的，是猛鹰；为
商汤、武王把老百姓赶来的，是桀和纣。当今天下君王如
果有爱仁德的，那么，各国诸侯都在为他驱赶百姓。即使
不想统一天下，也办不到。当今想统一天下的，却像生了
七年病的人要得到干了三年的艾草。如果不积蓄，是终身
得不到的。如果不立志于仁德，是要终身忧患、受辱，以
至于死亡的。《诗经》说：'他们哪能变好，只能同归于尽。'
说的就是这个意思。"

<h2 style="text-align:center">十</h2>

孟子曰："自暴者，不可与有言也；自弃者，不
可与有为也。言非礼义①，谓之自暴也。吾身不能

居仁由义，谓之自弃也。仁，人之安宅也；义，人之正路也。旷安宅而弗居，舍正路而不由，哀哉！”

【注释】

①非：诋毁，破坏。

【译文】

孟子说："自己残害自己的人，不可能同他有所谈论；自己抛弃自己的人，不可能同他有所作为。说出话来破坏礼义，这便叫做自己残害自己。自以为不能安居于仁，由义而行，这便叫做自己抛弃自己。仁，是人最安稳的住宅；义，是人最中正的道路。空着安稳的住宅而不住，舍弃中正的道路而不走，可悲啊！"

十一

孟子曰："道在迩而求诸远①，事在易而求诸难——人人亲其亲，长其长，而天下平。"

【注释】

①迩：近。

【译文】

孟子说："道就在近处，却往远处去找它；事情本来容易，却往难处去做它——其实只要人人爱自己的双亲，尊敬自己的长辈，天下就太平了。"

十二

孟子曰："居下位而不获于上，民不可得而治也。获于上有道，不信于友，弗获于上矣。信于友有道，事亲弗悦，弗信于友矣。悦亲有道，反身不诚，不悦于亲矣。诚身有道，不明乎善，不诚其身矣。是故诚者，天之道也。思诚者，人之道也。至诚而不动者，未之有也。不诚，未有能动者也。"

【译文】

孟子说："处于下级的地位而不能得到上级的信任，是不能治理好百姓的。得到上级的信任有办法，首先要得到朋友的信任，假如不能取信于朋友，就不能得到上级的信任。取信于朋友有办法，首先要得到父母的欢心，侍奉双亲而不能让他们高兴，就不能取信于朋友。让双亲高兴有办法，首先要诚心诚意，反躬自问而心意不诚，就不能让双亲高兴。使自己诚心诚意有办法，首先要明白什么是善，不明白善的道理，就不能使自己诚心诚意。因此，诚，是自然的道理。思慕诚，是做人的道理。极端诚心而不能使别人动心的，是从来没有的事；不诚心，则从来没有使人动心的。"

十三

孟子曰："伯夷辟纣①，居北海之滨，闻文王作，兴曰：'盍归乎来②！吾闻西伯善养老者③。'太公辟纣④，居东海之滨，闻文王作，兴曰：'盍归乎来！

吾闻西伯善养老者。'二老者，天下之大老也，而归之，是天下之父归之也。天下之父归之，其子焉往？诸侯有行文王之政者，七年之内，必为政于天下矣。"

【注释】

①辟：躲避。

②盍：何不。来：语气助词。

③西伯：即周文王。

④太公：即姜太公吕尚。

【译文】

孟子说："伯夷避开纣王，住在北海岸边，听说文王兴起，便说：'为什么不归附他！我听说西伯是善于养老的人。'姜太公避开纣王，住在东海岸边，听说文王兴起，便说：'为什么不归附他！我听说西伯是善于养老的人。'这两个老人，是天下德高望重的老人，都归附他，这好比天下人的父亲归附西伯。天下人的父亲都归附西伯了，他们的儿子还会到哪儿去呢？当今的诸侯如果有能实行文王的政治的，七年之内，就一定能统治天下。"

十四

孟子曰："求也为季氏宰①，无能改于其德，而赋粟倍他日。孔子曰：'求非我徒也，小子鸣鼓而攻之可也。'②由此观之，君不行仁政而富之，皆弃于孔子者也，况于为之强战？争地以战，杀人盈野；

争城以战，杀人盈城，此所谓率土地而食人肉，罪不容于死。故善战者服上刑③，连诸侯者次之④，辟草莱、任土地者次之⑤。"

【注释】

①求：冉求，字子有，孔子弟子。季氏：鲁国大夫。宰：家臣。

②"孔子曰"几句：事见《论语·先进》："季氏富于周公，而求也为之聚敛而附益之。子曰：'非吾徒也，小子鸣鼓而攻之可也。'"

③善战者：善于带兵打仗的人，如孙膑、吴起之类。上刑：重刑。

④连诸侯者：指主张合纵或连横的纵横家。

⑤辟草莱、任土地者：指主张尽地力的李悝、主张开阡陌的商鞅之类。辟草莱，开垦荒地。任土地，分土授民。孟子以为这些主张虽然意在发展生产，但并不是为百姓着想，而是为了统治者的私利，所以反对。

【译文】

孟子说："冉求做季氏的家臣，不能改善他的德行，反而把田租增加了一倍。孔子说：'冉求不是我的学生，你们打响战鼓去攻击他都可以。'由此看来，不帮助君主实行仁政而帮助他聚敛财富，都是被孔子鄙弃的，何况是努力为君主作战的人？为争夺土地而作战，杀死的人遍布原野；为争夺城池而作战，杀死的人遍布城池，这就叫带领土地吃人肉，死刑都不足以惩罚他们的罪行。因此好战的人应该受最重的刑罚，鼓吹合纵连横的人受次一等的刑罚，开垦荒地，分土授田的人受再次一等的刑罚。"

十五

孟子曰："存乎人者^①，莫良于眸子^②。眸子不能掩其恶。胸中正，则眸子瞭焉^③；胸中不正，则眸子眊焉^④。听其言也，观其眸子，人焉廋哉^⑤！"

【注释】

①存：观察。

②眸子：瞳人。

③瞭（liǎo）：明亮。

④眊（mào）：暗昧不明。

⑤廋（sōu）：藏匿。

【译文】

孟子说："观察一个人，没有比观察他的眼睛更好的了。眼睛不能掩饰一个人的丑恶。内心正直，眼睛就明亮；心术不正，眼睛就昏暗。听人说话，观察他的眼睛，这人的善恶哪能隐藏得住！"

十六

孟子曰："恭者不侮人，俭者不夺人。侮夺人之君，惟恐不顺焉，恶得为恭俭？恭俭岂可以声音笑貌为哉？"

【译文】

孟子说:"恭敬的人不会侮辱别人,节俭的人不会掠夺别人。侮辱、掠夺别人的君侯,惟恐别人不顺从他,怎么能做到恭敬、节俭?恭敬和节俭这两种品德难道可以只靠声音和笑貌就做到吗?"

十七

淳于髡曰①:"男女授受不亲,礼与?"

孟子曰:"礼也。"

曰:"嫂溺,则援之以手乎?"

曰:"嫂溺不援,是豺狼也。男女授受不亲,礼也。嫂溺,援之以手者,权也②。"

曰:"今天下溺矣,夫子之不援,何也?"

曰:"天下溺,援之以道。嫂溺,援之以手。——子欲手援天下乎?"

【注释】

①淳于髡:姓淳于,名髡。曾在齐威王、齐宣王和梁惠王的朝廷做官。

②权:变通。

【译文】

淳于髡说:"男女之间不亲手递接东西,这是礼制吗?"

孟子说:"是礼制。"

淳于髡说:"嫂嫂掉到水里,用手拉她吗?"

孟子说:"嫂嫂掉到水里而不拉她,是豺狼。男女之间不亲手递接，是礼制。嫂嫂掉到水里，用手拉她，是变通的办法。"

淳于髡说："当今天下都掉到水里了，先生不拉一把，为什么？"

孟子说："天下掉到水里，要用道来救援。嫂嫂掉到水里，是用手去救援。——你难道要用手来救援天下吗？"

十八

公孙丑曰："君子之不教子，何也？"

孟子曰："势不行也。教者必以正。以正不行，继之以怒。继之以怒，则反夷矣①。'夫子教我以正，夫子未出于正也。'则是父子相夷也。父子相夷，则恶矣。古者易子而教之，父子之间不责善。责善则离，离则不祥莫大焉。"

【注释】

①夷：伤。

【译文】

公孙丑说："君子不亲自教育儿子，这是为什么？"

孟子说："因为情势行不通。教育者一定用正确的道理。用正确的道理如果行不通，接着就发火。接着就发火，那反而伤感情了。儿子会说：'您用正确的道理教导我，您却不从正确的道理出发。'那父子就会互相伤感情。父子互相伤感情，就坏了。古人互相交换儿子来教育，父子之间不用善的道理来责备对方。如果用善的道理来责备对方，就有了隔阂，一有隔阂，那就没有什么比这更不好的了。"

十九

孟子曰："事，孰为大？事亲为大。守，孰为大？守身为大。不失其身而能事其亲者，吾闻之矣。失其身而能事其亲者，吾未之闻也。孰不为事？事亲，事之本也。孰不为守？守身，守之本也。曾子养曾皙①，必有酒肉。将彻②，必请所与。问有余，必曰：'有。'曾皙死，曾元养曾子③，必有酒肉。将彻，不请所与。问有余，曰：'亡矣。'——将以复进也。此所谓养口体者也。若曾子，则可谓养志也。事亲若曾子者，可也。"

【注释】

①曾子：曾参，孔子弟子。曾皙：名点，曾参之父，也是孔子弟子。

②彻：撤除，撤去。这里指撤下酒肉。

③曾元：曾参之子。

【译文】

孟子说："侍奉谁最要紧？侍奉双亲最要紧。守护谁最要紧？守护自己最要紧。不遗失自己的节操而能侍奉好双亲的，我听说过。遗失了自己的节操而能侍奉好双亲的，我没听说过。谁不该侍奉？侍奉双亲，是侍奉中的根本。谁不该守护？守护自己，却是守护中的根本。从前曾参养曾皙，每餐必有酒肉。将要撤下时，一定问父亲剩下的给谁。如果父亲问这东西是否还有，他一定答道：'有。'曾皙死后，曾元奉养曾参，每餐必有酒肉。将要撤下时，不问父亲剩下的给谁。如果父亲问这东西是否还有，他就答道：'没有了。'——其实他是想留着预备以后进用，不想给别人。这叫做奉养口舌、躯体。像曾参那样，就可以叫做奉养意旨。侍奉双亲像曾参那样的，就可以了。"

二十

孟子曰："人不足与适也^①，政不足与间也^②。唯大人为能格君心之非^③。君仁，莫不仁；君义，莫不义；君正，莫不正。一正君而国定矣。"

【注释】

①适（zhé）：通"谪"，谴责。

②间（jiàn）：非议。

③格：纠正。

【译文】

孟子说："官吏不值得去谴责，政治不值得去非议。只有大人才能纠正君主心术的错误。君主仁，就没有人不仁；君主义，就没有人不义；君主正，就没有人不正。一旦把君主端正了，国家就安定了。"

二十一

孟子曰："有不虞之誉^①，有求全之毁。"

【注释】

①虞：料想。

【译文】

孟子说："有料想不到的赞誉，也有求全责备的非议。"

二十二

孟子曰："人之易其言也①，无责耳矣。"

【注释】

①易：轻易。

【译文】

孟子说："一个人把话轻易说出口，是因为他不必负说话的责任。"

二十三

孟子曰："人之患在好为人师。"

【译文】

孟子说："人的毛病在于喜欢做别人的老师。"

二十四

乐正子从于子敖之齐①。

乐正子见孟子。孟子曰："子亦来见我乎？"

曰："先生何为出此言也？"

曰："子来几日矣？"

曰："昔者^②。"

曰："昔者！则我出此言也，不亦宜乎？"

曰："舍馆未定。"

曰："子闻之也，舍馆定，然后求见长者乎？"

曰："克有罪。"

【注释】

①乐正子：鲁人，名克，孟子弟子。子敖：王骧的字，
齐王宠臣。（参见卷四第六章）

②昔者：昨天。

【译文】

乐正子跟随子敖到齐国。

乐正子来见孟子。孟子说："你也来见我吗？"

乐正子说："先生为什么说这个话？"

孟子说："你来了几天了？"

乐正子说："昨天来的。"

孟子说："昨天！那么我说这个话，不应该吗？"

乐正子说："住处还没安定下来。"

孟子说："你听说过，住处安定了，然后再求见长
辈吗？"

乐正子说："我错了。"

二十五

孟子谓乐正子曰："子之从于子敖来，徒铺啜也^①。
我不意子学古之道而以铺啜也。"

【注释】

①餔（bū）：吃。啜（chuò）：饮。

【译文】

孟子对乐正子说："你跟随子敖来，只是为了饮食。我没想到你学习古人之道是为了饮食。"

二十六

孟子曰："不孝有三，无后为大。舜不告而娶，为无后也，君子以为犹告也。"

【译文】

孟子说："不孝顺的事有三种，其中没有子孙是最严重的。舜不先禀告父母就娶妻，就因为担心没有子孙，因此君子认为他没有禀告也同禀告过了一样。"

二十七

孟子曰："仁之实，事亲是也；义之实，从兄是也；智之实，知斯二者弗去是也；礼之实，节文斯二者是也；乐之实，乐斯二者，乐则生矣；生则恶可已也，恶可已，则不知足之蹈之，手之舞之。"

【译文】

孟子说："仁的实质，就是侍奉双亲；义的实质，就是服从兄长；智的实质，就是懂得这二者的道理而不可离弃。礼的实质，就是对这二者加以调节和修饰；乐的实质，在于高兴地做到这二者，于是快乐就产生了。只要一产生快乐，那怎么能抑制得住，怎么能停下来，于是不知不觉就手舞足蹈起来。"

二十八

孟子曰："天下大悦而将归己，视天下悦而归己，犹草芥也，惟舜为然。不得乎亲，不可以为人。不顺乎亲，不可以为子。舜尽事亲之道而瞽瞍厎豫^①，瞽瞍厎豫而天下化，瞽瞍厎豫而天下之为父子者定，此之谓大孝。"

【注释】

①瞽瞍（gǔsǒu）：舜的父亲。厎（zhǐ）豫：得以快乐。厎，致。豫，安乐，安逸。

【译文】

孟子说："天下人都悦服而将归附自己，把天下人都悦服而将归附自己，看得像草芥一样，只有舜能做到。不能得父母的欢心，不可以做人。不顺从父母，不可以做儿子。舜尽心尽力侍奉父亲而瞽瞍终于高兴，瞽瞍终于高兴而天下的风俗为之潜移默化，瞽瞍终于高兴而天下做父亲、做儿子的伦常也由此确定，这叫做大孝。"

卷八·离娄下

　　本篇第一、十九、二十、二十九、三十一各章，都论及古代圣王或圣人之徒同道的道理，或不谋而合，或易地而然，其行迹或有差异，所持守的道义准则却如出一辙。第四、五、六章，是关于君臣相对关系的论述，在孟子看来，臣对君的尽忠，并不是无条件的，而是取决于君王是否行仁义之道。包括以上各章在内，本篇亦多格言式短章，涉及个人修养、待人接物的处世态度、学习与研究的方法等问题。第二十七章记录孟子与王驩打交道的一件小事，可以看出孟子以礼为恃的骄傲人格。第三十三章"齐人有一妻一妾"，是一则著名的寓言，第十八章以水为喻，说明为人治学的"有本"、"无本"之别，都饶有趣味，体现出《孟子》文章长于譬喻的特点。

一

孟子曰：“舜生于诸冯，迁于负夏，卒于鸣条①，东夷之人也。文王生于岐周②，卒于毕郢③，西夷之人也。地之相去也，千有余里；世之相后也，千有余岁。得志行乎中国，若合符节④，先圣后圣，其揆一也⑤。”

【注释】

①“舜生于诸冯”几句：诸冯、负夏、鸣条，都是地名，难以确指何地。

②岐：岐山，在今陕西境内。

③毕郢：地名，在今陕西咸阳东。

④符节：古代表示印信之物，用玉或铜、竹等原料制成虎、龙等形状，或篆刻文字，剖为两半，各执其一，有事则左右相合，以为印信。

⑤揆（kuí）：尺度，准则。

【译文】

孟子说：“舜诞生在诸冯，迁居到负夏，死在鸣条，是东方人。文王生在周国的岐山，死在毕郢，是西方人。两地距离一千多里，时代相隔一千多年。但是当他们得志时在中国的作为，却像符节相合那样相同，古代的圣人和后代的圣人，他们的准则是相同的。”

二

子产听郑国之政①，以其乘舆济人于溱洧②。孟子曰："惠而不知为政。岁十一月③，徒杠成④；十二月，舆梁成⑤，民未病涉也。君子平其政，行辟人可也⑥，焉得人人而济之？故为政者，每人而悦之，日亦不足矣。"

【注释】

①子产：春秋时郑国贤相。

②溱洧（zhēnwěi）：都是水名。

③十一月：指周历，相当于夏历九月。下文十二月，相当于夏历十月。夏历九、十月是农闲时节，所以在这时修桥。

④徒杠：可供徒步行走的独木桥。

⑤舆梁：可供车行的桥。

⑥辟（bì）人：指执鞭者开道，让行人回避。

【译文】

子产主持郑国的政治，曾用他所乘坐的车渡人过溱水、洧水。孟子说："这是私恩小惠却不懂得搞政治。如果在十一月修成可供徒步的桥，在十二月修成可供车行的桥，老百姓就不必为渡河发愁了。君子只要把政治搞好，外出时执鞭开道，让行人回避都可以，哪能帮人人过河呢？所以搞政治的人，挨个讨人欢心，日子也就不够用了。"

三

孟子告齐宣王曰："君之视臣如手足，则臣视君如腹心；君之视臣如犬马，则臣视君如国人；君之视臣如土芥，则臣视君如寇雠①。"

王曰："礼，为旧君有服，何如斯可为服矣？"

曰："谏行言听，膏泽下于民；有故而去，则君使人导之出疆，又先于其所往；去三年不反，然后收其田里。此之谓三有礼焉。如此，则为之服矣。今也为臣，谏则不行，言则不听，膏泽不下于民；有故而去，则君搏执之②，又极之于其所往③；去之日，遂收其田里。此之谓寇雠。寇雠，何服之有？"

【注释】

①雠（chóu）：仇敌。

②搏执：捆绑。

③极：困穷。

【译文】

孟子告诉齐宣王说："君主把臣下当作自己的手足，那么臣下就会把君主当作腹心；君主把臣下当作狗马，那么臣下就会把君主当作平民；君主把臣下当作土和草，那么臣下就会把君主当作仇敌。"

王说："礼制规定，臣下须为往日的君主穿孝服，怎样才能使臣下为他服孝呢？"

孟子说："有劝谏，就照着做，有什么话，都听从，恩惠普及于百姓；臣下如果有事离开，就派人引导他离开国境，又打发人先到他要去的地方作好准备；离开了三年还不回来，这才收回他的田地房产。这叫三有礼。这样，臣下就会为他服孝了。现在做臣下的，劝谏，王不照着办，说的话，王不听从，恩惠不能普及于百姓；臣下有事离开，君主就把他捆绑起来，又设法让他在所去的地方走投无路；离开的当天，就收回他的田地房产。这叫做仇敌。对仇敌样的旧君，还服什么孝？"

四

孟子曰："无罪而杀士，则大夫可以去；无罪而戮民，则士可以徙。"

【译文】

孟子说："士人无罪却被杀掉，那么大夫可以离开；百姓无罪却被屠戮，那么士人可以迁走。"

五

孟子曰："君仁，莫不仁；君义，莫不义。"

【译文】

孟子说："君主如果仁，就没有人不仁；君主如果义，就没有人不义。"

六

孟子曰："非礼之礼，非义之义，大人弗为。"

【译文】

孟子说："不合礼制的礼，不合正义的义，有德行的人是不去做的。"

七

孟子曰："中也养不中①，才也养不才，故人乐有贤父兄也。如中也弃不中，才也弃不才，则贤不肖之相去，其间不能以寸。"

【注释】
①中：中庸。不中：过或不及。
【译文】
孟子说："中庸的人教养过分或不及的人，有才能的人教养无才能的人，所以人人都喜欢有好父兄。如果中庸的人不理会过分或不及的人，有才能的人不理会无才能的人，那么好和不好的距离，就近得没有办法用分寸来计量了。"

八

孟子曰："人有不为也，而后可以有为。"

【译文】
孟子说："人要有所不为，才能有所作为。"

九

孟子曰："言人之不善，当如后患何？"

【译文】

孟子说："宣扬别人的不好，该怎么对付后患呢？"

十

孟子曰："仲尼不为已甚者。"

【译文】

孟子说："孔子不做过火的事情。"

十一

孟子曰："大人者，言不必信，行不必果，惟义所在。"

【译文】

孟子说："有德行的人，说话不一定都讲信用，做事不一定都果断，只看是否合乎义。"

十二

孟子曰："大人者，不失其赤子之心者也。"

【译文】

孟子说："有德行的人，就是不丧失婴儿的天真纯朴之心的人。"

十三

孟子曰："养生者不足以当大事，惟送死可以当大事。"

【译文】

孟子说："养活父母算不上什么大事，只有为他们送终，才算是大事。"

十四

孟子曰："君子深造之以道，欲其自得之也。自得之，则居之安；居之安，则资之深；资之深，则取之左右逢其原，故君子欲其自得之也。"

【译文】

孟子说："君子依循正确的方法获得高深的造诣，就是要能自觉地有所得。自觉地有所得，就能牢固地掌握它而不动摇，就能积蓄深厚；积蓄深厚，就能取之不尽，左右逢源，所以君子希望能自觉地有所得。"

十五

孟子曰："博学而详说之，将以反说约也。"

【译文】

孟子说："广博地学习，详细地解说，最终还是要回到简略地陈述大义的境界。"

十六

孟子曰："以善服人者，未有能服人者也。以善养人，然后能服天下。天下不心服而王者，未之有也。"

【译文】

孟子说："用善来使人服输，没有能使人服输的。用善来熏陶教养人，这才能使天下人信服。天下人不能心服，却能统一天下的，是从来没有过的事。"

十七

孟子曰："言无实不祥。不祥之实，蔽贤者当之。"

【译文】

孟子说："说话不符合实际，是不会有好结果的。说话符合实际，而得到不好的结果，那些阻碍贤者进用的人应承担责任。"

十八

徐子曰①："仲尼亟称于水②，曰：'水哉，水哉！'何取于水也？"

孟子曰："源泉混混③，不舍昼夜，盈科而后进④，放乎四海。有本者如是，是之取尔。苟为无本，七八月之间雨集，沟浍皆盈⑤，其涸也，可立而待也。故声闻过情⑥，君子耻之。"

【注释】

①徐子：即徐辟，孟子弟子。

②亟（qì）：屡次。

③混混：水流旺盛的样子。

④科：坎地。

⑤浍（kuài）：田间的排水渠。

⑥闻（wèn）：名声。

【译文】

徐子说："孔子多次称赞水，说：'水啊，水啊！'他赞同水的什么方面呢？"

孟子说："有源头的泉水滚滚奔流，日夜不停，注满了洼地以后才向前进，一直流到大海去。有本源的就像这样，孔子赞同水的这一点。如果是没有本源的，像七、八月之间雨水会集，水沟、水渠都满了，但它的干涸，也是立等可待的。所以名誉超过实情，是君子引为耻辱的。"

十九

孟子曰："人之所以异于禽兽者几希①，庶民去之，君子存之。舜明于庶物，察于人伦，由仁义行②，非行仁义也。"

【注释】

①几希：形容少。

②由：经由，遵循。

【译文】

孟子说："人不同于禽兽的就那么一点点，老百姓丢弃了它，君子保存了它。舜明白万物的规律，了解人事的道理，自然遵循仁义的道路行走，而不是勉强地推行仁义。"

二十

孟子曰："禹恶旨酒而好善言。汤执中，立贤无方①。文王视民如伤，望道而未之见②。武王不泄迩③，不忘远。周公思兼三王，以施四事，其有不合者，仰而思之，夜以继日；幸而得之，坐以待旦。"

【注释】

①方：常规。

②而：如。

③泄：狎，轻侮。迩：近，指朝臣。

【译文】

孟子说："禹厌恶美酒而喜爱有道理的话。汤坚守中庸之道，选拔贤人不照死规矩办。文王对待老百姓就像对待受伤的人，渴望真理就像从未见过一样。武王不轻侮近臣，也不遗忘远方的贤人。周公想要兼学夏、商、周三代的王，来实践禹、汤、文王、武王所行的勋业，自己的言行有与他们不符合的，就仰头考虑，白天想不好，晚上接着想；侥幸想出了结果，就坐着等待天亮去付诸实施。"

二十一

孟子曰："王者之迹熄而《诗》亡①，《诗》亡然后《春秋》作②。晋之《乘》，楚之《梼杌》，鲁之《春秋》③，一也。其事则齐桓、晋文，其文则史。孔子曰：'其义则丘窃取之矣。'"

【注释】

①迹："辺"之误。辺，道人，周代采诗之官。据载周代有采诗制度，由采诗官到民间求诗。

②《春秋》：今本《春秋》是孔子在"鲁春秋"基础上整理删削而成的编年史，这里指的便是孔子所编的《春秋》。

③"晋之《乘》"几句：《乘》、《梼杌（táowù）》、《春秋》，春秋各国史书通名为"春秋"，《乘》、《梼杌》分别是晋国和楚国史书的别名。鲁之《春秋》，也是鲁国当日的史书，为孔子编订《春秋》之所本。

【译文】

孟子说："圣王采诗的事情停止了，《诗》也就没有了；《诗》没有了，《春秋》便出现了。晋国的《乘》，楚国的《梼杌》，鲁国的《春秋》，是一样的。所记载的是齐桓公、晋文公的事，所用的笔法是一般史书的笔法。孔子说：'扬善抑恶的大义，我在《春秋》上便借用了。'"

二十二

孟子曰："君子之泽五世而斩①，小人之泽五世而斩。予未得为孔子徒也，予私淑诸人也②。"

【注释】

①泽：影响。

②淑：通"叔"，取，获益。

【译文】

孟子说："君子的影响五代以后便断绝了，小人的影响也是五代以后便断绝了。我没能成为孔子的门徒，我是私下向人学习来的。"

二十三

孟子曰："可以取，可以无取，取伤廉；可以与，可以无与，与伤惠；可以死，可以无死，死伤勇。"

【译文】

孟子说："可以取，可以不取，取了就有损于廉洁；可以给，可以不给，给了就有损于恩惠；可以死，可以不死，死了就有损于勇敢。"

二十四

逢蒙学射于羿①，尽羿之道，思天下惟羿为愈己，于是杀羿。孟子曰："是亦羿有罪焉。"

公明仪曰："宜若无罪焉。"

曰："薄乎云尔，恶得无罪？郑人使子濯孺子侵卫，卫使庾公之斯追之。子濯孺子曰：'今日我疾作，不可以执弓，吾死矣夫！'问其仆曰：'追我者谁也？'其仆曰：'庾公之斯也。'曰：'吾生矣。'其仆曰：'庾公之斯，卫之善射者也。夫子曰吾生，何谓也？'曰：'庾公之斯学射于尹公之他，尹公之他学射于我。夫尹公之他，端人也，其取友必端矣。'庾公之斯至，曰：'夫子何为不执弓？'曰：'今日我疾作，不可以执弓。'曰：'小人学射于尹公之他，尹公之他学射于夫子。我不忍以夫子之道反害夫子。虽然，今日之事，君事也，我不敢废。'抽矢，叩轮，去其金②，发乘矢而后反③。"

【注释】

①逢（péng）蒙：羿的学生、家众。羿擅长射箭，篡夏自立，逢蒙助寒浞杀羿。

②金：指箭镞。

③乘矢：四支箭。

【译文】

逢蒙向羿学习射箭，完全掌握了羿的本领，心想天下只有羿超过自己，于是杀了羿。孟子说："这事也有羿的罪过。"

公明仪说："好像没有他的罪过吧。"

孟子说："罪过不大罢了，怎能说没有罪过呢？郑国派子濯孺子攻打卫国，卫国派庾公之斯追击他。子濯孺子说：'今天我的病发作，拿不了弓，我死定了！'向给他驾车的人问道：'追我的是谁呢？'驾车的人说：'是庾公之斯。'

子濯孺子说:'我死不了了。'驾车的人问道:'庾公之斯是卫国擅长射箭的人。先生却说我死不了,什么意思?'子濯孺子回答道:'庾公之斯是向尹公之他学的射箭,尹公之他是向我学的射箭。尹公之他是个正派人,他所交的朋友一定也是正派人。'庾公之斯赶到了,说:'先生为什么不拿弓?'子濯孺子说:'今天我的病发作,拿不了弓。'庾公之斯便说:'我是向尹公之他学的射箭,尹公之他是向先生学的射箭。我不忍心用先生的本领反过来伤害先生。尽管这样,今天的事,是君主的公事,我不敢不办。'于是抽出箭,敲了几下车轮,把箭镞去掉,发射了四支后便回去了。"

二十五

孟子曰:"西子蒙不洁①,则人皆掩鼻而过之。虽有恶人②,斋戒沐浴,则可以祀上帝。"

【注释】

① 西子:西施。

② 恶:丑陋。

【译文】

孟子说:"即使是西施沾染了不干净的东西,别人从她身边走过,也都会捂着鼻子。而即使是丑陋的人,只要斋戒沐浴,也可以祭祀上帝。"

二十六

孟子曰:"天下之言性也,则故而已矣①。故者以利为本②。所恶于智者，为其凿也。如智者若禹之行水也，则无恶于智矣。禹之行水也，行其所无事也。如智者亦行其所无事，则智亦大矣。天之高也，星辰之远也，苟求其故，千岁之日至，可坐而致也。"

【注释】

①故：故常之迹，指事物在运行中已表现于外的现象。

②利：顺应。

【译文】

孟子说："天下讲物性或人性的，只要研究已有的迹象就可以了。已有的迹象，以顺应自然为根本。聪明之所以令人厌恶，是因为它的穿凿。如果聪明人像禹治水那样，聪明就不令人厌恶了。禹治水，只是顺应水势，因势利导，看来就像无所作为。如果聪明人也能这样无所作为，那就是大聪明了。天极高，星辰极远，如果研究它们已有的迹象，千年以后的冬至，都可以坐着推算出来。"

二十七

公行子有子之丧①，右师往吊②。入门，有进而与右师言者，有就右师之位而与右师言者。孟子不与右师言，右师不悦，曰："诸君子皆与驩言，孟子独不与驩言，是简驩也。"

孟子闻之，曰："礼，朝廷不历位而相与言③，不逾阶而相揖也。我欲行礼，子敖以我为简，不亦异乎？"

【注释】

①公行子：齐国大夫。

②右师：官名。其人即王驩，字子敖。

③历：跨越。

【译文】

公行子死了儿子，右师去吊唁。进了门，有上前去和他说话的，坐定后，又有靠近他的座位和他说话的。孟子不和右师说话，右师不高兴，说："各位君子都和我说话，只有孟子不和我说话，这是怠慢我。"

孟子听说了，说："礼的规矩是，在朝廷上不越过位次来交谈，不越过台阶来作揖。我要依礼而行，子敖却以为我怠慢他，不是很奇怪吗？"

二十八

孟子曰："君子所以异于人者，以其存心也。君子以仁存心，以礼存心。仁者爱人，有礼者敬人。爱人者，人恒爱之①；敬人者，人恒敬之。有人于此，其待我以横逆②，则君子必自反也：我必不仁也，必无礼也，此物奚宜至哉③？其自反而仁矣，自反而有礼矣，其横逆由是也④，君子必自反也，我必不忠。自反而忠矣，其横逆由是也。君子曰：'此亦妄人也已矣。如此，则与禽兽奚择哉⑤？于禽兽又何难焉⑥？'是故君子有终身之忧，无一朝之患也。乃若所忧则有之：舜，人也；我，亦人也。舜为法于天下，可传于后世，我由未免为乡人也，是则可忧也。忧之如何？如舜而已矣。若夫君子所患则亡矣。非仁无为也，非礼无行也。如有一朝之患，则君子不患矣。"

【注释】

①恒：常。

②横（hèng）逆：强暴不讲理。

③物：事。

④由：通"犹"。

⑤择：区别。

⑥难：责难。

【译文】

孟子说："君子和一般人不同的地方，在于他的存心。君子把仁放在心上，把礼放在心上。仁人爱别人，有礼的人尊敬别人。爱别人的人，别人常爱他；尊敬别人的人，别人常尊敬他。假如这里有个人，他对我粗暴无理，那么，君子一定自我反省：我一定不仁，一定无礼，否则这种事怎么会落到我头上？自我反省之后认为自己是仁的，自我反省之后认为自己是有礼的，那粗暴无理的还是这样，君子一定又自我反省，我一定不忠。自我反省之后认为自己是忠心耿耿的，那粗暴无理的还是这样。君子就说：'这是个狂妄的人罢了。既是这样，他和禽兽有什么区别呢？对于禽兽还有什么可责备的呢？'因此君子有终身的忧虑，而没有意外的痛苦。这样的忧虑是有的：舜，是个人；我，也是个人。舜成为天下人的模范，可以流传到后代，我还不免于只是个普通人，这就是可忧虑的。忧虑了怎么办？努力像舜一样罢了。至于君子的痛苦，那是没有的。不是仁的事不做，不是合于礼的事不干。假如有意外的灾难，君子也不为它感到痛苦。"

二十九

禹、稷当平世，三过其门而不入，孔子贤之。颜子当乱世，居于陋巷，一箪食，一瓢饮；人不堪其忧，颜子不改其乐，孔子贤之。孟子曰："禹、稷、颜回同道。禹思天下有溺者，由己溺之也；稷思天下有饥者，由己饥之也，是以如是其急也。禹、稷、颜子易地则皆然。今有同室之人斗者，救之，虽被发缨冠而救之①，可也。乡邻有斗者，被发缨冠而往救之，则惑也，虽闭户可也。"

【注释】

①被（pī）发：披散着头发。被，同"披"。缨冠：把帽带顶在头上。帽带本该自上而下系在颈上，这里指因急于戴帽，来不及这样办，所以只和帽子一样顶在头上。

【译文】

禹、稷处在太平的时代，三次经过自己家门都不进去，孔子称赞他们。颜回处在动乱的时代，住在简陋的巷子里，一筐饭，一瓢水，别人受不了那种忧患，颜回却不改他的快乐，孔子称赞他。孟子说：“禹、稷和颜回走的是同一条路。禹想到天下有溺水的人，就如同自己溺水一样；稷想到天下有饥饿的人，就如同自己饿了一样，所以那样急迫。禹、稷和颜回如果交换地位，颜回也会三过家门而不入，禹、稷也会深居陋巷而自得其乐。假如现在有同屋的人互相争斗，你去救他，即使披散着头发，连帽缨也不结就去救他，也是可以的。如果本乡有邻居互相争斗，你也披散着头发，连帽缨也不结就去救他，那就是糊涂了，即使关着门都可以。”

三十

公都子曰：“匡章，通国皆称不孝焉。夫子与之游，又从而礼貌之，敢问何也？”

孟子曰：“世俗所谓不孝者五：惰其四支[①]，不顾父母之养，一不孝也；博奕好饮酒，不顾父母之养，二不孝也；好货财，私妻子，不顾父母之养，三不孝也；从耳目之欲[②]，以为父母戮[③]，四不孝也；好勇斗很[④]，以危父母，五不孝也。章子有一于是乎？夫章子，子父责善而不相遇也。责善，朋友之道也。父子责善，贼恩之大者。夫章子，岂不欲有夫妻子母之属哉？为得罪于父，不得近，出妻屏子[⑤]，终身不养焉。其设心以为不若是，是则罪之大者，是则章子而已矣。”

【注释】

①支：同"肢"。

②从：同"纵"。

③戮：羞辱。

④很：今作"狠"。

⑤屏（bǐng）：赶出。

【译文】

公都子说："匡章，全国都说他不孝。先生和他交往，而且对他礼敬有加，请问这是为什么？"

孟子说："一般所谓不孝有五种：四肢懒惰，不管赡养父母，一不孝；喜欢赌博、喝酒，不管赡养父母，二不孝；喜欢钱财，偏爱妻子儿女，不管赡养父母，三不孝；放纵耳目的欲望，使父母蒙受羞辱，四不孝；逞勇好斗，危及父母，五不孝。章子可有其中的一种吗？章子呀，不过是父子之间以善相责而不能好好相处。以善相责，是朋友相处的道理。父子之间以善相责，是最伤感情的。章子呀，难道不想有夫妻母子的团聚？因为得罪了父亲，不能和他亲近，所以把妻子儿女赶出门，终身不养育他们。他心想如果不是这样，那罪过就更大了，这就是章子呀。"

三十一

曾子居武城①，有越寇。或曰："寇至，盍去诸②？"

曰："无寓人于我室，毁伤其薪木。"寇退，则曰："修我墙屋，我将反。"寇退，曾子反。左右曰：

"待先生如此其忠且敬也，寇至，则先去以为民望；寇退，则反，殆于不可。"沈犹行曰③："是非汝所知也。昔沈犹有负刍之祸④，从先生者七十人，未有与焉。"

子思居于卫⑤，有齐寇。或曰："寇至，盍去诸？"子思曰："如伋去，君谁与守？"

孟子曰："曾子、子思同道。曾子，师也，父兄也。子思，臣也，微也。曾子、子思易地则皆然。"

【注释】

①武城：鲁国邑名，故城在今山东费县西南。

②盍：何不。

③沈犹行：曾子弟子，姓沈犹，名行。

④负刍：人名。

⑤子思：孔子之孙，名伋，字子思。

【译文】

曾子住在武城，有越国军队入侵。有人说："敌人要来了，何不离开这里？"

曾子说："不要让人住到我屋里，毁坏那些树木。"敌人撤退了，他又说："修葺好我的房屋，我要回来了。"敌人撤退，曾子回来了。左右的人说："武城的人们待先生这样忠诚恭敬，敌人一来您先走开，给老百姓树立了一个坏榜样；敌人一退您就回来，恐怕不可以的。"沈犹行说："这不是你们懂得的。从前先生住在我那里，遇到一个叫负刍的人作乱，随从先生的七十人，也都跟着先生走了，没有人参加抵抗。"

子思住在卫国，有齐国的军队入侵。有人说："敌人要来了，何不离开这里？"子思说："如果我走了，君主和谁一道来守城呢？"

孟子说："曾子、子思走的是同一条道路。曾子，是老师，是父兄。子思，是臣子，是地位较低的人。曾子和子思如果交换地位，也会像对方一样行动的。"

三十二

储子曰[①]："王使人瞷夫子[②]，果有以异于人乎？"

孟子曰："何以异于人哉？尧、舜与人同耳。"

【注释】

① 储子：齐国人。

② 瞷（jiàn）：窥视。

【译文】

储子说："王派人来窥探先生，先生真的有跟别人不同之处吗？"

孟子说："哪有跟别人不同的呢？尧、舜跟别人也都是一样的。"

三十三

齐人有一妻一妾而处室者。其良人出[①]，则必餍酒肉而后反[②]。其妻问所与饮食者，则尽富贵也。其妻告其妾曰："良人出，则必餍酒肉而后反，问其与饮食者，尽富贵也，而未尝有显者来，吾将瞷良人之所之也。"

蚤起③，施从良人之所之④，遍国中无与立谈者。卒之东郭墦间⑤，之祭者，乞其余；不足，又顾而之他，此其为餍足之道也。

其妻归，告其妾，曰："良人者，所仰望而终身也，今若此。"与其妾讪其良人，而相泣于中庭，而良人未之知也，施施从外来⑥，骄其妻妾。

由君子观之，则人之所以求富贵利达者，其妻妾不羞也而不相泣者，几希矣。

【注释】

①良人：丈夫。

②餍（yàn）：足，饱。反：同"返"。

③蚤：通"早"。

④施（yí）：通"迤"，逶迤行进。

⑤墦（fán）：坟墓。

⑥施施：喜悦自得的样子。

【译文】

齐国有个人，家里有一妻一妾。那丈夫外出，一定酒足饭饱以后才回来。他的妻子问是谁与他一起吃喝，他回答说，都是些富人权贵。他的妻子对妾说："丈夫外出，一定酒足饭饱以后才回来，若问是谁与他一起吃喝，所答都是些富人权贵，但家里从来没有显贵的人来访，我打算偷偷地看他究竟到哪儿去。"

第二天一早起来，她便尾随丈夫到他所去的地方，走遍城中，没有一个人站住同他说话的。最后到了东郊的墓地间，向祭扫坟墓的人乞讨残羹剩饭；不够吃，又四下张望找别人，这就是他吃饱喝足的办法。

那妻子回到家来，告诉妾说："丈夫，是我们仰望而终身依靠的人，如今他竟是这样。"于是同妾一道嘲讽丈夫，又在院子里相对而泣，而丈夫还不知道，得意洋洋地从外面回来，向他的妻妾耍威风。

在君子看来，人们用来求富贵显达的办法，能使他们的妻妾不感到羞耻，不相对而泣的，却很少。

卷九·万章上

　　本篇九章，除第四章之外，均为答弟子万章之问。其中第一、二、三、四章，论述舜孝养父母、亲爱兄弟的品德。在孟子看来，舜对孝悌之道的践履是纯美无瑕的，关键在于不仅出自真性情，而且贯彻始终，甚至为此受蒙蔽，或牺牲其他的道义准则，也可以理解。第五、六两章，论及禅让与世袭制度的依据，照孟子的意见，禅让与世袭，本身无所谓好坏，关键在是否有天意的依据，而天意的表现，却是民心的向背。这就把王位继承的依据落实于民间，体现出孟子的民本思想。第八章和第九章，分别就孔子和百里奚的事迹，说明君子洁身自好的道理。本篇第四章，记录了孟子论《诗》的重要主张，即"不以文害辞，不以辞害志"和"以意逆志"的方法，对后世深有影响。

一

万章问曰："舜往于田，号泣于旻天^①，何为其号泣也？"

孟子曰："怨慕也。"

万章曰："'父母爱之，喜而不忘。父母恶之，劳而不怨。'^②然则舜怨乎？"

曰："长息问于公明高曰^③：'舜往于田，则吾既得闻命矣。号泣于旻天，于父母，则吾不知也。'公明高曰：'是非尔所知也。'夫公明高以孝子之心，为不若是恝^④。我竭力耕田，共为子职而已矣^⑤。父母之不我爱，于我何哉？帝使其子九男二女^⑥，百官牛羊仓廪备，以事舜于畎亩之中，天下之士多就之者，帝将胥天下而迁之焉^⑦。为不顺于父母^⑧，如穷人无所归。天下之士悦之，人之所欲也，而不足以解忧；好色，人之所欲，妻帝之二女，而不足以解忧；富，人之所欲，富有天下，而不足以解忧；贵，人之所欲，贵为天子，而不足以解忧。人悦之、好色、富贵，无足以解忧者，惟顺于父母可以解忧。人少，则慕父母；知好色，则慕少艾^⑨；有妻子，则慕妻子；仕则慕君，不得于君则热中。大孝终身慕父母。五十而慕者，予于大舜见之矣。"

【注释】

①旻（mín）天：泛指天。

②"父母"四句：系引用曾子之语。《礼记·祭义》："曾

子曰：'父母爱之，喜而弗忘；父母恶之，惧而无
怨。'"忘，懈怠。劳，忧愁。

③长息：公明高弟子。公明高：曾子弟子。

④怓（jiá）：无忧无虑的样子。

⑤共：通"恭"。

⑥帝：指尧。九男：尧的九个儿子。二女：尧的两个
女儿，即娥皇、女英。

⑦胥：尽，全部。

⑧顺：爱。

⑨少艾：年轻貌美。艾，美好。

【译文】

万章问道："舜到田里去，向着天嚎哭，他为什么
嚎哭？"

孟子说："因为对父母既埋怨又依恋。"

万章说："曾子说过：'父母喜爱他，他既高兴又不敢懈
怠。父母厌恶他，他尽管发愁却不埋怨。'可是舜竟然埋怨
父母吗？"

孟子说："长息曾经问公明高说：'舜到田里去，这我
懂得了。但他向着天嚎哭，哭诉父母的不是，这我就不懂
了。'公明高说：'这不是你所了解的。'在公明高看来，孝
子之心是不能这样漫不经心的。我尽力耕田，恭敬地履行
儿子的职责罢了。父母不爱我，我有什么办法？尧打发他
的九个儿子、两个女儿，以及大小官吏，带着牛羊、粮食
等等，到田地里服事舜，天下的士人也多奔着他去，尧准
备把整个天下都让给他。舜却因为不得父母的欢心，就像

走投无路的人那样无所归属。天下的士人喜欢他，这是谁都盼望的，却不足以消除他的忧愁；漂亮的姑娘，这是谁都盼望的，娶了尧帝的两个女儿，却不足以消除他的忧愁；富有，这是谁都盼望的，富到拥有整个天下，却不足以消除他的忧愁；显贵，这是谁都盼望的，贵到身为天子，却不足以消除他的忧愁。别人喜欢他、漂亮的姑娘、财富和尊贵，都不足以消除忧愁，只有得父母的欢心才可以消除忧愁。人在小时候，就依恋父母；懂得喜欢女子的时候，就爱慕年轻漂亮的姑娘；有了妻室儿女，就爱护妻室儿女；做了官，就爱戴君主，不得君主的欢心就焦虑不安。大孝是终身依恋父母的。到了五十岁还依恋父母的，我在伟大的舜身上见到了。"

二

万章问曰："《诗》云：'娶妻如之何？必告父母。'①信斯言也，宜莫如舜。舜之不告而娶，何也？"

孟子曰："告则不得娶。男女居室，人之大伦也。如告，则废人之大伦，以怼父母②，是以不告也。"

万章曰："舜之不告而娶，则吾既得闻命矣。帝之妻舜而不告，何也？"

曰："帝亦知告焉则不得妻也。"

万章曰："父母使舜完廪，捐阶，瞽瞍焚廪。使浚井，出，从而掩之。象曰③：'谟盖都君咸我绩④，牛羊父母，仓廪父母，干戈朕，琴朕，弤朕⑤，二嫂使治朕栖⑥。'象往入舜宫，舜在床琴。象曰：'郁陶思君尔⑦。'忸怩⑧。舜曰：'惟兹臣庶⑨，汝其于予治⑩。'不识舜不知象之将杀己与？"

曰："奚而不知也？象忧亦忧，象喜亦喜。"

曰："然则舜伪喜者与？"

曰："否。昔者有馈生鱼于郑子产，子产使校人畜之池⑪。校人烹之，反命曰：'始舍之，圉圉焉⑫；少则洋洋焉⑬；攸然而逝⑭。'子产曰：'得其所哉！得其所哉！'校人出，曰：'孰谓子产智？予既烹而食之，曰：得其所哉，得其所哉。'故君子可欺以其方，难罔以非其道。彼以爱兄之道来，故诚信而喜之，奚伪焉？"

【注释】

①"娶妻"二句：引诗见《诗经·齐风·南山》。

②怼（duì）：怨恨。

③象：舜的同父异母弟。

④谟盖：谋害。谟，同"谋"。盖，同"害"。都君：指舜。

⑤弤（dǐ）：舜弓之名。

⑥栖：床。

⑦郁陶：想念的样子。

⑧忸怩（niǔnì）：惭愧的样子。

⑨惟：想念。

⑩于：帮助。

⑪校人：管理沼池的小吏。

⑫圉圉（yǔ）：鱼在水中疲弱的样子。

⑬洋洋：舒缓摇尾的样子。

⑭攸然：迅速游动的样子。

【译文】

万章问道："《诗经》上说：'娶妻该怎么办？一定先禀告父母。'信从这话的，应该没有人比得上舜。但舜却是没有禀告父母就娶妻，这是怎么回事？"

孟子说："舜如果先禀告父母就不能娶妻了。男女成婚，是人与人之间重要的伦常。如果禀告了父母，就将破坏这重要的伦常，就会怨恨父母，所以便不禀告了。"

万章说："舜不禀告就娶妻的道理，我懂得了。帝尧把女儿嫁给舜，也不禀告舜的父母，又是怎么回事？"

孟子说："帝尧也知道禀告了就不能把女儿嫁给舜。"

万章说："父母打发舜修粮仓，等舜上了屋顶，就撤掉梯子，舜的父亲瞽瞍放火烧粮仓。他们打发舜淘井，不知道舜逃了出来，便往井里填土。象说：'谋害舜都是我的功劳，牛羊归父母，仓廪归父母，干戈归我，琴归我，弤弓归我，两位嫂嫂要他们为我铺床叠被。'象到舜的屋里去，舜却坐在床边抚琴。象说：'我好想你呀！'脸上有惭愧之色。舜说：'我想念这些臣下和百姓，你帮我治理吧。'不晓得舜知不知道象要杀害自己？"

孟子说："怎么不知道？只不过象忧愁，他也忧愁，象高兴，他也高兴。"

万章说："那么，舜是假装高兴吗？"

孟子说："不是。从前有人送活鱼给郑国的子产，子产打发管池塘的小吏把它养起来。小吏却煮了吃掉，回报说：'刚放到池塘里，它蔫蔫的；过了一会儿，它便摆着尾巴游起来，很快就游得不知哪里去了。'子产说：'找到它自己的地方了！找到它自己的地方了！'小吏出来说：'谁说子产聪明？我已经把那条鱼煮了吃掉，他还说，找到它自己的地方了！找到它自己的地方了！'所以，君子是可以用合乎常情的方式来欺骗他，却不能用违背常理的办法欺罔他。象假装着敬爱兄长的方式来，所以舜就诚心实意地相信而为之喜悦，怎么是假装的呢？"

三

万章问曰："象日以杀舜为事。立为天子则放之，何也？"

孟子曰："封之也，或曰放焉。"

万章曰："舜流共工于幽州①，放驩兜于崇山②，杀三苗于三危③，殛鲧于羽山④，四罪而天下咸服，诛不仁也。象至不仁，封之有庳⑤。有庳之人奚罪焉？仁人固如是乎？——在他人则诛之，在弟则封之？"

曰："仁人之于弟也，不藏怒焉，不宿怨焉，亲爱之而已矣。亲之，欲其贵也；爱之，欲其富也。封之有庳，富贵之也。身为天子，弟为匹夫，可谓亲爱之乎？"

"敢问或曰放者，何谓也？"

曰："象不得有为于其国，天子使吏治其国而纳其贡税焉，故谓之放。岂得暴彼民哉？虽然，欲常常而见之，故源源而来，'不及贡，以政接于有庳'。此之谓也。"

【注释】

①共工：官名。幽州：地名，在北方偏远之地。

②驩兜：人名。崇山：地名，在南方偏远之地。

③杀：当为"窜"的假借字。三苗：国名。三危：山名，在西方偏远之地。

④殛（jí）：杀。鲧：人名，传说为禹之父。羽山：山名，在东方偏远之地。

⑤有庳（bì）：国名。

【译文】

万章问道："象每天把杀掉舜当作一件大事。舜做了天子后却只是流放他，为什么？"

孟子说："其实舜是封象为诸侯，有人却说是流放。"

万章说："舜把共工流放到幽州，把驩兜发配到崇山，把三苗之君驱逐到三危，在羽山杀掉了鲧，惩罚了这四个罪人而天下人都归服，这就是讨伐不仁了。象是极为不仁的，却封为有庳国的侯。有庳国的人难道有罪吗？仁人就是这样做事吗？——对别人，就讨伐他，对弟弟，就封赏他？"

孟子说："仁人对于弟弟呀，不把愤怒藏在心里，不记仇，只是亲近他、爱护他罢了。亲近他，就要他显贵；爱护他，就要他富有。封为有庳国的侯，就是使他富贵。自己做天子，弟弟却是普通百姓，可以叫做亲近他、爱护他吗？"

万章说："请问有人说是流放，又是什么意思？"

孟子说："象不能在他的国家有所作为，天子派官吏来治理他的国家，收缴贡税，所以有人说是流放。象难道能够残害他的百姓吗？尽管这样，舜还想常常能见到他，所以不断让他来，'没到缴纳贡税的时候，就以政治上的原因接待有庳'。说的就是这事。"

四

咸丘蒙问曰①："语云：盛德之士，君不得而臣，父不得而子。舜南面而立②，尧帅诸侯北面而朝之，瞽瞍亦北面而朝之。舜见瞽瞍，其容有蹙③。孔子曰：'于斯时也，天下殆哉，岌岌乎④！'不识此语诚然乎哉？"

孟子曰："否！此非君子之言，齐东野人之语也。尧老而舜摄也。《尧典》曰⑤：'二十有八载⑥，放勋乃徂落⑦，百姓如丧考妣⑧。三年，四海遏密八音⑨。'孔子曰：'天无二日，民无二王。'⑩舜既为天子矣，又帅天下诸侯以为尧三年丧，是二天子矣。"

咸丘蒙曰："舜之不臣尧，则吾既得闻命矣。《诗》云：'普天之下，莫非王土。率土之滨，莫非王臣。'⑪而舜既为天子矣，敢问瞽瞍之非臣，如何？"

曰："是诗也，非是之谓也。劳于王事而不得养父母也。曰：'此莫非王事，我独贤劳也⑫。'故说诗者不以文害辞⑬，不以辞害志。以意逆志⑭，是为得之，如以辞而已矣，《云汉》之诗曰⑮：'周余黎民，靡有孑遗。'⑯信斯言也，是周无遗民也。孝子之至，莫大乎尊亲。尊亲之至，莫大乎以天下养。为天子父，尊之至也。以天下养，养之至也。《诗》曰：'永言孝思，孝思维则。'⑰此之谓也。《书》曰：'祗载见瞽瞍⑱，夔夔斋栗⑲，瞽瞍亦允若⑳。'是为父不得而子也？"

【注释】

①咸丘蒙：孟子弟子。

②南面：指做天子。古时天子见诸侯或群臣，都坐北朝南。

③蹙（cù）：不安。

④岌岌（jí）：形容危险。

⑤《尧典》曰：以下数句在今本《尚书·舜典》。今本《舜典》与《尧典》本是一篇，题为《尧典》，故孟子引为《尧典》。

⑥二十有八载：指舜摄政后的二十八年。有，通"又"。

⑦放勋：即尧。徂（cú）落：同"殂落"，死亡。

⑧考妣（bǐ）：父母。

⑨遏：停止。密：无声。八音：指金、石、丝、竹、匏、土、革、木八种乐器。

⑩"天无"二句：又见《礼记·曾子问》。

⑪"普天"四句：见《诗经·小雅·北山》。率，自。

⑫贤劳：劬劳，劳苦。贤，劳。

⑬文：文字。辞：语句。

⑭逆：揣测。

⑮《云汉》：《诗经·大雅·云汉》。

⑯"周余"二句：是形容灾难深重，多有死亡。黎民，老百姓。靡有，没有。孑（jié）遗，遗留。

⑰"永言"二句：孝思，孝心。维则，作为行动的准则。引诗见《诗经·大雅·下武》。

⑱祗：敬。载：事。

⑲夔夔斋栗：因谨慎而颤栗的样子。

⑳允：信，确实。若：顺。

【译文】

咸丘蒙问道："常言说：'道德最高的人，君主不得以他为臣，父亲不得以他为子。'舜向南站立，尧带领诸侯向北朝觐他，瞽瞍也向北朝觐他。舜见到瞽瞍，面有不安之色。孔子说：'在这个时候啊，天下岌岌可危啊！'不晓得这话是真的吗？"

孟子说："不是。这不是君子的话，是齐东野人的话。尧年老时，舜代他管理政务。《尧典》说：'过了二十八年后，尧死了，老百姓好像死了父母。服丧三年间，四海之内停止了一切音乐。'孔子说：'天上没有两个太阳，百姓没有两个君王。'如果舜在尧死前做了天子，又带领天下诸侯为尧服丧三年，这就是同时有两个君王了。"

咸丘蒙说："舜不以尧为臣，我懂得您的教诲了。《诗经》说：'整个天下，没有一块土地不是王的土地；从陆地到海滨，没有一个人不是王的臣民。'而舜既已经做了君王，瞽瞍却还不是他的臣民，请问这是怎么回事？"

孟子说："这诗讲的不是这个意思。诗里说的是做着为王的公事而辛劳，不能够奉养父母。他说：'这些事没有一件不是王的公事，却只有我一人辛勤劳苦。'所以讲诗的人，不要凭个别文字歪曲了词句，不要凭个别词句歪曲了本意。用自己的体会揣度诗人的本意，这才对了。如果只是凭借词句，《云汉》诗里说：'周朝剩余的老百姓，没有一个遗留在世。'假如相信这话，那么周朝是一个人都没有留下了。孝子的极至，没有比尊敬双亲更高的；尊敬双亲的极至，没有比用整个天下来奉养他们更高的。身为天子的父亲，是尊贵至极的；舜用天下来奉养，可说是奉养的极至。《诗经》上又说：'永远保持孝心，孝心是天下的准则。'说的就是这个意思。《尚书》说：'恭恭敬敬来见瞽瞍，态度谨慎而恐惧，瞽瞍也确实顺理而行了。'这难道是父亲不能以他为子吗？"

五

万章曰："尧以天下与舜，有诸？"

孟子曰："否。天子不能以天下与人。"

"然则舜有天下也，孰与之？"

曰："天与之。"

"天与之者，谆谆然命之乎①？"

曰："否。天不言，以行与事示之而已矣。"

曰："以行与事示之者，如之何？"

曰："天子能荐人于天，不能使天与之天下。诸侯能荐人于天子，不能使天子与之诸侯。大夫能荐人于诸侯，不能使诸侯与之大夫。昔者，尧荐舜于天而天受之，暴之于民而民受之②。故曰：天不言，以行与事示之而已矣③。"

【注释】

①谆谆（zhūn）：教导不倦的样子。

②暴：显示。

③行：指个人的行为。事：指政事。

【译文】

万章说："尧把天下给了舜，有这事吗？"

孟子说："没有。天子不能把天下给人。"

"那么舜享有天下，是谁给他的？"

孟子说："天给他的。"

"天给他，是反复叮咛命令他的吗？"

孟子说："不。天不说话，只通过行为和政事显示给他罢了。"

万章说："通过行为和政事显示给他，是怎样的？"

孟子说："天子能把人推荐给天，却不能让天给他天下；诸侯能把人推荐给天子，却不能让天子给他诸侯之位。大夫能把人推荐给诸侯，却不能让诸侯给他大夫之位。从前尧把舜推荐给天而天接受了他。把舜显示给老百姓而老百姓接受了他。所以说，天不说话，只通过行为和政事显示给他罢了。"

曰："敢问荐之于天而天受之，暴之于民而民受之，如何？"

曰："使之主祭，而百神享之，是天受之；使之主事而事治，百姓安之，是民受之也。天与之，人与之，故曰天子不能以天下与人。舜相尧二十有八载，非人之所能为也，天也。尧崩，三年之丧毕，舜避尧之子于南河之南①。天下诸侯朝觐者，不之尧之子而之舜；讼狱者，不之尧之子而之舜；讴歌者，不讴歌尧之子而讴歌舜，故曰天也。夫然后之中国，践天子位焉。而居尧之宫，逼尧之子，是篡也，非天与也。《太誓》曰②：'天视自我民视，天听自我民听。'此之谓也。"

【注释】

①南河：即黄河，因在尧时都城的南面，故称。

②《太誓》：《尚书》篇名。

【译文】

"请问把舜推荐给天而天接受了他，把舜显示给老百姓而老百姓接受了他，是怎样的？"

孟子说："让他主持祭祀而百神享用，这是天接受了他；让他主持政事而政事有条不紊，老百姓满意他，这是老百姓接受了他。天下是天给他的，是老百姓给他的，所以说：天子不能把天下给人。舜辅佐尧二十八年，这不是一个人所能决定的，是天意。尧死后，三年的服丧期限也结束时，舜避开尧的儿子，到南河的南边去。天下诸侯来朝见的，不到尧的儿子那里而到舜那里；打官司的，不到尧的儿子那里而到舜那里；歌颂的，不歌颂尧的儿子而歌颂舜，所以说是天意。这样他才回到中国，继承了天子的职位。如果是当初就住到尧的宫室里，逼迫尧的儿子，那是篡夺，不是天给他。《太誓》说：'天用我们老百姓的眼睛来看，天用我们老百姓的耳朵来听。'说的就是这个意思。"

六

万章问曰："人有言，'至于禹而德衰，不传于贤而传于子'，有诸？"

孟子曰："否，不然也。天与贤，则与贤；天与子，则与子。昔者，舜荐禹于天，十有七年，舜崩。三年之丧毕，禹避舜之子于阳城①，天下之民从之，若尧崩之后不从尧之子而从舜也。禹荐益于天，七年，禹崩。三年之丧毕，益避禹之子于箕山之阴②。朝觐讼狱者不之益而之启③，曰：'吾君之子也。'讴歌者不讴歌益而讴歌启，曰：'吾君之子也。'丹朱之不肖④，舜之子亦不肖。舜之相尧、禹之相舜也，历年多，施泽于民久。启贤，能敬承继禹之道。益之相禹也，历年少，施泽于民未久。舜、禹、益相去久远⑤，其子之贤不肖，皆天也，非人之所能为也。莫之为而为者，天也；莫之致而至者，命也。匹夫而有天下者，德必若舜、禹，而又有天子荐之者，故仲尼不有天下。继世以有天下，天之所废，必若桀、纣者也，故益、伊尹、周公不有天下。伊尹相汤以王于天下，汤崩，太丁未立⑥，外丙二年⑦，仲壬四年⑧。太甲颠覆汤之典刑⑨，伊尹放之于桐⑩，三年，太甲悔过，自怨自艾，于桐处仁迁义，三年，以听伊尹之训己也，复归于亳⑪。周公之不有天下，犹益之于夏、伊尹之于殷也。孔子曰：'唐虞禅，夏后、殷、周继，其义一也。'"

【注释】

①阳城：山名，在今河南登封北。

②箕山：在今河南登封东南。阴：山北。

③启：禹之子。

④丹朱：尧之子。

⑤舜、禹、益相去久远：指三者相距或久远或短暂。按，舜相尧二十八年，禹相舜十七年，这是久远者；益相禹只七年，是短暂者。

⑥太丁：汤之太子，未立而死。

⑦外丙：太丁之弟。

⑧仲壬：太丁之弟。

⑨太甲：太丁之子。典刑：常法。

⑩桐：在今河南偃师西南。

⑪亳（bó）：在今河南偃师西。

【译文】

万章问道："有人说，'到了禹的时候道德就衰落了，他不传位给贤人而传给自己的儿子'，有这事吗？"

孟子说："不，不对的。天要授给贤人，就授给贤人；天要授给儿子，就授给儿子。从前，舜把禹推荐给天，十七年后，舜死了。三年服丧的期限结束后，禹避开舜的儿子到阳城去，可是天下的老百姓都跟从他，就像尧死后，老百姓不跟从尧的儿子而跟从舜一样。禹也把益推荐给天，七年后，禹死了。三年服丧的期限结束后，益为避开禹的儿子躲到箕山北面去。朝见和打官司的人不到益那里去，而到启那里去，说：'这是我们君主的儿子啊。'歌颂的人不歌颂益而歌颂启，说：'这是我们君主的儿子啊。'尧的儿子丹朱不好，舜的儿子也不好。舜辅佐尧、禹辅佐舜，都历时多年，对老百姓施与恩泽的时间长。启是贤明的，能恭敬地继承禹的作风。益辅佐禹，历时较短，对老百姓施与恩泽的时间不长。舜和禹、禹和益，相距的时间或长或短，他们的儿子或者贤明，或者不好，都是天意，不是人的意志所能主宰。没有人叫他们这样去做，而做成了，这是天意；没有人去争取，而得到了，这是命运。以一个平头百姓而享有天下，他的道德一定像舜和禹，而且又有天子推荐他，所以孔子没赶上天子推荐，便不能享有天下。因世袭而享有天下，而天又把他废弃的，一定是像桀、纣那样的人，所以益、伊尹、周公没赶上桀、纣那样的，也便不能享有天下。伊尹辅佐汤统一了天下，汤死后，太丁未立就死了，外丙在位两年，仲壬在位四年。太甲继位后，破坏汤的法度，伊尹就把他流放到桐邑，三年之后，太甲悔过，自己怨恨，自己改正，在桐邑就自处于仁，自迁于义，三年过后，因为听从伊尹对自己的教导而重新回到亳都做天子。周公不享有天下，就如益在夏、伊尹在殷的情况。孔子说：'唐尧、虞舜实行禅让制，夏、商、周三代实行世袭制，道理是一样的。'"

七

万章问曰："人有言'伊尹以割烹要汤'①，有诸？"

孟子曰："否，不然。伊尹耕于有莘之野②，而乐尧、舜之道焉。非其义也，非其道也，禄之以天下弗顾也，系马千驷弗视也。非其义也，非其道也，一介不以与人③，一介不以取诸人。汤使人以币聘之④，嚣嚣然曰⑤：'我何以汤之聘币为哉？我岂若处畎亩之中，由是以乐尧、舜之道哉？'汤三使往聘之，既而幡然改曰⑥：'与我处畎亩之中⑦，由是以乐尧、舜之道，吾岂若使是君为尧、舜之君哉？吾岂若使是民为尧、舜之民哉？吾岂若于吾身亲见之哉？天之生此民也，使先知觉后知，使先觉觉后觉也。予，天民之先觉者也，予将以斯道觉斯民也。非予觉之而谁也？'思天下之民，匹夫匹妇有不被尧、舜之泽者，若己推而内之沟中⑧，其自任以天下之重如此，故就汤而说之以伐夏救民。吾未闻枉己而正人者也，况辱己以正天下者乎？圣人之行不同也，或远或近，或去或不去，归洁其身而已矣。吾闻其以尧、舜之道要汤，未闻以割烹也。《伊训》曰⑨：'天诛造攻自牧宫⑩，朕载自亳⑪。'"

【注释】

①割烹：切割、烹调，指当厨师。

②有莘：古国名，在今河南陈留。

③介：即"芥"，草。比喻极轻微的东西。

④币：帛。

⑤嚣嚣：自得其乐的样子。

⑥幡（fān）然：反过来。幡，通"翻"。

⑦与：与其。畎（quǎn）亩：田间，田地。

⑧内：同"纳"。

⑨《伊训》：《尚书》篇名，已佚。今本《尚书》中的《伊训》是伪古文。

⑩造：开始。牧宫：桀的宫室。

⑪朕：伊尹自称。载：开始。

【译文】

万章问道："有人说，'伊尹通过自己当厨师来向汤求职'，有这事吗？"

孟子说："不，不是这样。伊尹在有莘国的郊野耕田，而喜爱尧、舜的道理。不合乎义的，不合乎道的，即使把天下当俸禄给他，他连头都不回一下；即使有四千匹马系在那里，他也不会看。不合乎义的，不合乎道的，一根草也不给人，一根草也不取于别人。汤打发人用币帛聘任他，他自得地说：'我拿汤的聘礼币帛干什么？这难道比得上我独处田野之中，由此来喜爱尧、舜的道理吗？'汤多次打发人去聘任他，后来他翻然改变了态度，说：'我与其独处田野之中，由此来喜爱尧、舜的道理，我何不如使这个君主成为尧、舜一样的君主呢？我何不如使这些老百姓成为尧、舜时候的老百姓呢？我何不如自己亲眼看见呢？上天生育老百姓，就是要使先知者唤醒后知者，使先觉者唤醒后觉者。我，是天下百姓中的先觉者；我将用这道理来使这些百姓觉悟。如果不是我来使他们觉悟，那还有谁呢？'他想到天下的百姓、男男女女有不能获得尧、舜的恩泽的人，就像是自己把他们推到水沟里去一样。他就是这样自己承担天下的重担，所以找到汤，用讨伐夏桀、救助百姓的道理游说他。我没听说过自己不正而能使别人端正的，何况是屈辱自己来端正天下呢？圣人的行为是不一样的，有的疏远君主，有的接近君主；有的离开，有的不离开；归根结底都要使自己干干净净。我听说他用尧、舜的道理来向汤求职，没听说通过自己当厨师来求职。《伊训》说：'天的诛伐是从桀的牧宫里开始的，我从商都亳邑开始。'"

八

万章问曰："或谓孔子于卫主痈疽①，于齐主侍人瘠环②，有诸乎？"

孟子曰："否，不然也。好事者为之也。于卫主颜雠由③。弥子之妻与子路之妻④，兄弟也。弥子谓子路曰：'孔子主我，卫卿可得也。'子路以告。孔子曰：'有命。'孔子进以礼，退以义，得之不得曰'有命'。而主痈疽与侍人瘠环，是无义无命也。孔子不悦于鲁、卫，遭宋桓司马将要而杀之⑤，微服而过宋⑥。是时孔子当厄，主司城贞子⑦，为陈侯周臣⑧。吾闻观近臣，以其所为主；观远臣，以其所主。若孔子主痈疽与侍人瘠环，何以为孔子？"

【注释】

①主痈疽（yōngjū）：以痈疽为主人，指住在痈疽家里。痈疽，人名，卫灵公所宠幸的宦官。

②侍人：即"寺人"，宦官。瘠环：人名。

③颜雠由：卫国贤大夫。

④弥子：卫灵公幸臣弥子瑕。

⑤宋桓司马：宋国司马桓魋。要（yāo）：拦截。

⑥微服：指更换平常的服装。

⑦司城贞子：陈国人。

⑧陈侯周：陈怀公子，名周。

【译文】

万章问道："有人说，孔子在卫国住在痈疽家里，在齐国住在宦官瘠环家里，有这回事吗？"

孟子说："不，不是这样。这是好事之徒编出来的。他在卫国住在颜雠由家里。弥子瑕的妻子和子路的妻子是姊妹。弥子瑕对子路说：'如果孔子住到我家里，卫国的卿相之位便可得到。'子路把这话告诉孔子。孔子说：'得不得卿相之位是由天命决定的。'孔子依礼而进，依义而退，得到或得不到都说'由天命决定'。如果住在痈疽和宦官瘠环的家里，都是无视道义、无视天命的。孔子在鲁国、卫国不得意，又碰到宋国的司马桓魋将拦截他要杀掉他，孔子换了服装，悄悄走过宋国。这时孔子正处在困难的境地，住在司城贞子家里，做陈侯周的臣。我听说观察在朝的臣子，看他所招待的客人；观察远来的臣子，看他所寄居的主人。如果孔子以痈疽和宦官瘠环为主人，怎么能成为孔子？"

九

万章问曰："或曰：'百里奚自鬻于秦养牲者五羊之皮、食牛①，以要秦穆公。'信乎？"

孟子曰："否，不然。好事者为之也。百里奚，虞人也②。晋人以垂棘之璧与屈产之乘③，假道于虞以伐虢④。宫之奇谏⑤，百里奚不谏。知虞公之不可谏而去之秦，年已七十矣，曾不知以食牛干秦穆公之为污也⑥，可谓智乎？不可谏而不谏，可谓不智乎？知虞公之将亡而先去之，不可谓不智也。时举于秦，知穆公之可与有行也而相之，可谓不智乎？相秦而显其君于天下，可传于后世，不贤而能之乎？自鬻以成其君，乡党自好者不为，而谓贤者为之乎？"

①鬻（yù）：卖。

②虞：国名，在今山西平陆东北。

③垂棘：晋国地名。屈：地名。乘：四匹马。

④虢（guó）：国名，在今山西平陆。

⑤宫之奇：虞国贤臣。

⑥曾：乃，竟。

【译文】

万章问道："有人说：'百里奚用五张羊皮的价钱和为人喂牛的条件，把自己卖给秦国养牲畜的人，来向秦穆公求职。'可信吗？"

孟子说："不，不是这样。这是好事者编出来的。百里奚，是虞国人。晋国人用垂棘的玉璧和屈地所产的四匹马为代价，向虞国借路，要去攻打虢国。宫之奇向虞国的国君谏阻，百里奚不谏阻。他知道虞国国君不会接受谏议，因而离开虞国，到秦国去，那时他已经七十岁了，竟不懂得通过为人喂牛来向秦穆公求职是污浊的，可以叫明智吗？但他却是知道不可提出谏议就不谏议，这可以叫不明智吗？知道虞国将要灭亡而提前离开虞国，也不能叫不明智。当时他在秦国被提拔，就知道秦穆公有所作为，因而辅佐他，这可以叫不明智吗？辅佐秦国而使它的君主名扬天下，足以流传于后世，不贤的人能办到吗？卖掉自己来成就他的君主，乡里洁身自好的人都不干，反说贤者肯干吗？"

卷十·万章下

　　本篇第三、四、八章论交际之道。交友当以对方的品德为友，不可有所倚仗，而交际时应以恭敬为心。由此出发，对待当今诸侯的态度，应考虑到他们虽然多行不义，却毕竟与拦路抢劫不同，所以要先教育他们，教而不改才有"杀"的问题。第六、七、九章，论君主养士尊贤之道和君臣关系，强调对士人应有充分的尊重；臣属对于君主也不应绝对服从，而是有匡君谏主的义务。其他各章或论伯夷、伊尹、柳下惠、孔子作为圣人的不同之处，或述周王朝的爵禄制度。第八章提出读书解诗，应"知人论世"，是孟子在文学方面的重要主张，对后世文艺理论有很深的影响。

一

　　孟子曰：“伯夷，目不视恶色，耳不听恶声。非其君不事，非其民不使。治则进，乱则退。横政之所出①，横民之所止，不忍居也。思与乡人处，如以朝衣朝冠坐于涂炭也。当纣之时，居北海之滨，以待天下之清也。故闻伯夷之风者，顽夫廉②，懦夫有立志。

　　“伊尹曰：‘何事非君？何使非民？’治亦进，乱亦进，曰：‘天之生斯民也，使先知觉后知，使先觉觉后觉。予，天民之先觉者也。予将以此道觉此民也。’思天下之民，匹夫匹妇有不与被尧、舜之泽者，若己推而内之沟中——其自任以天下之重也。

　　“柳下惠不羞污君，不辞小官。进不隐贤，必以其道。遗佚而不怨，厄穷而不悯。与乡人处，由由然不忍去也③。‘尔为尔，我为我，虽袒裼裸裎于我侧，尔焉能浼我哉？’故闻柳下惠之风者，鄙夫宽，薄夫敦。

　　“孔子之去齐，接淅而行④。去鲁，曰：‘迟迟吾行也。’去父母国之道也。可以速而速，可以久而久，可以处而处，可以仕而仕，孔子也。”

　　孟子曰：“伯夷，圣之清者也；伊尹，圣之任者也；柳下惠，圣之和者也；孔子，圣之时者也。孔子之谓集大成。集大成也者，金声而玉振之也⑤。金声也者，始条理也；玉振之也者，终条理也。始条理者，智之事也；终条理者，圣之事也。智，譬则巧也；圣，譬则力也。由射于百步之外也，其至，尔力也；其中，非尔力也。"

【注释】

①横（hèng）政：暴政。

②顽：贪。

③由由然：怡然自得的样子。

④淅：淘米水。

⑤金声：指音乐开始演奏时，由金属乐器钟、镈等最先发出的声音。玉振：指演奏即将结束时由玉磬最后发出的声音。

【译文】

孟子说："伯夷，眼睛不看不好的颜色，耳朵不听不好的声音。不是他理想的君主，不去服事，不是他理想的百姓，不去使唤。天下太平就进取，天下动乱就引退。暴政出现的地方，暴民停留的地方，他都不愿意去住。他以为同乡下人相处，就像穿着上朝的礼服，戴着上朝的礼帽坐在泥土和炭灰上。在商纣的时候，他住在北海的海滨，来等待天下清平。所以听说过伯夷的风节的人，贪婪者也会变得廉洁，懦弱者也会有自立的意志。

"伊尹说：'服事谁不是服事君主，使唤谁不是使唤百姓？'天下太平他也进取，天下动乱他也进取。说：'天生育这些百姓，就要让先知者唤醒后知者，让先觉者唤醒后觉者。我，是天下人中的先觉者，我将用真理来唤醒老百姓。'他想到天下的百姓、男男女女有不能获得尧、舜的恩泽的人，就像是自己把他们推到水沟里去一样——他就是这样地自己承担天下的重担。

"柳下惠，不为事奉污浊的君主而感到羞耻，不辞去小官。做官时，不隐藏自己的贤能，一定照原则办事。被遗弃时不抱怨，困穷时不发愁。与乡下人相处，高高兴兴地不忍离去。照他的话说，'你是你，我是我，就算你赤身裸体在我身边，又怎么能污染我呢？'所以听说过柳下惠的风节的人，鄙陋者变得宽宏大量，刻薄者变得温柔敦厚。

"孔子离开齐国时，淘完米，等不及做饭就走。离开鲁国，却说：'我们慢慢走吧。'这是离开祖国的态度。可以快走就快走，可以久留就久留，可以不做官就不做官，可以做官就做官，这就是孔子。"

孟子说："伯夷，是圣人中清高的人；伊尹，是圣人中负责任的人；柳下惠，是圣人中随和的人；孔子，是圣人中识时务的人。孔子，可说是集大成的人。集大成，就像奏乐时先以击打钟镈开场，再以敲击玉磬收尾一样，完完整整。击打钟镈，是条理的开始；敲击玉磬，是条理的终结。条理的开始，是运用智慧的事业；条理的终结，是完成圣德的事业。智慧，好比技巧；圣德，好比力量。就像在百步之外射箭，箭射到靶子，是你的力量在起作用；箭射中靶子，就不是你的力量在起作用了。"

二

北宫锜问曰①："周室班爵禄也②，如之何？"

　　孟子曰："其详不可得闻也，诸侯恶其害己也，而皆去其籍；然而轲也尝闻其略也。天子一位，公一位，侯一位，伯一位，子、男同一位，凡五等也。君一位，卿一位，大夫一位，上士一位，中士一位，下士一位，凡六等。天子之制，地方千里，公侯皆方百里，伯七十里，子、男五十里，凡四等。不能五十里③，不达于天子，附于诸侯，曰附庸。天子之卿受地视侯④，大夫受地视伯，元士受地视子、男⑤。大国地方百里，君十卿禄，卿禄四大夫，大夫倍上士，上士倍中士，中士倍下士，下士与庶人在官者同禄，禄足以代其耕也。次国地方七十里，君十卿禄，卿禄三大夫，大夫倍上士，上士倍中士，中士倍下士，下士与庶人在官者同禄，禄足以代其耕也。小国地方五十里，君十卿禄，卿禄二大夫，大夫倍上士，上士倍中士，中士倍下士，下士与庶人在官者同禄，禄足以代其耕也。耕者之所获，一夫百亩，百亩之粪⑥，上农夫食九人，上次食八人，中食七人，中次食六人，下食五人。庶人在官者，其禄以是为差。"

【注释】

①北宫锜（qí）：卫国人。

②班：等列，规定级别。

③能：及。

④视：比，同。

⑤元士：上士。

⑥粪：施肥。

【译文】

北宫锜问道："周王朝规定官爵和俸禄的等级，是什么情况？"

孟子说："详细的情况不能了解了，由于诸侯厌恶那制度对自己的不利，都把文献毁坏了；不过我曾经听说过它的大致情况。普天下爵位的制度是，天子一级，公一级，侯一级，伯一级，子、男同为一级，共五等。各国官位的制度是，君主一级，卿一级，大夫一级，上士一级，中士一级，下士一级，共六等。俸禄的制度是，天子的土地，纵横各一千里，公与侯都是纵横各一百里，伯是纵横各七十里，子和男都是纵横各五十里，共四等。不足五十里的小国，不能直接隶属天子，而是附属于诸侯，叫做附庸。天子的卿所受的封地与侯同样大小，大夫所受的封地与伯同样大小，元士所受的封地与子、男同样大小。公、侯大国的土地纵横各一百里，君主的俸禄是卿的十倍，卿的俸禄是大夫的四倍，大夫比上士多一倍，上士比中士多一倍，中士比下士多一倍，下士的俸禄和在官当差的老百姓相同，俸禄足够代替他耕田的收入。中等国家的土地是纵横各七十里，君主的俸禄是卿的十倍，卿的俸禄是大夫的三倍，大夫比上士多一倍，上士比中士多一倍，中士比下士多一倍，下士的俸禄和在官当差的老百姓相同，俸禄足够代替他耕田的收入。小国的土地是纵横各五十里，君主的俸禄是卿的十倍，卿的俸禄是大夫的二倍，大夫比上士多一倍，上士比中士多一倍，中士比下士多一倍，下士的俸禄和在官当差的老百姓相同，俸禄足够代替他耕田的收入。农夫的所得，是一夫受田百亩。百亩地进行施肥耕种，上等的农夫可以养活九口人，上等偏下的农夫可以养活八口人，中等的农夫可以养活七口人，中等偏下的农夫可以养活六口人，下等的农夫可以养活五口人。老百姓在官家当差的，他们的俸禄也照这样分等级。"

三

万章问曰："敢问友。"

孟子曰："不挟长，不挟贵，不挟兄弟而友。友也者，友其德也，不可以有挟也。孟献子①，百乘之家也，有友五人焉：乐正裘，牧仲，其三人则予忘之矣。献子之与此五人者友也，无献子之家者也。此五人者，亦有献子之家，则不与之友矣。非惟百乘之家为然也，虽小国之君亦有之。费惠公曰②：'吾于子思则师之矣，吾于颜般则友之矣。王顺、长息，则事我者也。'非惟小国之君为然也，虽大国之君亦有之。晋平公之于亥唐也，入云则入，坐云则坐，食云则食③。虽蔬食菜羹④，未尝不饱，盖不敢不饱也。然终于此而已矣，弗与共天位也，弗与治天职也，弗与食天禄也。士之尊贤者也，非王公之尊贤也。舜尚见帝，帝馆甥于贰室⑤，亦飨舜，迭为宾主，是天子而友匹夫也。用下敬上，谓之贵贵；用上敬下，谓之尊贤。贵贵尊贤，其义一也。"

【注释】

①孟献子：鲁国大夫仲孙蔑。

②费（bì）：国名。

③入云、坐云、食云：云入、云坐、云食的倒文。

④蔬食：即"疏食"，粗糙的伙食。

⑤甥：女婿。贰室：副宫。

【译文】

万章问道："请问怎样交朋友。"

孟子说："不倚仗自己的年长，不倚仗自己的显贵，也不倚仗兄弟的势力来交朋友。所谓友，是以对方的品德为友，不可有所倚仗。孟献子，是拥有百辆车马的大夫，他有五个朋友：乐正裘、牧仲，其他三人我忘了。献子和这五人交朋友，心中没有献子是大夫的念头。这五人，也是这样，如果心存献子是大夫的念头，就不同他交朋友了。不仅拥有百辆车马的大夫是这样，即使小国的君主也有这种人。费惠公说：'我对于子思，是把他当老师，我对于颜般，是把他当朋友。王顺、长息，是服事我的。'不仅小国的君主是这样，即使大国的君主也有这种人。晋平公对于亥唐，亥唐叫他进去，他才进去，叫他坐，他才坐，叫他吃饭，他才吃饭。即使是粗糙的米饭、菜羹，也不曾不吃饱，因为不敢不吃饱。但也仅此而已，并不和他共有君主之位，不和他一起处理政务，也不和他分享俸禄。这只是士人的尊贤，而不是王公的尊贤。舜拜见帝尧，帝尧请他这位女婿住在另一处官邸，也请舜吃饭，两人轮着做东，这才是天子结交普通老百姓为友的态度。以地位卑微者尊敬地位显贵者，这叫尊重贵人；以地位显贵者尊敬地位卑微者，这叫尊重贤人。尊重贵人和尊重贤人，道理是一样的。"

<h2 style="text-align:center">四</h2>

万章问曰："敢问交际何心也？"

孟子曰："恭也。"

曰："'却之却之为不恭'，何哉？"

曰："尊者赐之。曰：'其所取之者义乎，不义乎？'而后受之，以是为不恭，故弗却也。"

曰："请无以辞却之，以心却之，曰：'其取诸民之不义也'，而以他辞无受，不可乎？"

曰："其交也以道，其接也以礼，斯孔子受之矣。"

万章曰："今有御人于国门之外者①，其交也以道，其馈也以礼，斯可受御与？"

曰："不可。《康诰》曰②：'杀越人于货③，闵不畏死④，凡民罔不憝⑤。'是不待教而诛者也。殷受夏，周受殷，所不辞也。于今为烈，如之何其受之？"

【注释】

①御：阻止。这里指拦路抢劫。

②《康诰》：《尚书》篇名。

③越：虚词，无义。于货：取其货。

④闵：通"暋"，强横。

⑤谠（duì）：同“憝”，怨恨。

【译文】

万章问道："请问交际时该持怎样的心情？"

孟子说："恭敬。"

万章说："常言道：'一再拒绝人家的礼物是不恭敬的。'为什么？"

孟子说："尊贵的人有所赏赐，自己先考虑，'对方得到这礼物的办法，是合乎义，还是不合乎义'，考虑妥当了，才接受，这样做是不恭敬的，所以说不该拒绝。"

万章说："不要直说拒绝，而是心里拒绝，心里说'对方从老百姓那里得到这东西的办法，是不义的'，而用别的借口推辞，不可以吗？"

孟子说："对方按规矩结交我，按礼节接待我，这样的话，连孔子也都是会接受的。"

万章说："如今有个在城门外拦路抢劫的人，他按规矩结交我，按礼节馈赠我，这样可以接受他抢来的东西吗？"

孟子说："不可。《康诰》说：'杀人而抢夺人家的财物，强横而不怕死，这种人，是没有人不怨恨的。'这是不必先教育就可以杀掉的人。殷接受了夏这条法律，周接受了殷这条法律，没有改动过。现在抢劫比以往还厉害，怎么能接受呢？"

曰："今之诸侯取之于民也，犹御也。苟善其礼际矣，斯君子受之，敢问何说也？"

曰："子以为有王者作，将比之诸侯而诛之乎①？

其教之不改而后诛之乎？夫谓非其有而取之者盗也，充类至义之尽也②。孔子之仕于鲁也，鲁人猎较③，孔子亦猎较。猎较犹可，而况受其赐乎？"

曰："然则孔子之仕也，非事道与？"

曰："事道也。"

"事道奚猎较也？"

曰："孔子先簿正祭器④，不以四方之食供簿正。"

曰："奚不去也？"

曰："为之兆也⑤。兆足以行矣，而不行，而后去，是以未尝有所终三年淹也⑥。孔子有见行可之仕，有际可之仕，有公养之仕。于季桓子，见行可之仕也⑦。于卫灵公，际可之仕也⑧。于卫孝公，公养之仕也⑨。"

【注释】

①比：同。

②充类：类推。

③鲁人：指鲁国士大夫。猎较：大夫率士众打猎，猎时以所获猎物各归猎者所有，作为祭祀祖先的祭品。较：争夺。按，以猎物为祭品，本是诸侯之礼，且猎物悉数归公；猎后再通过习射的成绩，决定各人应得猎物的多少，以示辞让。孔子时，大夫亦僭用此礼，且不依古法习射，则猎时自必互相争夺，所以孟子认为是不合礼的。

④簿正：在簿书上规定。

⑤兆：开始。

⑥淹：停留。

⑦行可：可行其道。

⑧际：接。指对自己的礼节待遇等。

⑨公养：指对一般贤者的礼节待遇等。

【译文】

万章说："现在的诸侯对百姓巧取豪夺，和拦路抢劫一样。如果搞好接待的礼节，君子就可以接受他的礼物，请问这有什么说头？"

孟子说："你认为今天假如有圣王兴起，将把当今的诸侯通通杀掉吗？还是教而不改再杀呢？不是自己所有，却把它弄到手——把这种行为叫做强盗，这只是类推到义理的极端。孔子在鲁国做官，鲁国士大夫在打猎时争夺猎物，孔子也在打猎时争夺猎物。打猎时争夺猎物都可以，何况接受赏赐呢？"

万章说："那么，孔子做官，不是为了发扬道吗？"

孟子说："是为了发扬道。"

"为了发扬道，为什么还在打猎时争夺猎物？"

孟子说："孔子先在簿书上规定可用的祭器，又规定不得用别处打来的猎物供在簿书上所定的祭器内。"

万章说："孔子为什么不离开鲁国呢？"

孟子说："孔子是先试一下。试过了证明可行，而竟不得推行，这才离开，所以孔子不曾在一个地方待满三年。孔子有时是因可行其道而做官，有时因君主对自己的礼遇不错而做官，有时因君主养贤而做官。对季桓子，是因可行其道而做官；对卫灵公，是因君主对自己的礼遇不错而做官；对卫孝公，是因君主养贤而做官。"

五

孟子曰："仕非为贫也，而有时乎为贫。娶妻非为养也，而有时乎为养。为贫者，辞尊居卑，辞富居贫。辞尊居卑，辞富居贫，恶乎宜乎？抱关击柝①。孔子尝为委吏矣②，曰：'会计当而已矣。'尝为乘田矣③，曰：'牛羊茁壮长而已矣。'位卑而言高，罪也。立乎人之本朝而道不行，耻也。"

【注释】

①抱关：守门。柝（tuò）：巡夜所敲的木梆。

②委吏：负责保管仓库、会计事务的小官。

③乘田：管理牧场的小吏。

【译文】

孟子说："做官不是因为贫困，但有时也是因为贫困。娶妻不是为了奉养父母，但有时也是为了奉养父母。为贫困而做官的，辞掉高官做小官，拒绝厚禄只领薄俸。辞掉高官做小官，拒绝厚禄只领薄俸，做什么合适呢？守门打更都行。孔子曾做过管仓库的小官，说：'财物的出纳没差错就行了。'也曾做过管理牧场的小吏，说：'牛羊都长得茁壮就行了。'地位低下而议论大事，那是罪过。在朝廷上做官而道得不到发扬，那是耻辱。"

六

万章曰："士之不托诸侯，何也？"

孟子曰："不敢也。诸侯失国，而后托于诸侯，礼也。士之托于诸侯，非礼也。"

万章曰："君馈之粟，则受之乎？"

曰："受之。"

"受之何义也？"

曰："君之于氓也①，固周之。"

曰："周之则受，赐之则不受，何也？"

曰："不敢也。"

曰："敢问其不敢何也？"

曰："抱关击柝者皆有常职以食于上。无常职而赐于上者，以为不恭也。"

曰："君馈之则受之，不识可常继乎？"

曰："缪公之于子思也，亟问②，亟馈鼎肉。子思不悦。于卒也，摽使者出诸大门之外③，北面稽首再拜而不受④，曰：'今而后知君之犬马畜伋⑤。'盖自是台无馈也⑥。悦贤不能举，又不能养也，可谓悦贤乎？"

曰："敢问国君欲养君子，如何斯可谓养矣？"

曰："以君命将之⑦，再拜稽首而受。其后廪人继粟⑧，庖人继肉⑨，不以君命将之。子思以为鼎肉使己仆仆尔亟拜也⑩，非养君子之道也。尧之于舜也，使其子九男事之，二女女焉，百官牛羊仓廪备，以养舜于畎亩之中，后举而加诸上位，故曰王公之尊贤者也。"

【注释】

①氓：迁移来的人。

②亟（qì）：屡次。

③摽（biào）：赶走。

④稽首：磕头。再拜：拜两次。"稽首再拜"，有拒绝之意。"再拜稽首"，有接受之意。

⑤伋：子思之名。

⑥台：通"始"，才。

⑦将：送。

⑧廪人：管仓库的小吏。

⑨庖人：掌管伙食的小吏。

⑩仆仆：烦扰的样子。

【译文】

万章说："士不依靠诸侯为生，这是为什么？"

孟子说："因为不敢。诸侯丧失了自己的国家，然后流亡国外，依靠别的诸侯为生，这是礼。士依靠诸侯为生，是不合于礼的。"

万章说："君主所赠的粮食，就接受吗？"

孟子说："接受。"

"接受有什么道理？"

孟子说："君主对于侨居本国的人，本来就该周济。"

万章说："周济他，就接受，赏赐他，就不接受，为什么？"

孟子说："因为不敢。"

万章说："请问为什么不敢？"

孟子说："守门打更的人都有固定的职务，来接受上面的给养。没有固定的职务而接受上面的赏赐，人们以为这是不恭敬的。"

万章说："君主馈赠，就接受，不知道可以经常这样吗？"

孟子说："鲁缪公对于子思，屡次问候，屡次馈赠肉食。子思不高兴。最后一次，他把使者赶出大门外，向北先磕头，又拜了两次，拒绝说：'今天才知道君主是像养狗养马一样地对待我。'大概从此以后才不再馈赠了。喜爱贤人却不能任用他，又不能养他，可以叫做喜爱贤人吗？"

万章说："请问国君要养君子的话，怎样才可以叫做养呢？"

孟子说："先给他传达君主的旨意，他就先拜两次，又磕头，接受下来。以后管仓库的人常送来粮食，管伙食的人常送来肉食，就不再传达是君主的旨意了。子思认为为了一点肉食使自己不胜其烦地一拜再拜，不是养君子的方式。尧对于舜，打发自己的九个儿子服事他，两个女儿嫁给她，百官、牛羊、仓库都具备，把舜养在田野之中，以后又提拔他到最高的职位，所以说，这才是王公尊敬贤者的方式。"

七

万章曰："敢问不见诸侯，何义也？"

孟子曰："在国曰市井之臣，在野曰草莽之臣，皆谓庶人。庶人不传质为臣[①]，不敢见于诸侯，礼也。"

万章曰："庶人，召之役则往役，君欲见之，召之则不往见之，何也？"

曰："往役，义也；往见，不义也。且君之欲见之也，何为也哉？"

曰："为其多闻也，为其贤也。"

曰："为其多闻也，则天子不召师，而况诸侯乎？为其贤也，则吾未闻欲见贤而召之也。缪公亟见于子思[②]，曰：'古千乘之国以友士，何如？'子思不悦，曰：'古之人有言曰：事之云乎？岂曰友之云乎？'子思之不悦也，岂不曰：'以位，则子，君也；我，臣也；何敢与君友也？以德，则子事我者也，奚可以与我友？'千乘之君求与之友而不可得也，而况可召与？齐景公田[③]，招虞人以旌，不至，将杀之。志士不忘在沟壑，勇士不忘丧其元。孔子奚取焉？取非其招不往也。"

曰："敢问招虞人何以？"

曰："以皮冠。庶人以旃[④]，士以旂[⑤]，大夫以旌[⑥]。以大夫之招招虞人，虞人死不敢往。以士之招招庶人，庶人岂敢往哉？况乎以不贤人之招招贤人乎？欲见贤人而不以其道，犹欲其入而闭之门也。夫义，路也；礼，门也。惟君子能由是路，出入是门也。《诗》云：'周道如厎[⑦]，其直如矢。君子所履，小人所视[⑧]。'"

万章曰："孔子，君命召，不俟驾而行，然则孔子非与？"

曰："孔子当仕，有官职，而以其官召之也。"

【注释】

①质：通"贽"，见面礼。

②亟（qì）：屡次。

③齐景公田：参见《滕文公下》第一章。

④旃（zhān）：赤色曲柄的旗。

⑤旂（qí）：上画龙形，杆头系铃的旗。

⑥旌：用牦牛尾和彩色鸟羽做杆饰的旗。

⑦厎（dǐ）：磨刀石。

⑧视：注视，指看在眼里。

【译文】

万章说："请问士人不主动谒见诸侯，是什么道理？"

孟子说："住在城市里的，叫做市井之臣，住在田野里的，叫做草莽之臣，都叫老百姓。老百姓，如果不是送了见面礼做了属臣，就不敢去谒见诸侯，这是礼制。"

万章说："老百姓，召唤他服役，就去服役；君主要见他，召唤他，却不去谒见，这是为什么？"

孟子说："去服役，是义；去谒见，是不义。而且君主要见他，是为什么呢？"

万章说："因为他的见多识广，因为他的贤能。"

孟子说："如果是因为他的见多识广，那么，天子是不能召唤老师的，何况是诸侯呢？如果是因为他的贤能，那么，我没听说过要见贤人却随便召唤他。鲁缪公屡次去见子思，说：'古代拥有千辆兵车的国君与士人交友，是怎样的？'子思不高兴，说：'古人的话，说的是君主以士人为师，哪里是说和他交友？'子思的不高兴，难道不是这个意思：'论地位，那么，你是君主，我是臣属，怎么敢和君主交朋友？论道德，那么，你是向我学习的人，怎么可以和我交朋友？'拥有千辆兵车的国君请求和他交朋友都不能够，何况是召唤呢？齐景公田猎，用旌旗召唤管猎场的小吏，他不来，准备杀他。有志之士不怕弃尸沟壑，勇敢的人不怕丢掉脑袋。孔子赞同他什么？就是赞同这点，违背礼的召唤，他不去。"

万章说："请问召唤管猎场的小吏应该用什么？"

孟子说："用皮帽子。召唤老百姓用旃，召唤士人用旂，召唤大夫用旌。用召唤大夫的旗帜来召唤猎场管理员，猎场管理员死也不敢去；用召唤士人的礼节来召唤老百姓，老百姓难道敢去吗？何况用召唤不贤之人的礼节来召唤贤人呢？要见贤人而不走恰当的路，就好比要人家进来却关着门。义，就是路；礼，就是门。只有君子能走这条路，出入这个门。《诗经》说：'大路平得像磨刀石，直得像箭。这是君子所行走的，是平民所关注的。'"

万章说："孔子，只要国君有召唤，不等车马准备好就步行出发；那么，孔子错了吗？"

孟子说："那是孔子正在做官，有官职，国君用召唤官员的礼节召唤他。

八

孟子谓万章曰："一乡之善士斯友一乡之善士，一国之善士斯友一国之善士，天下之善士斯友天下之善士。以友天下之善士为未足，又尚论古之人①。颂其诗②，读其书，不知其人，可乎？是以论其世也，是尚友也。"

【注释】

①尚：上。

②颂：通"诵"，诵读。

【译文】

孟子对万章说："一个乡村里的优秀人物就同这一乡村的优秀人物交朋友，一个国家里的优秀人物就同这个国家的优秀人物交朋友，天下的优秀人物就同天下的优秀人物交朋友。和天下的优秀人物交朋友还不满足，便又追论古人。吟诵他们的诗，研读他们的著作，不了解他们的为人，可以吗？所以要研究他们所处的时代，这就是上溯历史，与古人交朋友。"

九

齐宣王问卿。孟子曰："王何卿之问也？"

王曰："卿不同乎？"

曰："不同。有贵戚之卿，有异姓之卿。"

王曰："请问贵戚之卿。"

曰："君有大过则谏，反覆之而不听，则易位。"

王勃然变乎色。

曰："王勿异也。王问臣，臣不敢不以正对。"

王色定，然后请问异姓之卿。

曰："君有过则谏，反覆之而不听，则去。"

【译文】

齐宣王问有关公卿的事。孟子说："王问的是哪一种公卿？"

王说："公卿还有所不同吗？"

孟子说："不同的。有和王室同宗族的公卿，也有和王室不同姓氏的公卿。"

王说："我请问和王室同宗族的公卿。"

孟子说："君王如果有重大错误，他就上谏；反复上谏还不听从，就废弃他的王位改立别人。"

王突然变了脸色。

孟子说："王不要诧异。王问我，我不敢不用正义来回答。"

王的脸色平静以后，又问和王室不同姓氏的公卿。

孟子说："君王如果有错误，他就上谏，反复上谏还不听从，自己就离职。"

卷十一·告子上

　　本篇共二十章。第一章至第四章都是孟子与告子的对话，主要记载的是孟子与告子之间围绕"人性"这一话题所展开的辩论。大致可分为"杞柳桮棬"之辩、"以水喻性"之辩、"生之谓性"之辩以及"仁义内外"之辩四部分。告子认为人性无所谓善与不善，人性中的善是后天修养得来的；孟子则认为人的善性是与生俱来的。第五、六章是前四章内容的进一步展开，分别辩论义的内在性以及性善问题，指出恻隐、羞恶、恭敬、是非之心，"人皆有之"，这几种心是性善的根据，是仁、义、礼、智这些美德的萌芽，是人与生俱来的天赋。人之所以会变恶，是由于环境影响而不能尽其才的缘故。第七至第十五章围绕人的本性的养护问题展开，首先指出人的本性是相同的，是后天环境的变化导致人的本性的差异，因此，应该注重人性的后天养护。继而，用生动的比喻说明人应该如何养护自身的善性。第十六至第十九章围绕"仁义"问题展开，分别阐述了"人爵"与"天爵"的关系，指出"仁义"是士人的必备人格，"仁"能够战胜不仁，不能因为力量对比悬殊而怀疑"仁"的力量。同时，指出"仁"本身也有一个成熟与否的问题。第二十章主要阐述学习为人处世的大道应该高标准、严要求。

一

告子曰："性，犹杞柳也①；义，犹桮棬也②。以人性为仁义，犹以杞柳为桮棬。"

孟子曰："子能顺杞柳之性而以为桮棬乎？将戕贼杞柳而后以为桮棬也？如将戕贼杞柳而以为桮棬，则亦将戕贼人以为仁义与？率天下之人而祸仁义者，必子之言夫！"

【注释】

①杞柳：杨柳科植物，落叶丛生灌木，枝条柔软，可用来编器物。

②桮棬（bēiquān）：器物名。桮，同"杯"。棬，用树条编成的饮器。

【译文】

告子说："人的本性就像杞柳树，义理就像杯盘。把人性纳入到仁义当中，就像用杞柳树来制作杯盘。"

孟子说："你是顺应杞柳树的本性来制作杯盘呢？还是残害它的本性来制成杯盘呢？如果要通过残害杞柳树本性的方式来制作杯盘，那么也要残害人的本性才能使人具有仁义吗？带领天下人来损害仁义的，一定是你的这种言论吧！"

二

告子曰："性犹湍水也①，决诸东方则东流②，决诸西方则西流。人性之无分于善不善也，犹水之无分于东西也。"

孟子曰："水信无分于东西③，无分于上下乎？人性之善也，犹水之就下也。人无有不善，水无有不下。今夫水，搏而跃之，可使过颡④；激而行之，可使在山。是岂水之性哉？其势则然也。人之可使为不善，其性亦犹是也。"

【注释】

①湍：急流的水。

②决：打开缺口排水。

③信：的确。

④颡（sǎng）：额头。

【译文】

告子说："人性好比湍急的水流，从东方打开缺口就向东流，从西方打开缺口就向西流。人性不分善与不善，就好像水没有东流、西流的分别。"

孟子说："水的确没有东流、西流的定向，难道也没有上流、下流的定向吗？人性的善良，就像水性趋向下流。人的本性没有不善良的，水的本性没有不向下流的。假如拍打水让它飞溅起来，可以高过人的额头；堵住水道让它倒流，可以引上高山。然而，这难道是水的本性吗？是所处形势迫使它这样的。人之所以能够使他做坏事，是由于他的本性也像这样受到了逼迫。"

三

告子曰："生之谓性。"

孟子曰："生之谓性也，犹白之谓白与？"

曰："然。"

"白羽之白也，犹白雪之白；白雪之白，犹白玉之白与？"

曰："然。"

"然则犬之性，犹牛之性；牛之性，犹人之性欤？"

【译文】

告子说："天生的东西叫做天性。"

孟子说："天生的东西叫做天性，就像所有物体的白色都叫做白吗？"

告子回答说："是的。"

"这么说，白羽毛的白就像白雪的白，白雪的白如同白玉的白吗？"

告子回答说："是的。"

"那么，狗的天性就像牛的天性，牛的天性就像人的天性吗？"

四

告子曰："食、色，性也。仁，内也，非外也；义，外也，非内也。"

孟子曰："何以谓仁内义外也？"

曰："彼长而我长之，非有长于我也。犹彼白而我白之，从其白于外也，故谓之外也。"

曰："（异于）白马之白也①，无以异于白人之白也。不识长马之长也，无以异于长人之长欤？且谓长者义乎？长之者义乎？"

曰："吾弟则爱之，秦人之弟则不爱也，是以我为悦者也，故谓之内。长楚人之长，亦长吾之长，是以长为悦者也，故谓之外也。"

曰："耆秦人之炙^②，无以异于耆吾炙，夫物则亦有然者也，然则耆炙亦有外欤？"

【注释】
①异于：此二字疑为衍文。
②耆：同"嗜"。炙：烤熟的肉。

【译文】

告子说："饮食男女，是人的天性。仁是内在的，而不是外在的；义是外在的，而不是内在的。"

孟子说："为什么说仁是内在的，而义是外在的呢？"

告子回答说："他年纪大所以我尊敬他，并不是我内心原本就尊敬他。正如白色的东西我认为它白，是根据它外表的白色，所以说义是外在的。"

孟子说："白马的白和白人的白或许没什么不同。但是不知道怜惜老马和不知道尊敬年长的人，也是没有什么不同吗？而且你说的义，在于年长者一方呢？还是在于尊敬年长者的一方呢？"

告子回答说："是我的弟弟就爱他，是秦国人的弟弟就不爱他，爱不爱是由我自己内心决定的，所以说仁是内在的。尊敬楚国的长者，也尊敬我自己的长者，尊敬与否，是由年长这个外在因素决定的，所以说义是外在的。"

孟子说："喜欢吃秦国人的烤肉，和喜欢吃自己的烤肉没什么不同，事物也有这种情况，那么，喜欢吃烤肉的心也是外在的吗？"

五

孟季子问公都子曰①："何以谓义内也？"

曰："行吾敬，故谓之内也。"

"乡人长于伯兄一岁，则谁敬？"

曰："敬兄。"

"酌则谁先？"

曰："先酌乡人。"

"所敬在此，所长在彼，果在外，非由内也。"

公都子不能答，以告孟子。

孟子曰："敬叔父乎？敬弟乎？彼将曰：'敬叔父。'曰：'弟为尸②，则谁敬？'彼将曰：'敬弟。'子曰：'恶在其敬叔父也？'彼将曰：'在位故也。'子亦曰：'在位故也。庸敬在兄，斯须之敬在乡人。'"

季子闻之，曰："敬叔父则敬，敬弟则敬，果在外，非由内也。"

公都子曰："冬日则饮汤，夏日则饮水，然则饮食亦在外也？"

【注释】

①孟季子：人名，其人不详。

②尸：代死者受祭的人。男者以其孙或孙辈为尸。女者必异性，以其孙辈之妇为尸。

【译文】

孟季子问公都子说："为什么说义是内在的东西呢？"

公都子回答说："恭敬发自我的内心，所以说是内在的东西。"

孟季子问："同乡人比你的大哥年长一岁，那你该恭敬谁呢？"

公都子说："恭敬哥哥。"

"假如在一起喝酒，该先给谁斟酒？"

公都子说："先给那个年长的乡人斟酒。"

"所敬重的是哥哥，却要向那个年长的乡人敬酒，说明义果然是外在的，而不是内在的。"

公都子无法回答这个问题，于是将这件事告诉了孟子。

孟子说："你问他，该恭敬叔父呢？还是恭敬弟弟？他会说：'恭敬叔父。'问他：'弟弟如果做了受祭的代理人，那么该恭敬谁呢？'他会说：'恭敬弟弟。'你再问：'那你为什么说要恭敬叔父呢？'他会说：'这是由于弟弟处在受恭敬位置的缘故。'你就说：'那也是由于本乡长者处在先敬酒位置的缘故，平日恭敬的对象是哥哥，临时的恭敬对象是同乡。'"

季子听了这话，说："恭敬叔父是敬，恭敬弟弟也是敬，可见义是外在的，不是发自内心的。"

公都子说："冬天喝热水，夏天喝凉水，那么饮食也取决于外物，而不是内在的需要吗？"

六

公都子曰："告子曰：'性无善无不善也。'或曰：'性可以为善，可以为不善。是故文、武兴①，则民好善；幽、厉兴②，则民好暴。'或曰：'有性善，有性不善。是故以尧为君而有象，以瞽瞍为父而有舜，以纣为兄之子且以为君，而有微子启、王子比干③。'今曰'性善'，然则彼皆非欤？"

孟子曰："乃若其情，则可以为善矣，乃所谓善也。若夫为不善，非才之罪也。恻隐之心，人皆有之；羞恶之心，人皆有之；恭敬之心，人皆有之；是非之心，人皆有之。恻隐之心，仁也；羞恶之心，义也；恭敬之心，礼也；是非之心，智也。仁义礼智，非由外铄我也，我固有之也，弗思耳矣。故曰：'求则得之，舍则失之。'或相倍蓰而无算者，不能尽其才者也。《诗》曰：'天生蒸民，有物有则。民之秉彝，好是懿德。'孔子曰：'为此诗者，其知道乎！故有物必有则，民之秉彝也，故好是懿德。'"

【注释】

①文、武：即周文王、周武王，是周代的两个圣王。

②幽、厉：即周幽王、周厉王，是周代的两个暴君。

③微子启：商纣王庶兄，名启。曾屡次劝谏商纣。周灭商后，称臣于周，后被封于宋，为宋国始祖。王子比干：商纣王的叔父，因屡次劝谏商纣，被剖心而死。

【译文】

公都子说："告子说：'人的本性没有善和不善的问题。'有人说：'人的本性可以让它善良，也可以让它不善；因此，周文王、周武王当政的时候，百姓就趋于善良；周幽王、周厉王当政的时候，百姓就趋于残暴。'又有人说：'有本性善良的，有本性不善良的；因此，有尧这样的圣人做君主，却有象这样恶劣的百姓；有瞽瞍这样的坏父亲，却有舜这样的好儿子；有商纣这样恶劣的侄儿，而且身为君主，却有微子启、王子比干这样的仁人。'如今您说人本性善良，那么他们说的都不对吗？"

孟子说："从人的天赋资质来看，是可以使它善良的，这就是我所说的人性善良。至于有些人做坏事，不是天赋资质的错。同情心，人人有；羞耻心，人人有；恭敬心，人人有；是非心，人人有。同情心即是仁，羞耻心即是义，恭敬心即是礼，是非心即是智。仁、义、礼、智，不是外人教我的，是我原本就有的，只是没深入思考过罢了。因此说：'一经探求就会得到它，一加放弃就会失掉它。'人们之间有相差一倍、五倍甚至无数倍的，就是不能全部发挥出人的天赋资质的缘故。《诗经》说：'上天生养万民，事物都有法则。百姓把握常规，喜爱美好品德。'孔子说：'作这首诗的人，一定是个了解大道的人啊！因此，有事物便有其不变的法则；百姓把握了它，所以喜欢美好的品德。'"

七

孟子曰："富岁，子弟多赖①；凶岁，子弟多暴。

非天之降才尔殊也，其所以陷溺其心者然也。今夫
麰麦②，播种而耰之③，其地同，树之时又同，浡然
而生，至于日至之时④，皆熟矣。虽有不同，则地
有肥硗⑤，雨露之养、人事之不齐也。

故凡同类者，举相似也，何独至于人而疑之？
圣人与我同类者。故龙子曰：'不知足而为屦⑥，我
知其不为蒉也⑦。'屦之相似，天下之足同也。口之
于味，有同耆也，易牙先得我口之所耆者也⑧。如
使口之于味也，其性与人殊，若犬马之与我不同类
也，则天下何耆皆从易牙之于味也？至于味，天
下期于易牙，是天下之口相似也。惟耳亦然。至
于声，天下期于师旷，是天下之耳相似也。惟目亦
然。至于子都⑨，天下莫不知其姣也。不知子都之
姣者，无目者也。故曰：口之于味也，有同耆焉；
耳之于声也，有同听焉；目之于色也，有同美焉。
至于心，独无所同然乎？心之所同然者何也？谓理
也，义也。圣人先得我心之所同然耳。故理义之悦
我心，犹刍豢之悦我口⑩。"

【注释】

①赖：通"懒"，懒惰。

②麰（móu）麦：大麦。

③耰（yōu）：古农具，用于碎土平田。文中指播种
　后，覆土保护种子。

④日至：指夏至和冬至。文中指夏至。

⑤硗（qiāo）：坚硬多石的贫瘠土地。

⑥屦（jù）：草鞋。

⑦蒉（kuì）：草编的筐。

⑧易牙：春秋时齐桓公的宠臣。长于调味，善于逢迎，传说曾烹其子为羹以献齐桓公。

⑨子都：人名，春秋时郑国的美男子。

⑩刍豢：草食动物叫刍，如牛、羊等；谷食动物叫豢，如狗、猪等。

【译文】

孟子说："丰年，年轻人大多懒惰；灾年，年轻人大多强暴。不是天生资质如此不同，而是所处的环境使他们心情变得糟糕。就拿大麦来说吧，撒下种子用土盖好，如果土质相同，播种时间又相同，便会生机勃勃地长起来，到夏至的时候，都会成熟了。即使有所不同，那也是土地有肥有瘠，雨露滋养有多有少，人们劳作程度不同的缘故。

因此说，凡是同类的事物，都是相似的，为何单单说到人，就心生疑问了呢？圣人也是和我们同类的人。因此，龙子说过：'不用看清脚样去编草鞋，我知道编出来的不会是筐。'草鞋之所以相似，是由于天下人的脚都大致相同。嘴巴对于味道，有着同样的嗜好；易牙是预先摸清了这一嗜好的人。假如嘴巴对于味道的感觉，因人而异，而且就像狗、马和我们人类有着本质的不同一样，那么天下人为何都追随易牙的口味呢？说到口味，天下人都希望成为易牙，这是由于天下人的味觉都相似。耳朵也是这样。说到声音，天下人都希望成为师旷，这是由于天下人的听觉都相似。眼睛也是这样。说到子都，天下没有谁不知道他英俊。不知道子都的英俊的，是没长眼睛的人。因此说，嘴巴对于味道，有着相同的嗜好；耳朵对于声音，有着相同的听觉；眼睛对于姿色，有着相同的美感。一说到心，难道就单单没有什么相同的了吗？人心所公认的东西是什么？是理，是义。圣人先于普通人得知了我们心中共同的东西。因此说，理义使我心愉悦，就像牛、羊、猪、狗的肉合我的口味一样。"

八

孟子曰："牛山之木尝美矣①，以其郊于大国也②，斧斤伐之，可以为美乎？是其日夜之所息，雨露之所润，非无萌蘖之生焉③，牛羊又从而牧之，是以若彼濯濯也④。人见其濯濯也，以为未尝有材焉，此岂山之性也哉？虽存乎人者，岂无仁义之心哉？其所以放其良心者，亦犹斧斤之于木也，旦旦而伐之，可以为美乎？其日夜之所息，平旦之气⑤，其好恶与人相近也者几希，则其旦昼之所为⑥，有梏亡之矣⑦。梏之反覆，则其夜气不足以存。夜气不足以存，则其违禽兽不远矣。人见其禽兽也，而以为未尝有才焉者，是岂人之情也哉？故苟得其养，无物不长；苟失其养，无物不消。孔子曰：'操则存，舍则亡；出入无时，莫知其乡⑧。'惟心之谓与？"

①牛山：在今山东临淄南。

②郊：此指生长在郊外。大国：指临淄，是当时的大城市。

③萌：草木萌发。蘖（niè）：树木被砍伐后再生的枝芽。

④濯濯（zhuó）：光秃的样子。

⑤平旦：清晨。

⑥旦昼：白天。

⑦梏：刑具名，木制手铐。此指器械。

⑧乡：通"向"。

【译文】

孟子说："牛山的树木曾经是繁茂的，可是它生长在大城市的郊外，总有斧子去砍伐它，还能长得繁茂吗？这些树木日夜不停地生长繁殖着，雨水露珠滋润着它们，不是没有新条、嫩芽长出来，可是人们又紧跟着在这里放牧牛羊，因此才那样光秃。人们看见那山光秃秃的，就以为它不曾生长过树木，这难道是山的本性吗？在人的身上，难道没有仁义之心吗？之所以有人失掉了他的善良之心，也像斧子对待树木一样，天天砍它，怎么能让它繁茂呢？他在日里夜里萌生的善心，他在清晨触及的清新之气，这些在他心中所引发的好恶跟一般人也有点接近。然而，到了第二天白天做出的事，就把那点与常人相同的善心给泯灭了。反反复复地泯灭，那么他夜里心中萌生的良善就不能存在下去；夜里萌生的良善不能存留心，那么他就和禽兽相差无几了。别人看见他是个禽兽，就以为他不曾有过好的资质，这难道是人的本性吗？因此说，假如得到好的滋养，没有东西不能生长；假如丧失了好的滋养，没有东西不会消亡。孔子说：'抓住了就存在，放弃了就失去；出来进去没有确定的时间，没谁知道它的去向。'说的就是人心吧？"

九

孟子曰："无或乎王之不智也①。虽有天下易生之物也，一日暴之②，十日寒之，未有能生者也。吾见亦罕矣，吾退而寒之者至矣，吾如有萌焉何哉？今夫弈之为数③，小数也；不专心致志，则不得也。弈秋，通国之善弈者也。使弈秋诲二人弈，其一人专心致志，惟弈秋之为听。一人虽听之，一心以为有鸿鹄将至④，思援弓缴而射之⑤，虽与之俱学，弗若之矣。为是其智弗若与？曰：非然也。"

【注释】

①或：通"惑"，疑惑。

②暴（pù）：晾晒。

③弈（yì）：围棋。数：技艺。

④鸿鹄：鸟名，即天鹅。

⑤缴（zhuó）：系于箭上的丝绳。

【译文】

孟子说："难怪王不聪明。天下即使有容易生长的植物，晒它一天后，又冻它十天，没有能长得了的。我见您的次数也算很少了，我退居家中，把他冷淡到极点，纵使有善心萌动的情况，我能对它怎么办呢？下棋在各种技艺当中属于很小的技艺；可是，如果不全心全意，就学不好。弈秋是全国的下棋高手。假如让弈秋教两个人学下棋，其中一个人一心一意地学，只听弈秋的讲解。另一个人虽然也听着，但一心以为也许会有大雁飞来，想着拿起弓箭去射它，虽然和前一个人一起学下棋，但却不如那个人学得好。是因为他的聪明程度赶不上人家吗？当然不是这样。"

十

孟子曰："鱼，我所欲也，熊掌，亦我所欲也；二者不可得兼，舍鱼而取熊掌者也。生，亦我所欲也，义，亦我所欲也；二者不可得兼，舍生而取义者也。生亦我所欲，所欲有甚于生者，故不为苟得也；死亦我所恶，所恶有甚于死者，故患有所不辟也。如使人之所欲莫甚于生，则凡可以得生者，何不用也？使人之所恶莫甚于死者，则凡可以辟患者，何不为也？由是则生而有不用也，由是则可以辟患而有不为也，是故所欲有甚于生者，所恶有甚于死者。非独贤者有是心也，人皆有之，贤者能勿丧耳。一箪食①，一豆羹②，得之则生，弗得则死，呼尔而与之，行道之人弗受；蹴尔而与之③，乞人不屑也。万钟则不辩礼义而受之④。万钟于我何加焉？为宫室之美、妻妾之奉、所识穷乏者得我与？乡为身死而不受⑤，今为宫室之美为之；乡为身死而不受，今为妻妾之奉为之；乡为身死而不受，今为所识穷乏者得我而为之，是亦不可以已乎？此之谓失其本心。"

【注释】

①箪（dān）：盛饭的竹器。

②豆：古代一种盛食物的器皿，形似高脚盘。

③蹴（cù）：踢。

④钟：容量单位，六斛四斗为一钟。

⑤乡：通"向"，以往。

【译文】

孟子说："鱼是我喜爱的，熊掌也是我喜爱的；如果二者不能兼得，那么就舍弃鱼，而要熊掌。生命是我所喜爱的，大义也是我所喜爱的；如果二者不能兼得，那么就牺牲生命，而去取义。生命是我所喜爱的，如果所喜爱的有比生存更重要的，因此就不苟且偷生；死是我所厌恶的，所厌恶的东西如果胜过了死亡，因此就不躲避祸患。如果使人所厌恶的没有超过生命的，那么所有能够求生的方法，有什么不用的呢？如果使人所喜爱的没有超过死亡的，那么所有能够躲避祸患的方法，哪有不用的呢？从中可以生存的办法，却有人不用；从中能够躲避祸患的方法，却有人不用，因此可以看出，有比生命更让人想得到的，有比死亡更让人厌恶的。不只是贤德的人有这种心理，人人都有，只是贤德的人没有丧失它罢了。一箪饭，一碗汤，得到了就能活下来，得不到就会死，吆喝着给他，连过路的饿人都不愿接受；用脚踩后再给人，连乞丐都不屑接受。

有人面对万钟的俸禄就不管是否合乎礼义，欣然接受。万钟的俸禄对我有什么益处呢？为了住房的豪华、妻妾的侍奉、所认识的穷人感激我吗？从前宁愿去死都不肯接受的，现在为了住房的豪华而接受了；从前宁愿去死都不愿接受的，现在为了妻妾的侍奉而接受了；从前宁愿去死都不肯接受的，现在为了自己认识的穷人感激我而接受了，这些不是可以不做的事吗？这就叫失掉了他的本性。"

<h2 align="center">十一</h2>

孟子曰："仁，人心也；义，人路也。舍其路而弗由①，放其心而不知求，哀哉！人有鸡犬放，则知求之；有放心而不知求。学问之道无他，求其放心而已矣。"

【注释】

①由：经过，通过。

【译文】

孟子说："仁指的是人心，义指的是人走的路。放弃那正道不走，丧失了善良的本性而不知道去寻找，可悲啊！人们有鸡狗走丢了，便知道去找回来；有丧失了善心的，却不知道去寻找。学问之道没有别的，就是找回来那丧失了的善心罢了。"

<h2 align="center">十二</h2>

孟子曰："今有无名之指，屈而不信①，非疾痛

害事也，如有能信之者，则不远秦、楚之路，为指之不若人也。指不若人，则知恶之；心不若人，则不知恶，此之谓不知类也。"

【注释】

①信：通"伸"。

【译文】

孟子说："现在有人无名指弯曲伸展不开，不是很疼痛，也不妨碍做事，可是，如果有人能让它重新伸直，那么就是让他前往秦国、楚国去治，他也不会觉得路远，为的是无名指不及别人。手指不如别人，就知道厌恶；心性赶不上别人，却不知道厌恶，这就叫不知轻重。"

十三

孟子曰："拱把之桐梓①，人苟欲生之，皆知所以养之者。至于身，而不知所以养之者，岂爱身不若桐梓哉？弗思甚也。"

【注释】

①拱把：指树木尚小。拱，两手合围。把，一手所握。

【译文】

孟子说："一两把粗的桐树、梓树，假如人想要它生长起来，都知道怎么才能把它养大。说到自身，却不知道如何去修养，难道对自己的爱还赶不上对桐树、梓树的爱吗？实在是太不愿动脑了。"

十四

孟子曰:"人之于身也,兼所爱。兼所爱,则兼所养也。无尺寸之肤不爱焉,则无尺寸之肤不养也。所以考其善不善者,岂有他哉?于己取之而已矣。体有贵贱,有小大。无以小害大,无以贱害贵。养其小者为小人,养其大者为大人。今有场师,舍其梧槚①,养其樲棘②,则为贱场师焉。养其一指而失其肩背,而不知也,则为狼疾人也③。饮食之人,则人贱之矣,为其养小以失大也。饮食之人无有失也,则口腹岂适为尺寸之肤哉④?"

【注释】

①梧:梧桐树。槚(jiǎ):即楸树,木理细密,是上等木料。

②樲(èr):即酸枣。棘:荆棘。

③狼疾:即"狼藉",糊涂。

④适:通"啻"(chì),但,只。

【译文】

孟子说:"人们对于自己的身体,无所不爱。全都爱护,就全都保养。没有一尺、一寸的肌肤不爱护,那么就没有一尺、一寸的肌肤得不到保养。因此,考察他保养得好与不好,难道有别的好办法吗?只要看他重点养护的是哪些部分就可以了。身体有至关重要的部分,有微不足道的部分;有小的部分,有大的部分。不要因为小的部分而损害大的部分,不要因为微不足道的部分而损害至关重要的部分。能保养好小的部分的是小人，能保养好大的部分的是君子。假如说有这样一个园艺家，把梧桐、梓树丢在一边，而去养护酸枣、荆棘，那么他就是个不称职的园艺家。假如有人只保养他的一根手指，而失掉了肩头、后背的功能，自己却还不知道，那便是个糊涂虫。只在吃喝上下工夫的人，人们看不起他，因为他保养小的部分，而失掉了大的部分。如果讲究吃喝的那些人没丢掉思想的培养，那么他们吃喝的目的难道只为保养口、腹这些小部分的需要吗？"

十五

公都子问曰："钧是人也^①，或为大人，或为小人，何也？"

孟子曰："从其大体为大人，从其小体为小人。"

曰："钧是人也，或从其大体，或从其小体，何也？"

曰："耳目之官不思，而蔽于物。物交物，则引之而已矣。心之官则思，思则得之，不思则不得也。此天之所与我者。先立乎其大者，则其小者弗能夺也。此为大人而已矣。"

【注释】

①钧：通"均"，同样。

【译文】

公都子问道："同样是人，有人是君子，有人是小人，这是为什么呢？"

孟子说："顺应身体重要器官需要的就是君子，顺应身体次要器官需要的就是小人。"

公都子又问："同样是人，有人顺应重要器官的需要，有人顺应次要器官的需要，这又是为什么呢？"

孟子回答说："耳朵、眼睛这类器官不会思考，所以被外物所蒙蔽。耳朵、眼睛也只不过是物。物与物接触，便会受到诱惑罢了。心的功能在于思考，思考了就会有所得，不思考就一无所获。这是上天赐予我们人类的。所以，心是重要器官。先把心这个重要器官的地位树立起来，那么，那些次要的器官就不能夺走人心中的善性。这样就成为君子了。"

十六

孟子曰："有天爵者，有人爵者。仁义忠信，乐善不倦，此天爵也；公卿大夫，此人爵也。古之人修其天爵，而人爵从之。今之人修其天爵，以要人爵；既得人爵，而弃其天爵，则惑之甚者也，终亦必亡而已矣。"

【译文】

孟子说："有天赐爵位，有社会爵位。仁义忠信，行善且乐此不疲，这是天赐的爵位；公卿大夫，这是社会的爵位。古时的人，修养自己的天赐爵位，然后社会爵位就随之而来。现在的人修养天赐爵位，以此来追逐社会爵位；

得到社会爵位以后，就丢掉了天赐爵位，那实在是太糊涂了，最终必然连社会爵位也丧失掉。"

十七

孟子曰："欲贵者，人之同心也。人人有贵于己者，弗思耳。人之所贵者，非良贵也。赵孟之所贵①，赵孟能贱之。《诗》云：'既醉以酒，既饱以德。'②言饱乎仁义也，所以不愿人之膏粱之味也③。令闻广誉施于身，所以不愿人之文绣也④。"

【注释】

①赵孟：即春秋时晋国的执政大臣赵盾。此指代有权势的人。

②"既醉"二句：诗句见《诗经·大雅·既醉》。

③膏粱：指精美的食物。膏，指肥肉。粱，指谷类中的精细的小米。

④文绣：绣有彩色花纹的衣服。

【译文】

孟子说："希求富贵，是人们的共同心理。每个人自身都有可宝贵的东西，只是不去想它罢了。别人给予的尊贵，不是真正的尊贵。赵孟所尊贵的，赵孟也能使他卑贱。《诗经》说："酒已经喝醉，德已经享尽。'说的就是已经饱尝了仁义之德，因而不羡慕人家肥肉、精米的美味。广为人知的好名声集于一身，因而不羡慕别人的锦绣衣裳。"

十八

孟子曰："仁之胜不仁也，犹水胜火。今之为仁者，犹以一杯水救一车薪之火也，不熄，则谓之水不胜火。此又与于不仁之甚者也，亦终必亡而已矣。"

【译文】

孟子说："仁能够战胜不仁，就像水能够灭火。如今施行仁德的人，就像拿一杯水来救一车木柴燃起的大火；灭不了火，就说水不能扑灭火。这些人又和很不仁的人一样了，最后连他们已有的那点仁德也会丧失掉。"

十九

孟子曰："五谷者，种之美者也。苟为不熟，不如荑稗①。夫仁亦在乎熟之而已矣。"

【注释】

①荑稗（tíbài）：即"稊稗"。荑，稗子类的草，结实，可作饲料。

【译文】

孟子说："五谷是庄稼中的好东西。可是如果没成熟，还不如稗子之类的野草。仁也是这样，关键在于使它成熟罢了。"

二十

孟子曰："羿之教人射，必志于彀①。学者亦必志于彀。大匠诲人，必以规矩，学者亦必以规矩。"

【注释】

①彀（gòu）：把弓拉满。

【译文】

孟子说："羿教人射箭，一定要让人把弓拉满；学习的人也一定要努力把弓拉满。技艺高超的木工教导人，一定要遵循规矩，学习的人也一定要遵循规矩。"

卷十二·告子下

　　本篇共十六章。包含内容较多，且较零散。其中，观点较为集中的是第七章到第十一章，主要围绕"尊王抑霸"、"实行仁政"这个主题展开，坚定地高扬王道，反对霸道；抨击穷兵黩武，批评为政不仁。其他章节，涉及内容还包括关于礼仪重要性的论辩；关于君子修身之道的论述，鲜明地提出"人皆可以为尧、舜"、"圣人可学而至"的观点，鼓励士人以圣人为榜样，积极行道。讲求诚信，加强自身修养，尤其是逆境下的修养和奋斗，进而提出"生于忧患而死于安乐"的著名论点；有关于君子为政之道的论述，提出了君子出世任职的原则，使士人明确在哪些情况下可以出来做官。此外，也有关于教育方法的论述，如倡导实行教育时，应区别对待，因材施教等。

一

任人有问屋庐子曰①："礼与食孰重？"

曰："礼重。"

"色与礼孰重？"

曰："礼重。"

曰："以礼食，则饥而死；不以礼食，则得食，必以礼乎？亲迎②，则不得妻；不亲迎，则得妻，必亲迎乎？"

屋庐子不能对。明日之邹③，以告孟子。

孟子曰："於！答是也，何有？不揣其本④，而齐其末，方寸之木可使高于岑楼⑤。金重于羽者，岂谓一钩金与一舆羽之谓哉⑥？取食之重者与礼之轻者而比之，奚翅食重⑦？取色之重者与礼之轻者而比之，奚翅色重？往应之曰：'绐兄之臂而夺之食⑧，则得食；不绐，则不得食，则将绐之乎？踰东家墙而搂其处子⑨，则得妻；不搂，则不得妻；则将搂之乎？'"

【注释】

①任：国名。屋庐子：孟子的弟子，名连。

②亲迎：古代婚礼仪式之一，新郎亲自到女方家迎娶新娘。

③邹：古国名。周武王所封，称邾。战国时改称邹，后为楚所灭。

④揣：度量。

⑤岑楼：尖角高楼。

⑥一钩金：带钩用金半钩，重量为三钱多。

⑦翅（chì）：通"啻"，只，但。

⑧紾（zhěn）：扭转。

⑨隃（yú）：越过，跨过。处子：未出嫁的女子，即处女。

【译文】

有个任国人问屋庐子说："礼仪和饮食哪个重要？"

屋庐子回答说："礼仪重要。"

"娶妻和礼仪哪个重要？"

屋庐子说："礼仪重要。"

任国人继续问："如果依照礼仪去谋食，就会饿死；不依礼仪去谋食，就能得到吃的，那么一定要遵守礼法吗？依亲迎礼行事，就得不到妻子；不依亲迎礼行事，就能得到妻子，那么一定要依亲迎礼吗？"

屋庐子回答不上来。第二天去邹国，把任国人的话告诉孟子。

孟子说："回答这个问题有什么难的呢？不去度量根基的高低，而只让顶端平齐，这样的话，一寸厚的小木块，若是放在高处，都可以使它高过尖角的高楼。金子比羽毛重，难道能因此说三钱多重的金子比一车羽毛都重吗？如果拿饮食的重要方面来和礼仪的次要方面对比，何止是吃的重要？拿婚姻的重要方面和礼仪的次要方面对比，何止是娶妻重要？你去跟他说：'扭住哥哥的胳膊，抢他的饭吃，就能得到吃的；不扭他的胳膊，就得不到吃的，那么就该去扭吗？跨过东邻家的院墙，搂抱未出嫁的女子，就会得到妻子；不搂抱，就得不到妻子，那么就该去搂抱吗？'"

二

曹交问曰^①："人皆可以为尧、舜，有诸？"

孟子曰："然。"

"交闻文王十尺，汤九尺。今交九尺四寸以长，食粟而已，如何则可？"

曰："奚有于是？亦为之而已矣。有人于此，力不能胜一匹雏，则为无力人矣。今曰举百钧，则为有力人矣。然则举乌获之任^②，是亦为乌获而已矣。夫人岂以不胜为患哉？弗为耳。徐行后长者谓之弟^③，疾行先长者谓之不弟。夫徐行者，岂人所不能哉？所不为也。尧、舜之道，孝弟而已矣。子服尧之服，诵尧之言^④，行尧之行，是尧而已矣。子服桀之服，诵桀之言，行桀之行，是桀而已矣。"

曰："交得见于邹君，可以假馆，愿留而受业于门。"

曰："夫道若大路然，岂难知哉？人病不求耳^⑤。子归而求之，有余师。"

【注释】

①曹交：人名。

②乌获：人名，秦武王时的力士。文中代指力士。

③弟：同"悌"，尊敬和顺从兄长。

④诵：讲述，陈述。

⑤病：毛病，缺点。

【译文】

曹交问道："人人都可以成为尧、舜，有这话吗？"

孟子说："有。"

"我听说周文王身长一丈，商汤身长九尺。现在我身长九尺四寸，只会吃饭罢了，要怎样才可以成为尧、舜呢？"

孟子说："这有什么关系呢？只要去做就可以了。假如有个人，他的力气提不起一只小鸡，那么他就是个没力气的人；假如他能举起三千斤，就是个有力气的人了。那么，举得起乌获所能承受的重量的，也就是乌获了。人难道该为不能胜任发愁吗？只是不去做罢了。在长者身后慢慢走，叫做悌；快步走到长者前边去，叫做不悌。慢一点走，难道是人做不到的事吗？只是不去做罢了。尧、舜之道，就是孝和悌而已。你穿上尧的衣服，说尧说的话，做尧做的事，你就是尧了。你穿桀的衣服，说桀说的话，干桀干的事，你就是桀了。"

曹交说："我要是能见到邹国国君，就向他借个住处，愿意留下来在您门下学习。"

孟子回答说："道就像条大路，难道难以知晓吗？人的缺点在于不去寻求罢了。你回去找找，老师多着呢。"

三

公孙丑问曰："高子曰①：《小弁》②，小人之诗也。"

　　孟子曰："何以言之？"

　　曰："怨。"

　　曰："固哉，高叟之为诗也！有人于此，越人关弓而射之③，则己谈笑而道之，无他，疏之也。其兄关弓而射之，则己垂涕泣而道之，无他，戚之也。《小弁》之怨，亲亲也。亲亲，仁也。固矣夫，高叟之为诗也！"

　　曰："《凯风》何以不怨④？"

　　曰："《凯风》，亲之过小者也；《小弁》，亲之过大者也。亲之过大而不怨，是愈疏也；亲之过小而怨，是不可矶也⑤。愈疏，不孝也；不可矶，亦不孝也。孔子曰：'舜其至孝矣，五十而慕⑥。'"

【注释】

①高子：人名，疑非孟子弟子高子。

②《小弁（pán）》：《诗经·小雅》中的诗篇。旧说是讽刺周幽王的诗，或说是周宣王名臣尹吉甫之子因遭后母谗言而作。

③关：通"弯"，拉满弓，开弓。

④《凯风》：《诗经·邶风》中的诗篇。通篇是自责以安慰母亲的言词。

⑤矶（jī）：激怒，触犯。

⑥慕：依恋。

【译文】

公孙丑问道："高子说：《小弁》这首诗是小人写的。"

孟子说："凭什么这么说呢？"

公孙丑回答说："因为诗里含有怨恨之意。"

孟子说："高老先生讲诗实在是太机械了。假如说有这么个人，越国人开弓去射他，那么他会笑着讲述此事；没有别的原因，因为越国人和他关系很远。如果是他的哥哥开弓去射他，他会流着眼泪讲述此事；没有别的原因，因为哥哥是他的亲人。《小弁》的怨恨，正是出于对亲人的爱。热爱亲人是仁的体现。高老先生讲诗实在是太机械了！"

公孙丑说："《凯风》这首诗为什么没有怨恨之意呢？"

孟子答道："《凯风》这首诗，母亲的过错不大；《小弁》这首诗，父亲的过错很大。父母的过错很大，却不怨恨，这是越发疏远他们了。父母的过错不大，却去怨恨他们，是受不得刺激。越发疏远是不孝；受不得刺激，也是不孝。孔子说：'舜大概是最孝顺的了，五十岁还依恋父母。'"

四

宋牼将之楚①，孟子遇于石丘②，曰："先生将何之③？"

曰："吾闻秦、楚构兵④，我将见楚王说而罢之。楚王不悦，我将见秦王说而罢之。二王我将有所遇焉。"

曰："轲也请无问其详，愿闻其指⑤。说之将何如？"

曰："我将言其不利也。"

曰："先生之志则大矣，先生之号则不可⑥。先生以利说秦、楚之王，秦、楚之王悦于利，以罢三军之师，是三军之士乐罢而悦于利也。为人臣者怀利以事其君，为人子者怀利以事其父，为人弟者怀利以事其兄，是君臣、父子、兄弟终去仁义，怀利以相接，然而不亡者，未之有也。先生以仁义说秦、楚之王，秦、楚之王悦于仁义，而罢三军之师，是三军之士乐罢而悦于仁义也。为人臣者怀仁义以事其君，为人子者怀仁义以事其父，为人弟者怀仁义以事其兄，是君臣、父子、兄弟去利，怀仁义以相接也，然而不王者，未之有也。何必曰利？"

【注释】

①宋牼（kēng）：也叫宋钘（jiān）、宋荣，宋国人，战国时期著名学者。

②石丘：地名，今地未详。

③先生：宋牼原与孟子相识，且年长于孟子，因此孟子称之为先生。

④构兵：交战。构，交合，连接。

⑤指：意指，意向。

⑥号：提法，说法。

【译文】

宋牼要到楚国去，孟子在石丘遇到他，孟子说："您要到哪儿去？"

宋牼回答说："我听说秦国和楚国要开战，我要去面见楚王劝说他罢兵。假如楚王不听的话，我就去面见秦王劝他罢兵。这两个国君总会有一个听我话的。"

孟子说："我不想问您详细情况，愿听听您的大意。您打算怎样去劝说他们呢？"

宋轻回答说："我打算说说交战的不利之处。"

孟子说："您的志向是很好的，然而您的提法却行不通。您用利来劝说秦王、楚王，秦王、楚王因为有利可图而欢喜，于是终止军事行动，这样的话，军队的将士就会为休战而高兴，从而喜欢利。做臣子的，怀着利益之心去侍奉他的君主，做儿子的怀着利益之心去侍奉他的父亲，做弟弟的怀着利益之心去侍奉他的兄长，这就会导致君臣、父子、兄弟之间最终都会抛弃仁义，怀着利益之心交往，在这种情况下国家不灭亡的，还没有过。您若以仁义去劝说秦王、楚王，秦王、楚王喜欢仁义而高兴，于是撤除军队，这会使军队将士高兴休兵，进而喜欢仁义。做臣子的怀着仁义之心去侍奉他的君主，做儿子的怀着仁义之心去侍奉他的父亲，做人弟弟的怀着仁义之心去侍奉兄长，这会使君臣、父子、兄弟去除求利的念头，而怀着仁义之心交往，这样却不能统一天下，是不曾有过的。为什么一定要谈到'利'呢？"

五

孟子居邹。季任为任处守①，以币交，受之而不报。处于平陆②，储子为相，以币交，受之而不报。他日，由邹之任，见季子；由平陆之齐，不见储子。屋庐子喜曰:"连得间矣^③!"问曰:"夫子之任,见季子,之齐,不见储子,为其为相与?"

曰:"非也。《书》曰^④:'享多仪^⑤,仪不及物曰不享,惟不役志于享。'为其不成享也。"

屋庐子悦。或问之,屋庐子曰:"季子不得之邹,储子得之平陆。"

【注释】

①季任:任国国君的弟弟。

②平陆:地名,战国时为齐地。

③连:屋庐子的名。

④《书》曰:此处引自《尚书·洛诰》。

⑤多:称赞。

【译文】

孟子住在邹国的时候,季任留守任国,代理政事,送礼物给孟子,想交个朋友,孟子收下了礼物,但没有回谢。当孟子住在平陆的时候,储子做齐国卿相,送礼物给孟子,想交朋友,孟子也收下了礼物而没有回谢。过了些日子,孟子从邹国到任国去,拜访了季子;从平陆到齐都去,却没有拜访储子。屋庐子高兴地说:"这回我可找到老师的岔子了。"于是问道:"您到任国去,拜访了季子;到齐都,却没拜访储子,是因为储子只是个卿相吗?"

孟子回答说:"不是这样。《尚书》说:'享献之礼推重仪节,如果仪节没有到位,礼物再多也不算是享献,因为没有用心于此。'是因为这样不称其为享献。"

屋庐子很高兴。有人问他，屋庐子回答说："季子无法亲自到邹国去拜访先生，储子却可以亲自到平陆去拜访。"

六

淳于髡曰①："先名实者，为人也；后名实者，自为也。夫子在三卿之中②，名实未加于上下而去之，仁者固如此乎？"

孟子曰："居下位，不以贤事不肖者，伯夷也。五就汤，五就桀者，伊尹也。不恶污君，不辞小官者，柳下惠也。三子者不同道，其趋一也。一者何也？曰：仁也。君子亦仁而已矣，何必同？"

曰："鲁缪公之时，公仪子为政③，子柳、子思为臣④，鲁之削也滋甚。若是乎，贤者之无益于国也！"

曰："虞不用百里奚而亡，秦缪公用之而霸。不用贤则亡，削何可得与⑤？"

曰："昔者王豹处于淇⑥，而河西善讴⑦。绵驹处于高唐⑧，而齐右善歌；华周杞梁之妻善哭其夫而变国俗⑨。有诸内，必形诸外。为其事而无其功者，髡未尝睹之也。是故无贤者也，有则髡必识之。"

曰："孔子为鲁司寇，不用，从而祭，燔肉不至⑩，不税冕而行⑪。不知者以为为肉也，其知者以为为无礼也。乃孔子则欲以微罪行，不欲为苟去。君子之所为，众人固不识也。"

【注释】

①淳于髡（kūn）：人名。姓淳于，名髡，齐国人。

②三卿：在孟子所处时代，一般指上卿、亚卿和下卿。

③公仪子：即公仪休。

④子柳：即泄柳。春秋时鲁国人。

⑤与：语助词，表疑问。

⑥王豹：齐人，擅长歌唱。

⑦讴：歌唱。

⑧绵驹：齐人，擅长歌唱。高唐：地名，故址在今山东禹城西南。

⑨华周：也叫华旋，齐国人。杞梁：春秋时期齐国大夫。

⑩燔（fán）肉：祭肉。燔，通"膰"。

⑪税（tuō）冕：脱掉祭祀时戴的礼帽。税，通"脱"。冕，祭祀时戴的礼帽。

【译文】

淳于髡说："把名声功业看得很重的人，是为了济世救民；不很看重名声功业的人，是为了独善其身。您是齐国三卿之一，有关上助君王、下救百姓的名声、功业都没有，就要离开齐国，仁者难道原本就是这样的吗？"

孟子说："身处卑贱的地位，不以自己贤能之身侍奉无德之君，这是伯夷；五次前往商汤那里，又五次前往夏桀那里的，这是伊尹；不厌恶污浊之君，不拒绝做个小官的人是柳下惠。这三个人的处世之道并不相同，但大方向是一致的。这一致的东西是什么呢？应该说就是仁。君子做到仁就可以了，为什么一定要处处相同呢？"

淳于髡说："鲁穆公的时候，公仪子执政，子柳、子思当大臣，鲁国的国土削减得更厉害了。贤人对国家是这样的没有好处呀！"

孟子说："虞国不任用百里奚，因而亡国；秦穆公重用百里奚，因而称霸。不任用贤人就会导致灭亡，想要勉强支撑都是做不到的。"

淳于髡说："从前王豹住在淇水边的时候，住在河西的人都善于唱歌；绵驹住在高唐，齐国西部的人都善唱歌；华周、杞梁的妻子擅长哭夫，因而改变了国家的民俗。里面存在的东西，一定会体现在外面。做某种事，却不见功效的，我从未见过。因此说，是没有贤人；有的话，我一定会知道他。"

孟子说："孔子做鲁国司寇的时候，不被重用，跟随君主祭祀，祭肉没有送到他这里，于是没顾上摘掉祭祀戴的礼帽，就离开了。不了解孔子的人以为他是为了祭肉的缘故，了解孔子的人认为他是为了鲁君的失礼而离开的。至于孔子，他就是想要担点小罪名离开，不想随便走掉。君子所做的事，普通人本来就不能了解。"

七

孟子曰："五霸者，三王之罪人也。今之诸侯，五霸之罪人也。今之大夫，今之诸侯之罪人也。天子适诸侯曰巡狩，诸侯朝于天子曰述职。春省耕而补不足①，秋省敛而助不给②。入其疆，土地辟，田野治，养老尊贤，俊杰在位，则有庆③，庆以地。入其疆，土地荒芜，遗老失贤，掊克在位④，则有让。一不朝，则贬其爵，再不朝，则削其地，三不朝，则六师移之。是故天子讨而不伐，诸侯伐而不讨。五霸者，搂诸侯以伐诸侯者也⑤。故曰，五霸者，三王之罪人也。五霸，桓公为盛。葵丘之会诸侯⑥，束牲、载书而不歃血⑦。初命曰：'诛不孝，无易树子，无以妾为妻。'再命曰：'尊贤育才，以彰有德。'三命曰：'敬老慈幼，无忘宾旅。'四命曰：'士无世官，官事无摄⑧，取士必得，无专杀大夫⑨。'五命曰：'无曲防⑩，无遏籴⑪，无有封而不告。'曰：'凡我同盟之人，既盟之后，言归于好。'今之诸侯皆犯此五禁，故曰，今之诸侯，五霸之罪人也。长君之恶其罪小，逢君之恶其罪大。今之大夫皆逢君之恶，故曰，今之大夫，今之诸侯之罪人也。"

【注释】

①省：视察。

②敛：收聚。给：丰足。

③庆：封赏。

④掊克：依《经典释文》为"聚敛"之意。

⑤搂：聚合。

⑥葵丘：地名，今河南民权东三十里。

⑦载书：把盟书放在牺牲上。歃血：盟誓时杀牲而饮

其血以示诚信。

⑧摄：代理。

⑨专：专擅，独断独行。

⑩曲：无不，遍。

⑪籴（dí）：买进粮食。

【译文】

孟子说："五霸，是三王的罪人；如今的诸侯，是五霸的罪人；如今的大夫，是诸侯的罪人。天子到诸侯那里巡视叫巡狩，诸侯到天子那里朝拜叫述职。天子巡狩，春天视察耕种的情况，弥补财力不足的百姓；秋天视察收藏的情况，赈济粮食短缺的百姓。进入诸侯的疆土，如果土地得到开辟，田野得到治理，老人得到供养，贤人得到尊敬，杰出的人得以做官，那么就有封赏；拿土地来封赏。如果进入到诸侯的疆土，发现土地得不到开垦，老人得不到供养，贤人得不到任用，聚敛之人得以做官，就有责罚。一次不朝拜，就要降低他的爵位；两次不朝拜，就要削减他的封地；三次不朝拜，就要把军队开过去。因此，天子出兵是讨而不是伐，诸侯出兵是伐而不是讨。五霸，是聚合一部分诸侯去攻打另一部分诸侯的人。因此说，五霸是三王的罪人。五霸当中，齐桓公影响最大。在葵丘盟会诸侯，捆绑好牺牲，把盟书放在牺牲身上，而没有饮血。第一条盟约说：'声讨不孝之人，不要废立太子，不要立妾为妻。'第二条盟约说：'尊重贤人，培养人才，用来表彰有德之人。'第三条盟约说：'尊重老人，爱护幼小，不要慢待宾客、旅客。'第四条盟约说：'士人的官职不可世代相传，公家职务不可兼任，选用士人一定要得当，不可擅自杀戮大夫。'第五条盟约说：'不可到处构筑堤防，不可阻止邻国来采购粮食，不可施行封赏而不告诉盟主。'说：'所有参与这次同盟的人，在订立盟约以后，恢复从前的友好关系。'如今的诸侯都触犯了这五条禁令，因此说，如今的诸侯是五霸的罪人。助长君主的恶行，是小罪；逢迎君主的恶行，罪过就大了。如今的大夫都逢迎君主的恶行，因此说，如今的大夫，是诸侯的罪人。"

八

鲁欲使慎子为将军①。孟子曰："不教民而用之，谓之殃民②。殃民者，不容于尧、舜之世。一战胜齐，遂有南阳③，然且不可——"

慎子勃然不悦，曰："此则滑釐所不识也④。"

曰："吾明告子：天子之地方千里，不千里，不足以待诸侯。诸侯之地方百里，不百里，不足以守宗庙之典籍。周公之封于鲁，为方百里也，地非不足，而俭于百里⑤。太公之封于齐也，亦为方百里也，地非不足也，而俭于百里。今鲁方百里者五，子以为有王者作，则鲁在所损乎，在所益乎？徒取诸彼以与此，然且仁者不为，况于杀人以求之乎？君子之事君也，务引其君以当道，志于仁而已。"

【注释】

①慎子：人名，善于用兵。

②殃：残害。

③南阳：地名，即汶阳。在泰山西南，汶水之北，是春秋时期齐、鲁两国争夺的要地。

④滑釐（xī）：即上文的慎子。识：知道。

⑤俭：少。

【译文】

鲁国要让慎子做将军。孟子说："不对百姓施行教化就使用他们作战，这叫残害百姓。残害百姓的人，在尧、舜那个时代是绝对不能容许的。打一次仗，战胜齐国，于是拥有南阳，这样尚且不可以——"

慎子突然不高兴地说："这可是我所不知道的。"

孟子说："我明白地告诉你：天子的土地方圆千里；不够一千里的话，就不能够接待诸侯。诸侯的土地方圆百里；不够百里的话，就不能守住祖宗传下来的礼法制度。周公被封于鲁，方圆一百里；土地不是不够，可实际上少于一百里。太公被封于齐，也是方圆一百里；土地不是不够，可实际上少于一百里。如今鲁国有五个方圆一百里的土地范围，你认为如果有圣主明王兴起的话，那么鲁国的土地会处在被减损之列，还是被增加之列呢？不用兵力只是从那个国家拿来东西给予这个国家，仁人尚且不去做，何况用杀人的方式去求取土地呢？君子侍奉君主，应一心一意地引导君王走正路，用心于仁罢了。"

九

孟子曰："今之事君者皆曰：'我能为君辟土地，

充府库。'今之所谓良臣，古之所谓民贼也。君不乡道①，不志于仁，而求富之，是富桀也。'我能为君约与国②，战必克。'今之所谓良臣，古之所谓民贼也。君不乡道，不志于仁，而求为之强战，是辅桀也。由今之道，无变今之俗，虽与之天下，不能一朝居也。"

【注释】

①乡：通"向"。

②与国：友好的国家。

【译文】

孟子说："如今侍奉君主的人都说：'我能为您开辟土地，充实府库。'如今所谓的好大臣，就是古代所说的祸害百姓的人。君主不向往道德，不用心于仁，却想让他富足，这是使夏桀富足。'我能替您邀集盟国，作战一定会取胜。'如今所谓的好大臣，就是古代所说的残害百姓的人。君主不向往道德，不用心于仁，却要替他尽力作战，这等于在辅佐夏桀。沿着今天的道路走下去，不改变今天的习俗，即使把天下交给他，他也是一天都坐不稳的。"

十

白圭曰①："吾欲二十而取一，何如？"

孟子曰："子之道，貉道也②。万室之国，一人陶，则可乎？"

曰："不可，器不足用也。"

曰："夫貉，五谷不生，惟黍生之③。无城郭、宫室、宗庙、祭祀之礼，无诸侯币帛饔飧④，无百官有司，故二十取一而足也。今居中国，去人伦⑤，无君子，如之何其可也？陶以寡，且不可以为国，况无君子乎⑥？欲轻之于尧、舜之道者，大貉小貉也；欲重之于尧、舜之道者，大桀小桀也。"

【注释】

①白圭：人名，战国时人。

②貉（mò）：同"貊"，北方的一个国家名。

③黍：谷物名，子粒性黏。北方称之为黄米。

④饔飧（yōngsūn）：熟食。饔，早餐。飧，晚餐。文中指用饮食款待客人的礼节。

⑤人伦：阶级社会里人的等级关系。据朱熹《集注》，此指君臣祭祀交际之礼。

⑥君子：据朱熹《集注》，此指各种官吏。

【译文】

白圭说："我想把税率定为二十抽一，怎么样？"

孟子说："你的办法是貉国施行的方法。假如一个国家有上万户人家，只有一个人制作陶器，那能行吗？"

回答说："不行，陶器不够用。"

孟子说："貉这个国家，各种谷物都不生长，只产黄米。没有城墙、房屋、祖庙、祭祀的礼仪，没有国家间的交往，互赠礼物和宴享，没有各种官吏，因此二十抽一就足够了。如今在中原国家，摒弃人伦，不要官吏，怎么能行呢？做陶器的太少，尚且不能够治理好国家，何况没有官吏呢？想要比尧、舜的税率还轻的，是大貉、小貉；想要比尧、舜的税率还重的，是大桀、小桀。"

十一

白圭曰："丹之治水也愈于禹。"

孟子曰："子过矣。禹之治水，水之道也，是故禹以四海为壑。今吾子以邻国为壑①。水逆行谓之洚水。洚水者，洪水也——仁人之所恶也。吾子过矣。"

【注释】

①壑：本指沟壑。文中指承受水患的地方。

【译文】

白圭说："我治理水患比大禹强。"

孟子说："你错了。夏禹治理水患，是顺应水的本性而行，因此夏禹是使水流入四海。如今你治理水患是使水流到邻国那去。水逆流行进叫做洚水。洚水，就是洪水——这是仁人最厌恶的。你错了。"

十二

孟子曰："君子不亮①，恶乎执②？"

【注释】

①亮：通"谅"，诚信。

②执：秉持。

【译文】

孟子说："君子不讲信用的话，怎么能有操守呢？"

<h1 style="text-align:center">十三</h1>

鲁欲使乐正子为政①。孟子曰："吾闻之，喜而不寐。"

公孙丑曰："乐正子强乎？"

曰："否。"

"有知虑乎？"

曰："否。"

"多闻识乎？"

曰："否。"

"然则奚为喜而不寐？"

曰："其为人也好善。"

"好善足乎？"

曰："好善优于天下②，而况鲁国乎？夫苟好善，则四海之内皆将轻千里而来告之以善③。夫苟不好善，则人将曰：'訑訑④，予既已知之矣。'訑訑之声音颜色距人于千里之外⑤。士止于千里之外，则谗谄面谀之人至矣。与谗谄面谀之人居，国欲治，可得乎？"

【注释】

①乐正子：人名，即乐正克。

②优：丰，多，充裕。

③轻：以……为轻，把……看得容易。

④訑訑（yí）：傲慢自满的样子。

⑤距：通"拒"。

【译文】

鲁国将要让乐正子执政。孟子说："我听说这件事，高兴得睡不着觉。"

公孙丑说："乐正子刚强吗？"

孟子回答说："不。"

"那他有智慧和谋略吗？"

孟子回答说："没有。"

"他见识很多吗？"

孟子回答说："不多。"

"既然这样，那您为什么高兴得睡不着呀？"

孟子回答说："他这个人的为人喜欢吸纳善言。"

"喜欢吸纳善言就够了吗？"

孟子回答说："喜欢吸纳善言，治理天下都会绰绰有余，何况是治理鲁国呢？一旦执政者喜欢吸纳善言，那么全天下的人都会不远千里地来把善言告诉他。一旦执政者不喜欢吸纳善言，人们就会学着他的样子说：'嗯、嗯，我都已经知道了。'嗯嗯的声音脸色就能把人拒绝在千里之外。士人在千里以外止步，那么喜欢进谗言和当面阿谀奉承的人就会到来。同喜欢进谗言和当面阿谀奉承的人在一起相处，想要把国家治理好，办得到吗？”

十四

陈子曰①："古之君子何如则仕？"

孟子曰："所就三，所去三。迎之致敬以有礼；言，将行其言也，则就之。礼貌未衰，言弗行之，则去之。其次，虽未行其言也，迎之致敬以有礼，则就之。礼貌衰，则去之。其下，朝不食，夕不食，饥饿不能出门户，君闻之，曰：'吾大者不能行其道，又不能从其言也。使饥饿于我土地，吾耻之。'周之，亦可受也，免死而已矣。"

【注释】

①陈子：指陈臻。

【译文】

陈子问："古代的君子要怎样才去做官？"

孟子说："前去就职的情况有三种，自动离职的情况有三种。毕恭毕敬地以礼相迎；对他所说的话，打算去施行，便去就职；礼貌虽然没有衰减，但他所说的话，不能够得以施行，便离开。其次，虽然没有将他的言论付诸实践，但毕恭毕敬地以礼相迎，那么便就职；礼貌衰减，就离开。最次，从早到晚都吃不上饭，饿得走不出屋门，君主知道了，说：'我从大的方面说不能推行他的主张，又不能听从他的进言。使他在我的国土上饿肚子，我为此感到羞耻。'于是赈济他，若能这样，也可以接受，只为免于一死罢了。"

十五

孟子曰："舜发于畎亩之中①，傅说举于版筑之间②，胶鬲举于鱼盐之中③，管夷吾举于士④，孙叔敖举于海⑤，百里奚举于市⑥。故天将降大任于是人也，必先苦其心志，劳其筋骨，饿其体肤，空乏其身，行拂乱其所为⑦，所以动心忍性，曾益其所不能⑧。人恒过，然后能改。困于心，衡于虑，而后作。征于色⑨，发于声，而后喻。入则无法家拂士⑩，出则无敌国外患者，国恒亡。然后知生于忧患而死于安乐也。"

【注释】

①畎（quǎn）亩：田地，田间。

②傅说（yuè）：殷相。曾帮助武丁获得殷商中兴。版筑：古代的筑墙方法。用两板相夹，以泥土置其中，用杵夯实。

③胶鬲：殷周时人，原为纣王臣子，后为周文王所重用。

④管夷吾：即管仲，春秋时期齐国人。曾帮助齐桓公成就帝业。士：掌管刑狱的官。

⑤孙叔敖：人名，春秋时期楚国令尹。

⑥百里奚：春秋时秦穆公的贤相。原为虞国大夫，后得到秦穆公重用，最终帮助秦穆公成就了霸业。

⑦拂：逆，违背。

⑧曾：通"增"。

⑨征：表露，显露。

⑩拂士：能够直谏矫正君主过失的人。拂，通"弼"。

【译文】

孟子说："舜兴起于田野之中，傅说从筑墙的工作中得到选用，胶鬲从鱼盐的工作中得到选用，管夷吾从狱官手里获释而得到选用，孙叔敖从海边被选用，百里奚从市场当中被选用。因此说，天打算把重要任务落实到某个人身上时，一定会先使他的心意苦恼，使他的筋骨劳累，使他的所作所为都受到干扰而不能如意，用这种方式去触动他的心灵，坚韧他的性格，增加他的才能。人经常犯错误，然后才能改正；心中困苦，思虑阻塞，然后才能有所奋发；体现在神情上，生发在言语中，然后才能被人明白。在国内没有遵守法度的大臣和足以辅弼的士人，国外没有与之抗衡的国家和外在的忧患，国家经常会灭亡。这样以后才知道忧虑祸患可以使人生存，安逸享乐会致人死亡。"

十六

孟子曰："教亦多术矣，予不屑之教诲也者，是亦教诲之而已矣。"

【译文】

孟子说："教育的方式也有很多，我不屑去教诲他，这也是教诲的一种方式呢。"

卷十三·尽心上

本篇共四十六章。内容涉及自身修养、仁政的实行、民本思想、君子之道等多个方面。其中，前三章主要论及自身修养与"立命"的关系，提出"尽心"、"知性"、"知天"的思想，充分肯定自身修养的重要性。指出仁、义、礼、智是人自身所固有的，"求则得之"。第四至第七章进一步论述加强自身修养的重要性，以及羞耻感在道德修养中所起的作用。第八至第十一章主要论及士人的品格，指出士人应以行道为己任，应超出常人，不为富贵、地位所诱惑。第十二至十四章主要论及统治者应如何实行仁政。其间，力主王道，肯定圣人的教化作用，以及"善教"在社会生活中的作用。第十五至第二十一章主要论及实行仁义的现实可能性及方法，指出"仁"、"义"是与生俱来的良知、良能，人们只要不断提高修养，就能拥有它。第二十二至二十五章主要论及圣人之道，叙述它所涵盖的内容、指出圣人与常人的不同以及追求圣人之道的方式。第二十六至第三十六章进一步论及修身问题，指出本性不应被外物所影响，修养身心应善始善终。第四十至四十六章论及君子之道，包括教育之道，如提倡因材施教、告诫学者要诚心诚意等；包括处事之道，如坚守原则、与道共进退，亲疏有别，分清轻重缓急等。

<h1 style="text-align:center">一</h1>

孟子曰："尽其心者，知其性也。知其性，则知天矣。存其心，养其性，所以事天也。夭寿不贰①，修身以俟之，所以立命也。"

【注释】

①夭（yǎo）：短命，早死。

【译文】

孟子说："充分发挥人的善良的本心，就是知晓了人的本性。知晓人的本性，就知晓天命了。保持人的本心，养护人的本性，这是侍奉上天的办法。无论寿命长短，都不三心二意，修养自身，等待天命，这就是用以安身立命的方法。"

<h1 style="text-align:center">二</h1>

孟子曰："莫非命也，顺受其正。是故知命者不立乎岩墙之下。尽其道而死者，正命也；桎梏死者①，非正命也。"

【注释】

①桎梏（zhìgù）：古代束缚犯人的刑具。这里比喻因犯法而被处死。

【译文】

孟子说："没有什么不是命运决定的，但顺应规律去行事，就会得到正常的命运。因此，知晓天命的人不站在有倒塌危险的墙壁下。尽力行道而死的人，所受的是正常的命运；犯法而被处死的人，不是正常的命运。”

三

孟子曰：“求则得之，舍则失之，是求有益于得也，求在我者也。求之有道，得之有命，是求无益于得也，求在外者也。”

【译文】

孟子说：“有些东西寻求就能得到，不寻求就会失去，这是有益于收获的寻求，因为所寻求的存在于我自身。寻求有一定的方法，能否得到却取决于命运，这是无益于收获的寻求，因为所寻求的存在于我自身以外。”

四

孟子曰：“万物皆备于我矣。反身而诚，乐莫大焉。强恕而行，求仁莫近焉。”

【译文】

孟子说：“一切我都具备了。反省自身发现自己是诚实的，这是最大的快乐。勉励自己依从推己及人的恕道行事，这是最近的求仁之路了。”

五

孟子曰：“行之而不著焉，习矣而不察焉，终身由之而不知其道者，众也。”

【译文】

孟子说：“做了却不知道为什么要做，习以为常却不知其所以然，终生都顺着这条道走，却不知道这是条什么道，这种人是普通人。”

六

孟子曰：“人不可以无耻，无耻之耻，无耻矣。”

【译文】

孟子说：“人不可以没有羞耻，不知羞耻的羞耻，是真正的羞耻啊。”

七

孟子曰：“耻之于人大矣。为机变之巧者①，无所用耻焉。不耻不若人，何若人有？”

【注释】

①机变：巧诈。

【译文】

孟子说：“羞耻对于人来说是很重要的。行巧诈之事的人没有地方用得着羞耻。不把赶不上人看作羞耻，怎么能赶上别人呢？”

八

孟子曰："古之贤王好善而忘势。古之贤士何独不然？乐其道而忘人之势，故王公不致敬尽礼，则不得亟见之①。见且由不得亟②，而况得而臣之乎？"

【注释】

①亟（qì）：屡次。

②由：通"犹"，尚且。

【译文】

孟子说："古代的贤明君主喜欢良善而忘了自身的权势。古代的贤明士人何尝不是如此？喜欢行道而忘了别人的权势，因此王公贵族不对他恭敬尽礼，就不能够多次见到他。会面的次数尚且不很多，何况要把他当臣下呢？"

九

孟子谓宋句践曰①："子好游乎②？吾语子游。人知之，亦嚣嚣③；人不知，亦嚣嚣。"

曰："何如斯可以嚣嚣矣？"

曰："尊德乐义，则可以嚣嚣矣。故士穷不失义，达不离道。穷不失义，故士得己焉④；达不离道，故民不失望焉。古之人，得志，泽加于民；不得志，修身见于世。穷则独善其身，达则兼善天下。"

【注释】

①宋句践：人名，其事不详。

②游：游说。

③嚣嚣：自得无欲的样子。

④得己：自得。

【译文】

孟子对宋句践说："你喜欢游说君主吗？我和你说说游说的事。别人了解你的用意，你要自得其乐；别人不了解你的用意，你也要自得其乐。"

宋句践问道："怎么做才能够自得其乐呢？"

孟子回答说："尊崇德，喜欢义，就能够自得其乐了。因此，士人困窘时，不会失去义；得意时，不会背离道。困窘时不失去义，得意时不背离道，因此百姓不会对他感到失望。古时的人，得志时施恩泽于百姓；不得志时，修养自身显现于世间。困窘时便独善其身，得志时便兼善天下。"

十

孟子曰："待文王而后兴者①，凡民也。若夫豪杰之士，虽无文王犹兴。"

【注释】

①兴：感动奋发。

【译文】

孟子说："等待周文王那样的贤王出来才奋发的，是普通的百姓。至于那些杰出的人才，即使没有周文王，也能够奋发。"

十一

　　孟子曰："附之以韩、魏之家^①，如其自视欿然^②，则过人远矣。"

【注释】

①附：增加。韩、魏之家：春秋时晋国的韩氏、魏氏两大家臣。

②欿（kǎn）然：不自满的样子。

【译文】

　　孟子说："拿春秋时晋国韩、魏两大家臣的财富来增强他，如果他不因此而自满，那么这种人就大大超出常人。"

十二

　　孟子曰："以佚道使民^①，虽劳不怨；以生道杀民，虽死不怨杀者。"

【注释】

①佚：安逸。

【译文】

　　孟子说："本着让百姓安逸的原则去役使百姓，百姓虽然劳苦，但不会怨恨；本着让百姓生存的原则去杀人，被杀的人虽死，但不会怨恨杀他的人。"

十三

　　孟子曰："霸者之民驩虞如也^①，王者之民皞皞如也^②。杀之而不怨，利之而不庸^③，民日迁善而不知为之者。夫君子所过者化^④，所存者神，上下与天地同流，岂曰小补之哉？"

【注释】

①骓虞：即"欢娱"。

②皞皞（hào）：广大自得的样子。

③庸：酬功。

④君子：依朱熹《四书集注》，此处的君子指圣人而言。

【译文】

孟子说："霸主的功业显著，百姓很快乐，圣王的功德浩荡，百姓怡然自得。他们即使被杀，也不会怨恨谁；得到恩惠，也不会酬谢谁，百姓一天天向善，却不知是谁使他们这样的。圣人所经过的地方，百姓会受到感化；圣人停留之处，会产生神奇的效果，在上与天，在下与地共同运转，难道只是小小的补益吗？"

十四

孟子曰："仁言不如仁声之入人深也，善政不如善教之得民也。善政，民畏之；善教，民爱之。善政得民财，善教得民心。"

【译文】

孟子说："仁德的言语赶不上仁德的音乐深入人心，良

好的政治赶不上良好的教化深入民心。良好的政治，百姓畏惧它；良好的教化，百姓热爱它。良好的政治可以得到百姓的财富，良好的教化可以得到百姓的心。"

十五

孟子曰："人之所不学而能者，其良能也①；所不虑而知者，其良知也②。孩提之童无不知爱其亲者，及其长也，无不知敬其兄也。亲亲，仁也；敬长，义也；无他，达之天下也。"

【注释】

①良能：所最擅长的。

②良知：所最知道的。

【译文】

孟子说："人不用学习就能做到的，那是良能；不用思考就能知道的，那是良知。两三岁的小孩没有不知道爱他父母的，等到他长大以后，没有不知道尊敬兄长的。亲爱父母就是仁；尊敬兄长就是义；这没有别的原因，这是由于仁义可以通行天下。"

十六

孟子曰："舜之居深山之中，与木石居，与鹿豕游。其所以异于深山之野人者几希。及其闻一善言，见一善行，若决江河，沛然莫之能御也。"

【译文】

孟子说:"舜居住在深山的时候,和树木、石头共处,和鹿、猪打交道。他和深山里的普通人不同的地方很少。等到他听到一句善良的言语,见到一次善良的行为,便受到触动,像打开缺口的江河,气势充沛,没有谁能阻挡得了。"

十七

孟子曰:"无为其所不为,无欲其所不欲,如此而已矣。"

【译文】

孟子说:"不要做自己不想做的事,不要希望得到自己不想得到的东西,这样就可以了。"

十八

孟子曰:"人之有德慧术知者,恒存乎疢疾①。独孤臣孽子②,其操心也危③,其虑患也深,故达④。"

【注释】

①疢(chèn)疾:病。这里可理解为灾难。
②孽子:即庶子。古代一夫多妻,不是嫡妻所生的孩
　　子,称为庶子。
③危:不安。
④达:通达。

【译文】

孟子说:"人之所以能够拥有德行、智慧、技艺、知识,常常是由于灾患的缘故。只有那些孤立无援的大臣、地位卑贱的庶子,他们操心劳神总是不得安宁,忧虑灾患更深,所以通达事理。"

十九

孟子曰:"有事君人者,事是君则为容悦者也。有安社稷臣者,以安社稷为悦者也。有天民者,达可行于天下而后行之者也。有大人者,正己而物正者也。"

【译文】

孟子说:"有侍奉君主的人,把侍奉某个君主当作快乐;有安定国家的臣子,把安定国家当作快乐;有天民,就是那些先使大道通行于天下,然后再去实行的人;有大人,就是那些使自身端正,外物便随之端正的人。"

二十

孟子曰:"君子有三乐,而王天下不与存焉。父母俱存,兄弟无故①,一乐也;仰不愧于天,俯不怍于人②,二乐也;得天下英才而教育之,三乐也。君子有三乐,而王天下不与存焉。"

①故：变故，如灾难、祸患、死亡、疾病等。

②怍（zuò）：惭愧。

【译文】

孟子说："君子有三种乐事，但以德服天下并不在其中。父母都健在，兄弟没有灾祸，这是第一件乐事；抬头无愧于天，低头无愧于人，这是第二件乐事；得到天下的优秀人才而去教育他们，这是第三件乐事。君子有这三件乐事，而以德服天下并不在其中。"

二十一

孟子曰："广土众民，君子欲之，所乐不存焉。中天下而立，定四海之民，君子乐之，所性不存焉。君子所性，虽大行不加焉①，虽穷居不损焉，分定故也。君子所性，仁义礼智根于心，其生色也睟然②，见于面，盎于背③，施于四体④，四体不言而喻。"

【注释】

①大行：指理想通行于天下。

②睟（suì）然：润泽的样子。

③盎：显现。

④施：延及，扩展。

【译文】

孟子说："拥有广大的土地，众多的人民，是君子所希望得到的，但他们的乐趣并不在此。居于天下的中央，安抚天下的百姓，君子以此为乐，但他们的本性不在于此。君子的本性，即使他的主张通行于天下，也并不因此而增加；即使困窘隐居，也不会因此而减损，因为他的本分已确定。君子的本性，仁义礼智已根植于内心，生发出来的神色是温润和顺的，流露在脸上，充盈在肩背，推及到肢体，肢体的动作，不必言说，就能使人明了。"

<h1 style="text-align:center">二十二</h1>

孟子曰："伯夷辟纣①，居北海之滨，闻文王作，兴曰：'盍归乎来？吾闻西伯善养老者②。'太公辟纣，居东海之滨，闻文王作，兴曰：'盍归乎来？吾闻西伯善养老者。'天下有善养老，则仁人以为己归矣。五亩之宅，树墙下以桑，匹妇蚕之，则老者足以衣帛矣。五母鸡，二母彘，无失其时，老者足以无失肉矣。百亩之田，匹夫耕之，八口之家足以无饥矣。所谓西伯善养老者，制其田里，教之树畜，导其妻子使养其老。五十非帛不暖，七十非肉不饱。不暖不饱，谓之冻馁。文王之民无冻馁之老者，此之谓也。"

【注释】

①伯夷：人名，殷商时孤竹君之子。

②西伯：即周文王。

孟子说："伯夷躲避商纣王，居住在北海边上，听说周文王兴起，说：'何不归附西伯呢？我听说他善于奉养老人。'太公躲避商纣王，住在东海边上，听说周文王兴起，说：'何不归附西伯呢？我听说他善于奉养老人。'天下有善于奉养老人的，仁人便把他作为自己的归宿。五亩的住宅，在墙下种上桑树，妇女靠它养蚕，老年人就能穿上丝绵做成的衣服了。五只母鸡，两头母猪，不错过繁殖期，老年人就能吃上肉了。百亩农田，男人去耕种，八口人的家庭就能吃饱了。所说的西伯善于奉养老人，就是指他制定了土地制度，教育百姓种植桑田，畜养牲畜，引导百姓的妻子儿女奉养老人。五十岁的人，没有丝绵穿就不觉得暖和；七十岁的人，没有肉吃就不觉得饱。穿不暖，吃不饱，就叫挨冻受饿。周文王的百姓没有挨冻受饿的老人，说的就是这个意思。"

二十三

孟子曰："易其田畴^①，薄其税敛，民可使富也。食之以时，用之以礼，财不可胜用也。民非水火不生活，昏暮叩人之门户求水火，无弗与者，至足矣。圣人治天下，使有菽粟如水火。菽粟如水火，而民焉有不仁者乎？"

【注释】

①易：治理。田畴（chóu）：田地。

【译文】

孟子说:"治理好田地,减轻税收,就可以使百姓富裕。按照时令安排饮食,按照礼的规定去消费,财物就会用之不竭。百姓没有水和火便无法生存,黄昏夜晚敲开别人家的门要水、火,没有不给的,因为水、火极其充足。圣人治理天下,应使粮食如同水、火那样多。粮食如果像水、火那样充足,百姓哪里会不讲仁爱呢?"

二十四

孟子曰:"孔子登东山而小鲁①,登泰山而小天下,故观于海者难为水,游于圣人之门者难为言。观水有术,必观其澜②。日月有明,容光必照焉。流水之为物也,不盈科不行③;君子之志于道也,不成章不达④。"

【注释】

①东山:即蒙山,在今山东蒙阴南。

②澜:大波浪。

③科:坎,坑。

④成章:古称乐曲终结为一章。此指事物达到一定阶段或程度。

【译文】

孟子说:"孔子登上东山,就觉得鲁国变小了;登上了泰山,就觉得天下变小了。因此见过大海的人,难以对别的水感兴趣;在圣人门下游学的人,难以对别的言论感兴趣。观赏水有方法，一定要观赏它的波澜。太阳月亮都有光辉，极小的缝隙都能照得到。流水这种东西，不把小的坑洼灌满，就不会继续向前流动；君子有志于追求大道，不达到一定的程度不能通达。"

<h2 style="text-align:center">二十五</h2>

孟子曰："鸡鸣而起，孳孳为善者^①，舜之徒也；鸡鸣而起，孳孳为利者，跖之徒也^②。欲知舜与跖之分，无他，利与善之间也。"

【注释】

①孳孳（zī）：不懈怠的样子。

②跖（zhí）：人名，春秋时期郑国的大盗。

【译文】

孟子说："鸡一叫就起来，孜孜不倦地做善事的，是舜一类的人；鸡一叫就起来，努力追求利益的，是跖一类的人。想要知道舜和跖的分别，没有别的，只是求利和求善的不同罢了。"

<h2 style="text-align:center">二十六</h2>

孟子曰："杨子取为我^①，拔一毛而利天下，不为也。墨子兼爱，摩顶放踵利天下，为之。子莫执中^②。执中为近之。执中无权，犹执一也。所恶执一者，为其贼道也，举一而废百也。"

【注释】

①杨子：即杨朱，战国时期魏国人。其学说重在爱己，
　不为外物所累。

②子莫：人名。

【译文】

孟子说："杨子主张一切为自己，如果拔下一根汗毛能
够有利于天下，他都不肯做。墨子主张兼爱，就是磨光头
顶，走破脚跟，只要对天下人有利，他就去做。子莫主张
中道而行。主张中道便差不多了。但是坚持中道缺乏变通，
就是执着于一点。厌恶执着于一点的人，是因为它损害大
道，抓住一点就不管其他了。"

二十七

孟子曰："饥者甘食，渴者甘饮，是未得饮食之
正也，饥渴害之也。岂惟口腹有饥渴之害？人心亦
皆有害。人能无以饥渴之害为心害，则不及人不为
忧矣。"

【译文】

孟子说："饥饿的人觉得任何食物都好吃，干渴的人觉
得任何饮料都甘美，他不知道饮料、食物的正常味道，是
因为受了饥渴的损害。难道只有嘴巴肚皮受到饥渴的损害
吗？人心也都有这类伤害。假如一个人能够不把饥渴类的
损害变成对心的损害，那自然不会把赶不上别人当作忧
虑了。"

二十八

孟子曰："柳下惠不以三公易其介①。"

【注释】

①介：耿介，有操守。

【译文】

孟子说："柳下惠不因为做高官而改变他的操守。"

二十九

孟子曰："有为者辟若掘井，掘井九轫而不及泉①，犹为弃井也。"

【注释】

①轫（rèn）：通"仞"。古代长度单位，具体长度说法不一，通常认为一仞七尺或八尺。

【译文】

孟子说："做事情好比挖井，挖得很深还见不到泉水，仍是一口废井。"

三十

孟子曰："尧、舜，性之也；汤、武，身之也；五霸，假之也。久假而不归，恶知其非有也。"

【译文】

孟子说："尧、舜施行仁义，是本性使然；汤、武施行仁义，是身体力行；五霸施行仁义，是假借名义。然而，长时间假借不还，怎么能知道他不是真的拥有了仁义呢？"

三十一

公孙丑曰："伊尹曰^①：'予不狎于不顺^②，放太甲于桐^③，民大悦。太甲贤，又反之，民大悦。'贤者之为人臣也，其君不贤，则固可放与？"

孟子曰："有伊尹之志则可，无伊尹之志则篡也。"

【注释】

①伊尹：人名，商汤之臣，曾助商汤讨伐夏桀。

②狎（xiá）：亲近。

③放太甲于桐：事见本书《万章上》篇第六章。

【译文】

公孙丑说："伊尹说：'我不亲近违背礼义道德的人，因而把太甲放逐到桐邑，百姓十分高兴。太甲变贤明了，又让他返回来做君主，百姓十分高兴。'贤人做臣子，如果他的君主不贤德，本来就可以放逐的吗？"

孟子说："如果有伊尹那样的心志便可；没有伊尹那样的心志，就是篡位了。"

三十二

公孙丑曰："《诗》曰：'不素餐兮。'^①君子之不耕而食，何也？"

孟子曰："君子居是国也，其君用之，则安富尊荣；其子弟从之，则孝悌忠信。'不素餐兮'，孰大于是？"

【注释】

①诗句见《诗经·魏风·伐檀》。

【译文】

公孙丑说："《诗经》说：'不白吃饭啊。'君子不耕种却可得食，这是为什么？"

孟子说："君子居住在一个国家，国君任用他，这个国家便会安宁、富足、尊贵、荣耀；少年子弟追随他，便会孝顺父母、敬爱兄长，忠实守信。'不白吃饭啊'，还有比这更大的贡献吗？"

三十三

王子垫问曰①："士何事？"

孟子曰："尚志。"

曰："何谓尚志？"

曰："仁义而已矣。杀一无罪，非仁也。非其有而取之，非义也。居恶在？仁是也。路恶在？义是也。居仁由义，大人之事备矣。"

【注释】

①王子垫：齐王子，名垫。

【译文】

王子垫问道："士该做什么？"

孟子说："士要使自己的志向高尚。"

王子垫问："使志向高尚是什么意思？"

孟子说："行仁义就是了。杀死一个无罪的人就是不仁，不是自己的东西却强行拿来就是不义。居所在哪里？仁就是。道路在哪里？义就是。居住于仁，行走由义，大人所做的事就齐备了。"

三十四

孟子曰："仲子①，不义与之齐国而弗受，人皆信之，是舍箪食豆羹之义也②。人莫大焉亡亲戚君臣上下③。以其小者信其大者，奚可哉？"

【注释】

①仲子：即陈仲子。详见《滕文公下》第十章。

②箪（dān）：盛饭的竹器。

③亡：无。

【译文】

孟子说："陈仲子，假如不合道义地把齐国交给他，他是不会接受的，别人都相信他这点。但这只是舍弃一箪饭、一碗汤的义。人的罪过没有比不讲父兄君臣尊卑关系更大的了。因为他在小事上的节义，而去相信他在大事上的节义，怎么行呢？"

三十五

桃应问曰①："舜为天子，皋陶为士②，瞽瞍杀人③，则如之何？”

孟子曰：“执之而已矣。”

“然则舜不禁与？”

曰：“夫舜恶得而禁之？夫有所受之也。”

“然则舜如之何？”

曰：“舜视弃天下犹弃敝蹝也④。窃负而逃，遵海滨而处，终身䜣然⑤，乐而忘天下。”

【注释】

①桃应：孟子弟子。

②皋陶：传说为舜的大臣，掌管刑狱之事。

③瞽瞍：此指舜的父亲。

④蹝（xǐ）：没有后跟的鞋子。一说草鞋。

⑤䜣：同“欣”。

【译文】

桃应问道：“舜做天子，皋陶当法官，如果瞽瞍杀了人，该怎么办？”

孟子说：“把他抓起来就是了。”

“那么舜不去制止吗？”

孟子回答说：“舜怎么能去制止呢？皋陶抓人是有依据的。”

“那么舜该怎么办？”

孟子回答说：“舜把抛弃天子的位置看得如同丢弃破鞋。他会偷偷地背上父亲逃跑，沿着海边住下来，一生都高高兴兴的，快乐得忘掉了天下。”

三十六

孟子自范之齐①，望见齐王之子，喟然叹曰："居移气，养移体，大哉居乎！夫非尽人之子与？"

孟子曰："王子宫室、车马、衣服多与人同，而王子若彼者，其居使之然也。况居天下之广居者乎②？鲁君之宋，呼于垤泽之门③。守者曰：'此非吾君也，何其声之似我君也？'此无他，居相似也。"

【注释】

①范：地名，在今河南范县东南。

②广居：指"仁"。

③垤（dié）泽之门：宋国都城东南门。

【译文】

孟子从范邑到齐国都城，远远地看见齐王的儿子，长叹一声说："居处环境改变气质，所得奉养改变体质，居处环境真是太重要了。他不同样都是人的儿子吗，为什么显得那么特别？"

孟子说："王子的住所、车马和衣服大多和别人相同，而王子却那样与众不同，就是因为他所居住的环境使他这样的。何况居住在'仁'这个天下最宽广住所中的人呢？鲁国的国君到宋国去，在宋国的东南城门下喊话。守城人说：'这个人不是我们的国君，为什么他的声音和我们国君这样相似呢？'这没有别的原因，是由于居处环境相似罢了。"

三十七

孟子曰："食而弗爱，豕交之也；爱而不敬，兽畜之也。恭敬者，币之未将者也①。恭敬而无实，君子不可虚拘。"

【注释】

①币：古代以束帛为祭祀或馈赠的礼物，叫做"币"。后来称其他聘享的礼物，如车、马、玉等也叫"币"。将：送。

【译文】

孟子说："只给吃的而不爱护，等于在养猪；爱护却不敬重，等于在畜养牲畜。恭敬之心，应该是在送出礼物之前就有的。只有表面的恭敬，而并非实心实意，君子便不可以被虚假的礼节所束缚。"

三十八

孟子曰："形、色，天性也。惟圣人然后可以践形①。"

【注释】

①践形：体现上天赋予人的品质。

【译文】

孟子说："人的身体、容貌，是与生俱来的；只有圣人才能够通过修养而无愧于这一天赋。"

三十九

齐宣王欲短丧。公孙丑曰："为朞之丧^①，犹愈于已乎？"

孟子曰："是犹或紾其兄之臂，子谓之姑徐徐云尔，亦教之孝悌而已矣^②。"王子有其母死者，其傅为之请数月之丧^③。公孙丑曰："若此者何如也？"

曰："是欲终之而不可得也。虽加一日愈于已，谓夫莫之禁而不为者也。"

【注释】

①朞（jī）：丧服制度，期服的简称。朞，同"期"。

②亦：只是。

③"王子"二句：按照古代丧礼规定，王子母亲死后，因父亲尚在，不能为母服三年丧，甚至无服。母亲下葬前，只穿麻衣，下葬后脱掉。

【译文】

齐宣王想要缩短服丧时间。公孙丑说："父母去世的话，服一年丧，不是比不服丧好吗？"

孟子说："这就像有人扭他哥哥的胳膊，你对他说姑且慢慢地拧，这不是个办法，只是教导他孝敬父母兄长罢了。"有个死了生母的王子，他的师傅替他请求守几个月的丧。公孙丑说："像这种情况该怎么办？"

孟子说："这个王子是想服完三年丧却无法做到。即使多服一天也比不服好，是对那些没人禁止他，而自己不愿服丧的人说的。"

四十

孟子曰："君子之所以教者五：有如时雨化之者，有成德者，有达财者①，有答问者，有私淑艾者②。此五者，君子之所以教也。"

【注释】

①财：通"才"。

②私淑艾：私下拾取。文中指私下里学习。淑，通"叔"，拾取，获益。艾，通"刈"，收获。

【译文】

孟子说："君子实施教化的方式有五种：有像及时雨一样滋润万物的，有帮助成就德行的，有培养才能的，有解答疑问的，有凭借学养而使人私下受到教诲的。这五种就是君子所用来施行教化的方法。"

四十一

公孙丑曰："道则高矣，美矣，宜若登天然①，似不可及也。何不使彼为可几及而日孳孳也？"

孟子曰："大匠不为拙工改废绳墨，羿不为拙射变其彀率②。君子引而不发，跃如也。中道而立，能者从之。"

【注释】

①宜：大概。

②羿：古代传说中的人物，善射。彀（gòu）率：弓弩

| 张开的程度。

【译文】

公孙丑说："道的确是很高、很美，就像登天一样，似乎是不可企及的。为何不让道变成能够有希望达到的东西，从而让人们每天都努力追求呢？"

孟子说："高明的木匠不会为手艺拙劣的木工改变或废弃规矩，羿不会为技艺拙劣的射手而改变他拉弓的标准。君子教导别人正如射手拉满弓，但却不把箭射出去，做出跃跃欲试的样子。他站在正确的道路上，有才能的人就会追随他。"

四十二

孟子曰："天下有道，以道殉身①；天下无道，以身殉道。未闻以道殉乎人者也。"

【注释】

①以道殉身：指终身行道。

【译文】

孟子说："天下政治清明，就终身行道；天下统治黑暗，就为道献身。还没听说过牺牲道来迎合人的。"

四十三

公都子曰："滕更之在门也①，若在所礼，而不答，何也？"

孟子曰："挟贵而问，挟贤而问，挟长而问，

挟有勋劳而问，挟故而问，皆所不答也。滕更有
二焉。”

【注释】

①滕更：滕国君主的弟弟。

【译文】

公都子说：“滕更在您的门下时，似乎应属于您以礼相
待的人，可您却不解答他的问题，这是为什么呢？”

孟子说：“依仗自己地位高贵来发问，依仗自己贤能来
发问，依仗自己年纪大来发问，依仗自己有功劳来发问，
依仗自己有老交情来发问，都属于我不回答的范畴。滕更
占了其中的两条。”

四十四

孟子曰：“于不可已而已者①，无所不已。于所
厚者薄，无所不薄也。其进锐者②，其退速。”

【注释】

①已：停止。

②锐：疾速。

【译文】

孟子说：“对于不该停止的事却停止了，那么就没什么
不可以停止的了。对于本应厚待的人而薄待，那么没有谁
不可薄待了。前进得太猛的人，后退得也就快。”

四十五

孟子曰："君子之于物也，爱之而弗仁；于民也，仁之而弗亲。亲亲而仁民，仁民而爱物。"

【译文】

孟子说："君子对于万物，爱护它，但不必以仁德之心对它；对于百姓，施仁给他而不必亲爱他。君子热爱亲人，进而施仁德于百姓；施仁德于百姓，进而爱惜万物。"

四十六

孟子曰："知者无不知也，当务之为急；仁者无不爱也，急亲贤之为务。尧、舜之知而不遍物，急先务也；尧、舜之仁不遍爱人，急亲贤也。不能三年之丧，而缌、小功之察①；放饭流歠②，而问无齿决③，是之谓不知务。"

【注释】

①缌（sī）：麻布之细疏者。文中指缌麻，是丧服五服中最轻的一种，也称"缌衰"，服期为三个月。小功：古代丧服名。五服之一，用较粗的熟布制成，服期为五个月。

②放饭：大口吃饭。一说，把吃剩下的饭倒回饭器中。流歠（chuò）：大口喝汤。歠，饮。

③齿决：用牙齿啃断东西。

　　孟子说:"智者没有什么不想知道的,但急于知道当前该做的紧要事情;仁者没有什么不爱惜的,但急于先爱亲人和贤人。尧、舜的智慧不能遍知所有的事物,是因为他急于去做眼前的大事;尧、舜的仁德不能遍爱所有的人,是因为他急于去爱亲人和贤人。不能够施行三年的丧礼,却仔细地讲求缌麻三月、小功五月的丧礼;在尊长面前进餐,大口吃饭,大口喝汤,却讲求不用牙齿咬断干肉,这就叫不识大体。"

卷十四·尽心下

　　本篇共三十八章。前四章主要阐述"仁者无敌"的思想，谴责春秋时期的不义之战，批判穷兵黩武的不仁行为。第七、八章主要是议论时弊，抨击当时流行的复仇之风，抨击诸侯设关卡扰民等不良的社会现象。第十二至十六章以及第二十七、二十八章主要论及为政之道，呼吁统治者实行仁政，并明确提出"民贵君轻"的民本思想，指出民众是立国之本。第二十五章主要论及个人道德人格的完善层次，以道德程度的高低将人分为六类。第二十九至三十五章主要论及君子修身之道，指出君子应以大道为立身之本，严于律己，减少欲望，确保修养目的的纯正性。其他章节内容的安排较为零散，但大抵不离大道立论。主要涉及到追求大道的态度，指出对大道应不断讲求、不可间断；鼓励人们勇于追求大道，不管天意如何，都当孜孜以求；告诫人们不可使大道失坠。此外，对教育方法也有所涉及。

一

孟子曰：“不仁哉梁惠王也！仁者以其所爱及其所不爱，不仁者以其所不爱及其所爱。”

公孙丑问曰：“何谓也？”

“梁惠王以土地之故，糜烂其民而战之，大败。将复之，恐不能胜，故驱其所爱子弟以殉之，是之谓以其所不爱及其所爱也。”

【译文】

孟子说：“梁惠王实在是不仁德啊！仁人把施与他所爱人的仁德推及到他所不爱的人身上，不仁者把加给他所不爱的人的祸害推及到他所爱人的身上。”

公孙丑说：“这话是什么意思？”

“梁惠王因为土地的缘故，不惜牺牲百姓的血肉之躯去作战，被打得大败。还准备再战，唯恐不能战胜敌人，因此又驱使他所喜爱的子弟去作战送死，这就是把加给不爱的人的祸害推及到所爱人的身上。”

二

孟子曰：“春秋无义战。彼善于此，则有之矣。征者，上伐下也，敌国不相征也。”

【译文】

孟子说：“春秋时代没有正义的战争。那一方比这一方好点，那是有的。‘征’的意思是上级讨伐下级，同等级别的国家是不互相征讨的。"

三

孟子曰:"尽信《书》①,则不如无《书》。吾于《武成》②,取二三策而已矣③。仁人无敌于天下,以至仁伐至不仁,而何其血之流杵也④?"

【注释】

①《书》:指《尚书》。

②《武成》:《尚书》篇名,叙述了周武王伐纣之事。

③策:编成的竹简。

④杵:舂杵,舂米用的棒槌。一说形状像杵的兵器。

【译文】

孟子说:"完全相信《尚书》,还不如没有《尚书》。我对于《武成》这一篇,只取其中的两三页罢了。仁人天下无敌,凭借周武王这样最仁的人去讨伐商纣这样最不仁的人,怎么会让鲜血流淌得足以把杵都漂起来呢?"

四

孟子曰:"有人曰:'我善为陈①,我善为战。'大罪也。国君好仁,天下无敌焉。南面而征,北狄怨;东面而征,西夷怨。曰:'奚为后我?'武王之伐殷也,革车三百两②,虎贲三千人。王曰:'无畏!宁尔也,非敌百姓也。'若崩厥角稽首③。征之为言正也,各欲正己也,焉用战?"

①陈：同"阵"。

②革车：兵车。

③厥角：兽首。这里是以额触地。

【译文】

孟子说："有人说：'我善于布阵，我善于作战。'这是大罪过。国君喜好仁，就会天下无敌。商汤向南方征讨，北方的民族就会埋怨；向东方去征讨，西方的民族就会埋怨，说：'为什么不先来我们这里？'周武王讨伐殷商的时候，战车三百辆，勇士三千人。武王对殷商的百姓说：'不要害怕！我是来让你们得到安宁的，不是和你们为敌的。'殷商的百姓都把额角触地叩头，发出的声响如同山陵崩塌。'征'的意思是'正'，如果各个国家都端正自身，哪里用得着作战呢？"

五

孟子曰："梓匠轮舆能与人规矩①，不能使人巧。"

【注释】

①梓匠：木工。轮舆：轮人和舆人。轮人制车轮，舆人制车箱。

【译文】

孟子说："木匠和车匠能够把圆规、曲尺的使用方法传授给别人，却不能使人一定技艺高超。"

六

孟子曰："舜之饭糗茹草也①，若将终身焉。及其为天子也，被袗衣②，鼓琴，二女果，若固有之。"

【注释】

①糗（qiǔ）：干粮。茹：吃。

②袗（zhěn）衣：绣有文采的华贵衣服，指天子所穿的盛服。

【译文】

孟子说："当舜啃干粮吃野菜的时候，好像一生就将这样度过；等他做了天子后，穿着有纹饰的华贵衣服，弹着琴，尧的两个女儿服侍着，又好像原本就拥有了这一切。"

七

孟子曰："吾今而后知杀人亲之重也。杀人之父，人亦杀其父；杀人之兄，人亦杀其兄。然则非自杀之也，一间耳①。"

【注释】

①一间（jiàn）：指相距很近。间，隔。

【译文】

孟子说："我从今以后才知道杀死别人亲人的严重性：杀死别人的父亲，别人也会杀死他的父亲；杀死别人的哥哥，别人也会杀死他的哥哥。那么，虽然父亲和哥哥不是自己杀死的，但也相差无几了。"

八

孟子曰："古之为关也，将以御暴；今之为关也，将以为暴。"

【译文】

孟子说："古时候设立关卡，是打算用来抵御强暴的；如今设立关卡，却是打算施行强暴的。"

九

孟子曰："身不行道，不行于妻子；使人不以道，不能行于妻子。"

【译文】

孟子说："本人不践行大道，大道在妻子、儿女身上都行不通，更不要说对别人了；使唤别人不遵道而行，那么连妻子、儿女都使唤不了，更不要说使唤别人了。"

十

孟子曰："周于利者，凶年不能杀①；周于德者，邪世不能乱。"

【注释】

①周：充足。杀：窘困。一说，此处仍用本义，指饿死。

【译文】

孟子说："财富充足的人，荒年不能让他窘困；德行深厚的人，乱世也不能让他迷惑。"

十一

孟子曰："好名之人，能让千乘之国；苟非其人，箪食豆羹见于色。"

【译文】

孟子说："喜好名声的人，能够让出拥有千辆兵车国家的君位；如果不是这种人，让出一筐饭、一碗汤，他都会流露出不悦的神情。"

十二

孟子曰："不信仁贤，则国空虚①；无礼义，则上下乱；无政事，则财用不足②。"

【注释】

①空虚：文中的空虚具体指代内容不详。

②用：财用。

【译文】

孟子说："不信任仁德贤能之人，那么国家就会空虚；不讲礼义，那么上下级的关系就会混乱；不施行行政管理，那么国家的财物资源就会贫乏。"

十三

孟子曰："不仁而得国者有之矣，不仁而得天下，未之有也。"

【译文】

孟子说："不施行仁德却能得到一个国家的，有这样的事；不施行仁德，却能得到天下，这样的事不曾有过。"

十四

孟子曰："民为贵，社稷次之，君为轻。是故得乎丘民而为天子①，得乎天子为诸侯，得乎诸侯为大夫。诸侯危社稷，则变置。牺牲既成②，粢盛既絜③，祭祀以时，然而旱干水溢，则变置社稷。"

【注释】

①丘民：众民。丘，众。
②牺牲：供祭祀用的纯色牲畜。
③粢盛（zīchéng）：盛在祭器中的黍稷等。絜：通"洁"。

【译文】

孟子说："老百姓最重要，土神、谷神次之，君主为轻。因此得到老百姓的拥护，就可以做天子；得到天子的赏识就可以做诸侯；得到诸侯的赏识就可以做大夫。如果诸侯危害国家，那么就改立诸侯。牺牲已经肥壮，祭品已经洁净，祭祀也按时进行，然而依旧发生旱灾水灾，那么就要改立土神、谷神。"

十五

孟子曰："圣人，百世之师也，伯夷、柳下惠是也。故闻伯夷之风者，顽夫廉①，懦夫有立志。闻柳下惠之风者，薄夫敦，鄙夫宽②。奋乎百世之上，百世之下，闻者莫不兴起也。非圣人而能若是乎？而况于亲炙之者乎③？"

【注释】

①顽：贪婪。

②鄙：质朴，鄙陋。

③亲炙：直接受到熏陶。

【译文】

孟子说："圣人是百代后人的老师，伯夷、柳下惠就是这样的人。因此听到伯夷的节操的，贪婪的人也会变得清廉，懦弱的人也会有自立的志向。听到柳下惠的节操的，鄙陋浅薄的人也会变得敦厚，气量狭小的人也会变得大度。他们在百代以前奋发，百代以后，听到他们的事情的人，没有不为之振作的。不是圣人能像这样有感召力吗？更何况曾经亲自接受过圣人熏陶的人呢？"

十六

孟子曰："仁也者，人也。合而言之，道也。"

孟子说："'仁'的意思就是'人'。'仁'和'人'的意思合起来说，就是'道'。"

十七

孟子曰："孔子之去鲁，曰：'迟迟吾行也'，去父母国之道也。去齐，接淅而行①，去他国之道也。"

【注释】

①接淅：接取已淘的米。淅，淘米。

【译文】

孟子说："孔子离开鲁国的时候说，'我们慢慢地走吧'，这是离开祖国的态度。离开齐国的时候，把淘完的米捞出来，来不及把它做熟就出发了——这是离开别国的态度。"

十八

孟子曰："君子之厄于陈、蔡之间，无上下之交也。"

【译文】

孟子说："孔子被围困在陈国、蔡国之间，是因为和两个国家的君臣都没有交往的缘故。"

十九

貉稽曰①："稽大不理于口②。"

孟子曰："无伤也。士憎兹多口。《诗》云：'忧心悄悄，愠于群小。'③孔子也。'肆不殄厥愠，亦不殒厥问。'④文王也。"

【注释】

①貉（mò）稽：人名。姓貉，名稽。

②理：和顺。

③"忧心"二句：见《诗经·邶风·柏舟》。悄悄，忧愁的样子。愠，恼怒。

④"肆不殄（tiǎn）"二句：见《诗经·大雅·绵》。肆，故，既然。殄，灭尽。厥，代词，其。问（wèn），通"闻"，声誉。

【译文】

貉稽说："我的口碑很差。"

孟子说："没有关系。士人厌恶这种多嘴多舌。《诗经》说过：'愁思重重压在心，小人视我眼中钉。'孔子是这样的人。'不能消灭别人的怨恨，也不要失去自己的声誉。'文王是这样的人。"

二十

孟子曰："贤者以其昭昭，使人昭昭①；今以其昏昏，使人昭昭。"

【注释】

①昭昭：明白。

孟子说："贤明的人先让自己对事物清楚明白，再去让别人明白；如今的人是自己对事物模模糊糊，就去让别人明白。"

二十一

孟子谓高子曰："山径之蹊①，间介然用之而成路②，为间不用③，则茅塞之矣。今茅塞子之心矣。"

【注释】

①径：山坡。蹊：小路。

②间介然：意志专一的样子。

③为间：隔段儿时间。

【译文】

孟子对高子说："山坡上的小路很窄，专心致志地去走，然后便变成了路；如果隔了段时间不去走，就又会被茅草塞住。现在茅草堵塞你的心了。"

二十二

高子曰："禹之声尚文王之声①。"

孟子曰："何以言之？"

曰："以追蠡②。"

曰："是奚足哉？城门之轨，两马之力与？"

【注释】

①尚：通"上"，超过。

②追（duī）蠡：钟纽要断的样子。追，钟纽。蠡，欲断的样子。

【译文】

高子说："大禹的音乐要胜过文王的音乐。"

孟子说："为什么这样说呢？"

高子回答说："因为大禹传下来的乐钟，钟纽都快断了。"

孟子说："这怎能足以说明问题呢？城门下面的车辙，难道只是几匹马的力量造成的吗？是因为天长日久车马经过造成的。大禹的钟纽快断了，也是因为时间久远的关系。"

二十三

齐饥。陈臻曰①："国人皆以夫子将复为发棠②，殆不可复。"

孟子曰："是为冯妇也③。晋人有冯妇者，善搏虎，卒为善士。则之野，有众逐虎。虎负嵎④，莫之敢撄⑤。望见冯妇，趋而迎之。冯妇攘臂下车。众皆悦之，其为士者笑之。"

【注释】

①陈臻：人名。

②发：打开。文中指打开粮仓赈济百姓。棠：地名，

在今山东即墨。

③冯妇：人名。姓冯，名妇。

④崵（yú）：山势曲折险峻的地方。

⑤撄（yīng）：迫近，触犯。

【译文】

齐国发生饥荒。陈臻说："国中的百姓都以为您会再次劝说齐王打开棠邑的粮仓来赈济灾民，恐怕不能再这样做了吧。"

孟子说："再这样做就成了冯妇了。晋国有个叫冯妇的人，擅长和老虎搏斗，后来成了一个善人。有一次他到野外去，有很多人在追赶一只老虎。老虎背依山险，没有人敢迫近它。他们望见冯妇来了，就赶紧快步上前迎接他。冯妇捋袖伸臂跳下车来。大家见了都很高兴，可是那些士人却在讥笑他。"

二十四

孟子曰："口之于味也，目之于色也，耳之于声也，鼻之于臭也①，四肢之于安佚也，性也。有命焉，君子不谓性也。仁之于父子也，义之于君臣也，礼之于宾主也，知之于贤者也，圣人之于天道也，命也。有性焉，君子不谓命也。"

【注释】

①臭（xiù）：气味。文中特指芳香的气味。

【译文】

孟子说:"口对于美味,眼对于美色,耳对于好听的声音,鼻对于芬芳的气味,手足四肢对于安逸,这些爱好都是天性,但能否得到,要由命来决定,君子不把它们看成是天性所致。仁对于父子,义对于君臣,礼对于宾主,智慧对于贤人,圣人对于天道,能否实现有命的作用,但也有天性的作用,君子不把它们看作是命运的范畴。"

二十五

浩生不害问曰①:"乐正子何人也②?"

孟子曰:"善人也,信人也。"

"何谓善?何谓信?"

曰:"可欲之谓善,有诸己之谓信,充实之谓美,充实而有光辉之谓大,大而化之之谓圣,圣而不可知之之谓神。乐正子,二之中、四之下也。"

【注释】

①浩生不害:人名。姓浩生,名不害。齐国人。

②乐正子:人名。

【译文】

浩生不害问道:"乐正子是什么样的人?"

孟子说:"好人,是个实在人。"

"什么算是好?什么算是实在?"

孟子回答说:"值得人喜欢便是好;好处确实存在于他自身,便是实在;使那些好处充满他全身便是美;不但充满而且能够光彩夺目地表现出来，便是大；大而又能化育万物便是圣；圣达到不可测度的境界，便是神。乐正子是处在'好'与'实在'两者之间，但还没达到'美'、'大'、'圣'、'神'四者的要求。"

二十六

孟子曰："逃墨必归于杨，逃杨必归于儒。归，斯受之而已矣。今之与杨、墨辩者，如追放豚，既入其苙^①，又从而招之^②。"

【注释】

①苙（lì）：猪圈。

②招：羁绊。

【译文】

孟子说："避开墨子学派的，一定会归入杨朱学派；避开杨朱学派的，一定会归入儒家学派。回归了，就接受他罢了。如今和杨朱、墨翟学派辩论的人，就像追赶走丢了的猪，已经回到猪圈了，还要跟着把它的脚拴好。"

二十七

孟子曰："有布缕之征^①，粟米之征，力役之征。君子用其一，缓其二。用其二而民有殍，用其三而父子离。"

【注释】

①布缕之征：是当时统治者向百姓征收的赋税名目。

【译文】

孟子说："有征收布帛的税，有征收粮食的税，有征发人力的税。君子只采用其中的一种，对于另外两种，暂不使用。如果同时征收两种税，百姓就会有饿死的；如果同时征收三种税，那么父子就会离散。"

二十八

孟子曰："诸侯之宝三：土地、人民、政事。宝珠玉者，殃必及身。"

【译文】

孟子说："诸侯的宝物有三种：土地、百姓和政治。把珍珠、美玉当作宝物的，灾祸一定会降临到他身上。"

二十九

盆成括仕于齐①，孟子曰："死矣盆成括！"

盆成括见杀，门人问曰："夫子何以知其将见杀？"

曰："其为人也小有才，未闻君子之大道也，则足以杀其躯而已矣。"

【注释】

①盆成括：人名。姓盆成，名括。曾为孟子弟子，后

去齐国做官。

【译文】

盆成括在齐国做官，孟子说："盆成括要死了。"

盆成括被杀，学生问道："您怎么知道他会被杀？"

孟子回答说："盆成括这个人有点小才智，但还不知道君子的大道理，这就足以招致杀身之祸了。"

三十

孟子之滕，馆于上宫①。有业屦于牖上②，馆人求之弗得。或问之曰："若是乎从者之廋也③？"

曰："子以是为窃屦来与？"

曰："殆非也。夫子之设科也，往者不追，来者不拒。苟以是心至，斯受之而已矣。"

【注释】

①馆：住馆舍。上宫：前人对此说法不一，大致有"楼"、"别宫名"、"上等馆舍"三种不同见解。

②业屦：指尚未编织好的草鞋。屦，草鞋。

③廋（sōu）：隐藏。

【译文】

孟子到滕国去，住在上宫。有一双没编好的草鞋放在窗台上不见了，旅馆里的人去找，但没找到。有人问孟子说："这么说是您的随从把草鞋藏起来了吧？"

孟子回答说："你以为他们是为偷草鞋来的吗？"

那人回答说："大概不是。但是，您开设科目，招收学生，走了的不追问，来到的不拒绝，只要怀着求学的心来，就接受他，难免道德水准不一。"

三十一

孟子曰："人皆有所不忍，达之于其所忍，仁也；人皆有所不为，达之于其所为，义也。人能充无欲害人之心，而仁不可胜用也；人能充无穿窬之心，而义不可胜用也；人能充无受尔汝之实①，无所往而不为义也。士未可以言而言，是以言餂之也②；可以言而不言，是以不言餂之也。是皆穿窬之类也。"

【注释】

①无受尔汝之实：指不愿受别人的轻贱，就要先有不受轻贱的言语行为。"尔"、"汝"是古代汉语中表示轻蔑感情色彩的人称代词。

②餂（tiǎn）：取。

【译文】

孟子说："人人都有不忍心做的事，把这种心推及到他所忍心做的事上，就是仁。人人都有不愿做的事，推及到他想做的事上，就是义。人如果能够把不想害人的心扩展开，那么仁就会用之不竭了；人如果能够把不挖洞、跳墙的心扩展开，那么，义就会用之不竭了；人如果能够把不受人轻蔑的心理扩展开，就能无论到哪里，行为都符合义。士人，不可以和他交谈，却去交谈，这是用言语试探对方来取利；可以和他交谈却不谈，这是用沉默试探对方来取利，这些都是挖洞、跳墙之类的行径。"

三十二

孟子曰："言近而指远者①，善言也；守约而施博者，善道也。君子之言也，不下带而道存焉②。君子之守，修其身而天下平。人病舍其田而芸人之田——所求于人者重，而所以自任者轻。"

【注释】

①指：意旨，意向。

②不下带：古代注视人，目光不可低于对方的腰带。文中比喻注意眼前常见之事。带，腰带。

【译文】

孟子说："言语浅显但意义深远的，是'善言'；所操持的简约，但成效广大的，是'善道'。君子的言谈，讲的都是眼前的事，然而道却蕴含其中；君子的操守，从修养自身开始，进而使天下太平。人们的毛病在于舍弃自己的田地，而去耕耘别人的田地——要求他人的太多，而对自己的要求却很少。"

三十三

孟子曰："尧、舜，性者也。汤、武，反之也。动容周旋中礼者，盛德之至也。哭死而哀，非为生者也。经德不回①，非以干禄也②。言语必信，非以正行也。君子行法，以俟命而已矣。"

【注释】

①经德不回：遵循道德而行，不做违礼的事。

②干禄：求官。禄，官吏的俸禄。

【译文】

孟子说："尧、舜的仁德是天性；商汤和周武王的仁德是经过修身而回复到天性。举止仪容无不合于礼，这是德行深厚到了极点。哭死者而悲哀，不是为了给活人看的；依据道德而行，不去违礼，不是为了谋求官职。言语一定要真实，不是为了让人知道行为端正。君子按法度做事，去等待命运的安排罢了。"

三十四

孟子曰："说大人则藐之，勿视其巍巍然。堂高数仞①，榱题数尺②，我得志，弗为也。食前方丈③，侍妾数百人，我得志，弗为也。般乐饮酒④，驱骋田猎，后车千乘，我得志，弗为也。在彼者，皆我所不为也，在我者，皆古之制也，吾何畏彼哉？"

【注释】

①堂高：据前人研究，经传当中称"堂高"，一般均指堂阶而言。

②榱（cuī）题：亦作"榱提"，本义指屋檐下的椽子头，文中借指屋檐。

③食前方丈：极言饮食的丰盛。美酒佳肴摆满眼前一丈见方的所在。

④般（pán）乐：大作乐，尽情作乐。般，大。

【译文】

孟子说："游说诸侯，就得藐视他，不要在意他高高在上的样子。殿基几丈高，屋檐几尺宽，我得志的话，不会这样做。满桌的美味佳肴，侍奉的姬妾有几百人，我得志的话，不会这样做。尽情饮酒作乐，驰骋射猎，随从的车辆上千辆，我得志的话，不会这样做。他所做的，都是我所不做的；我所做的，都是符合古代制度的，我为什么要害怕他呢？"

三十五

孟子曰："养心莫善于寡欲。其为人也寡欲，虽有不存焉者①，寡矣；其为人也多欲，虽有存焉者②，寡矣。"

【注释】

①不存：文中指善性的缺失。

②存：文中指善性的保留。

【译文】

孟子说："修养心性没有比减少欲望更好的办法。他的为人如果欲望少，即使善性有所缺失，也不会失去很多；他的为人如果欲望很多，那么即使善性有所保存，保留的也不会很多。"

三十六

曾皙嗜羊枣①，而曾子不忍食羊枣。公孙丑问曰："脍炙与羊枣孰美②？"

孟子曰："脍炙哉！"

公孙丑曰："然则曾子何为食脍炙而不食羊枣？"

曰："脍炙所同也，羊枣所独也。讳名不讳姓③，姓所同也，名所独也。"

【注释】

①羊枣：果名。初生色黄，熟则黑，似羊屎。

②脍炙：即脍和炙。都是佳肴。肉细切为脍，烹炒后叫炙。

③讳：指对君主或尊长辈的名字避开而不直称。

【译文】

曾皙喜欢吃羊枣，曾子因此便不忍心吃羊枣。公孙丑问道："炒肉和羊枣比，哪个更好吃？"

孟子说："炒肉好吃呀！"

公孙丑说："既然这样，那么曾子为什么吃炒肉而不吃羊枣？"

孟子回答说："炒肉是人们的共同爱好，吃羊枣却是曾皙的独特喜好。就像避讳，只避名，不避姓，因为姓是大家所共有的，名却是一个人所独有的。"

三十七

万章问曰："孔子在陈曰①：'盍归乎来！吾党之

小子狂简②，进取，不忘其初。'孔子在陈，何思鲁之狂士？"

孟子曰："孔子'不得中道而与之③，必也狂狷乎④！狂者进取，狷者有所不为也'。孔子岂不欲中道哉？不可必得，故思其次也。"

"敢问何如斯可谓狂矣？"

曰："如琴张、曾皙、牧皮者⑤，孔子之所谓狂矣。"

"何以谓之狂也？"

曰："其志嘐嘐然⑥，曰：'古之人，古之人。'夷考其行⑦，而不掩焉者也。狂者又不可得，欲得不屑不絜之士而与之，是獧也，是又其次也。孔子曰：'过我门而不入我室，我不憾焉者，其惟乡原乎⑧！乡原，德之贼也。'"

【注释】

①孔子在陈曰：此处所引，亦见于《论语·公冶长》，字句稍异。

②党：乡里。小子：子弟，年幼的一辈。

③中道：无过无不及，中庸之道。

④狂狷（juàn）：狂，不受拘束，放荡。狷，拘谨有所不为。

⑤琴张、曾皙、牧皮：均为人名，身世不详。

⑥嘐嘐（xiāo）：志大言大，言行不一。

⑦夷：疑为语首助词，无义。

⑧乡原：外有谨愿之名，实与流俗合污的伪善者。原，
也作"愿"。

【译文】

万章问道："孔子在陈国时说：'何不回去啊！我乡里的
晚辈们志大、狂放，积极进取，不忘当初的志向。'孔子在
陈国，为什么思念鲁国那些狂放之人呢？"

孟子回答说："孔子说过，'找不到不偏不倚、合于道
义的人相结交，那就只能找狂放者和狷介者了。狂放的人
勇于进取，狷介的人有所不为'。孔子难道不想与合于道义
的人交友吗？不能一定得到，所以只能想次一点的了。"

"请问怎样才可以算是狂放人呢？"

孟子回答说："像琴张、曾晳、牧皮这样的人，就是孔
子所说的狂放人了。"

"为什么说他们是狂放的人呢？"

孟子回答说："他们志向远大，口气也大，总是说：'古
时的人，古时的人。'可是考察他们的行为，却不能与所说
的话相符。狂放的人如果又得不到的话，就想得到不屑去
做有辱自身之事的人来交友，这种人就是狷介之人，这又
次了一等。孔子说：'路过我的家门却不进到屋里，我不对
此感到遗憾的，恐怕只有乡里的好好先生吧。乡里的好好
先生，是德行的损害者。'"

曰："何如斯可谓之乡原矣？"

曰："何以是嘐嘐也？言不顾行，行不顾言，则
曰'古之人，古之人。行何为踽踽凉凉①？生斯世

也，为斯世也，善斯可矣'。阉然媚于世也者^②，是乡原也。"

万子曰："一乡皆称原人焉，无所往而不为原人，孔子以为德之贼，何哉？"

曰："非之无举也，刺之无刺也。同乎流俗，合乎污世。居之似忠信，行之似廉絜，众皆悦之，自以为是，而不可与入尧、舜之道，故曰'德之贼'也。孔子曰：'恶似而非者：恶莠^③，恐其乱苗也；恶佞，恐其乱义也；恶利口，恐其乱信也；恶郑声，恐其乱乐也；恶紫，恐其乱朱也^④；恶乡原，恐其乱德也。'君子反经而已矣^⑤。经正则庶民兴，庶民兴，斯无邪慝矣。"

【注释】

①踽踽（jǔ）：孤独的样子。凉凉：冷冷清清的样子。

②阉然：曲意迎人的样子。

③莠（yǒu）：草名，似稷而无实。又名狗尾草。

④朱：大红色，属正色。

⑤反经：回归正道。反，同"返"。经，常道，正道。

【译文】

"怎样的人才算是乡里的好好先生呢？"

孟子回答说："这种人批评狂放之士说，'为什么要志存高远，口吐狂言呢？言语不顾及行为，行为不顾及言语，就只说古时的人，古时的人'。又批评狷介之士说，'处事为什么要特立独行呢？生在这个世上，就要迎合这个世道，让别人都说个好就是了'。曲意逢迎，谄媚世人的就是好好先生。"

万章问道："全乡的人都称他是老好人，到哪儿都被视为老好人，孔子却认为他是德行的损害者，这是为什么呢？"

孟子回答说："这种人，想指责他却列举不出缺点，想责骂他却找不到由头。他只是同流合污。平时似乎忠诚老实，处事似乎方正、廉洁，大家都喜欢他，自己以为做得正确，却与尧、舜之道格格不入，所以说是'德行的损害者'。孔子说：'厌恶那种外表相似实质不同的东西：厌恶狗尾草，怕它会混淆禾苗；厌恶歪才，怕它会混淆仁义；厌恶夸夸其谈，怕它会混淆诚信；厌恶郑国的音乐，怕它会混淆雅乐；厌恶紫色，怕它会混淆朱红色；厌恶乡里的老好人，怕他会混淆德行。'君子只是让一切都回归正道罢了。路子对了，百姓就会奋发振作，百姓奋发振作了，也就没有了邪恶。"

三十八

孟子曰："由尧、舜至于汤，五百有余岁。若禹、皋陶，则见而知之；若汤，则闻而知之。由汤至于文王，五百有余岁。若伊尹、莱朱①，则见而知之；若文王，则闻而知之。由文王至于孔子，五百有余岁。若太公望、散宜生②，则见而知之；若孔子，则闻而知之。由孔子而来至于今，百有余岁，去圣人之世，若此其未远也，近圣人之居，若此其甚也，然而无有乎尔，则亦无有乎尔。"

【注释】

①莱朱：商汤时的贤臣。

②散宜生：周文王时的贤臣，后曾帮助周武王灭商。

【译文】

孟子说："从尧、舜到商汤，有五百多年。像禹、皋陶，是亲眼目睹而知道尧、舜之道的；至于商汤，则是听到传闻而知道的。从商汤到周文王，有五百多年。像伊尹、莱朱，是亲眼目睹而知道的；至于文王，则是听到传闻而知道的。从周文王到孔子，又有五百多年。像太公望、散宜生，便是亲眼目睹而知道的；至于孔子，则是听到传闻而知道的。从孔子以来到现在，有百来年，距离圣人生活的时代不是很远，距离圣人的家乡如此接近，却没有继承圣人之道的，那也就不会有继承人了。"